实践导向型高职教育系列教材

总主编 丁金昌 谢志远

行业成本会计比较

HANGYE CHENGBEN KUAIJI BIJIAO

■ 主 编 申屠新飞 项玉华
副主编 林宗纯

大连理工大学出版社

图书在版编目(CIP)数据

行业成本会计比较 / 申屠新飞，项玉华主编. — 大连 : 大连理工大学出版社，2016.3(2017.7重印)
实践导向型高职教育系列教材
ISBN 978-7-5685-0259-7

Ⅰ.①行… Ⅱ.①申… ②项… Ⅲ.①成本会计—高等职业教育—教材 Ⅳ.①F234.2

中国版本图书馆 CIP 数据核字(2016)第 007653 号

大连理工大学出版社出版
地址:大连市软件园路 80 号　邮政编码:116023
发行:0411-84708842　邮购:0411-84708943　传真:0411-84701466
E-mail:dutp@dutp.cn　URL:http://www.dutp.cn
大连永盛印业有限公司印刷　　　　　　　　大连理工大学出版社发行

幅面尺寸:185mm×260mm　　　印张:16.5　　　字数:378 千字
2016 年 3 月第 1 版　　　　　　　　　2017 年 7 月第 2 次印刷

责任编辑:郑淑琴　　　　　　　　　　　　责任校对:王　凯
封面设计:张　莹

ISBN 978-7-5685-0259-7　　　　　　　　　定　价:35.00 元

实践导向型高职教育系列教材
编写指导委员会

总 序

教材是教师"教"和学生"学"的重要依据，教材建设是高职院校教学基本建设的重要内容之一，是进一步深化教学改革、巩固教学改革成果、提高教学质量、培养高素质技术技能型人才的重要保障，也是体现高职院校办学水平的重要标志。

随着"校企合作、工学结合"人才培养模式的改革与实践不断深化，自 2010 年，温州职业技术学院开始实施"双层次、多方向"人才培养方案，构建以能力为重的课程体系，采用"学中做、做中学"的教学模式。

"学中做"完成技术知识的获得和单一技能的训练。通过教学设计，将专业课程的各个知识点和技能点融合起来组织教学，采用边学边做的教学模式来完成。

"做中学"完成综合项目训练。综合项目是指每一门专业课程结束前要设计的一个综合性的实训项目，该项目要把该门课程的技能点、知识点串联起来，即"连点成线"，通常教师要把企业的真实项目经过教学化改造以后设计成任务驱动的形式，让学生去练习。通过采用"做中学"的教学模式，学生在完成综合项目训练的过程中，既巩固了专业课程的知识点和技能点，又提高了综合运用能力。

经过多年的教学改革实践探索和总结，我们积累了一些经验，为了进一步总结"学中做、做中学"教学改革的经验，提炼教学改革成果，把改革的思路和成果固化为教材，我们编写了这套实践导向型高职教育系列教材。

这套系列教材以培养学生实践操作的技术技能为目标，既注重一定的技术知识的介绍和技术技能的操作训练，又注重技术知识和技术技能的融合，将二者内化成职业能力的内容，体现出高职教育专业特色、课程特色和校本特色，满足高职教育课堂教学"学中做、做中学"的需求。

在教材编写过程中，一方面要求教师具备编写教材所必需的教学经验、实践能力和研究能力；另一方面鼓励行业企业专业技术人员参与，实现教材内容与生产实践对接。我院教师深入到企业中，研究具体的职业岗位能力要求，组织教材内容；企业专业技术人员把企业的诉求反馈给教师或者直接参与教材编写。

本系列教材均由两部分构成：

第一部分：将本课程的知识点与技能点逐一进行梳理、编排并有机结合，适合"学中做"的教学。

第二部分：设计一个综合实训项目覆盖以上知识点与技能点并加以融合，适合"做中学"的教学。

本系列教材的编者在各自的专业领域均有着深入的研究和丰富的实践经验，从而保证了教材的编写质量。

由于时间仓促，本系列教材的不足之处仍可能存在，敬请各位专家、学者和同仁多提宝贵意见，以便进一步修正和完善。

丁金昌

2015 年 4 月

前　言

成本作为商品价值的重要组成部分,其作用不仅是作为补偿生产耗费的资源、制定价格、进行经济核算的基础,而且还是进行经营决策的依据和促进企业改善经营管理的重要手段。企业产品成本核算既是企业的一项重要会计工作,也是企业的一项重要管理活动。我国以国民经济分类标准为依据划分了 20 大类行业,各行业在国民经济发展中发挥着不同的职能和作用。在反映和监督不同行业的经济活动的过程中,形成了各具特色的各种行业会计。提升学生会计核算能力和分析判断能力,使其熟悉不同行业会计核算的特点,满足并胜任不同行业会计岗位要求,并为其提供一套实践性的教材,成为《行业成本会计比较》创作团队的共同目标。

本教材共分八个模块,模块一对"行业成本会计比较"课程做了简介,并对 2013 年 8 月 16 日颁布的《企业产品核算制度(试行)》的框架及主要内容做了介绍。模块二至模块六分别介绍了商贸企业、施工企业、房地产开发企业、运输企业及行政事业单位五个行业的经营管理特点和成本核算方法。模块七通过对商贸企业、施工企业、房地产开发企业、运输企业及行政事业单位与制造业成本核算的异同点进行比较,介绍了各个行业成本核算的特点。模块八提供了五个综合实训项目,以提高学生综合能力。

为突出以学生为主体的教学理念,激发学生学习的兴趣及责任感,体验"学中做、做中学、探中学"的快乐,本教材采用工作领域模块化的课程开发理念,遵循"以市场需求为导向,以就业为目标"的职业教育理念,设计了八个模块,每一模块的编写,都首先以实践为引例作为学习情境的设计,然后通过"知识准备""职业判断与岗位操作"和"典型任务",采用"做中学、学中做、探中学"的模式进行编排。突出实践教学,注重对学生创新能力的培养,实现课堂与实训一体化的教学模式。

在熟悉和掌握各行业典型的成本核算流程和成本会计核算方法的基础上,本教材设计了五个综合实训项目,为不同行业成本的分析提供数据,以满足不同学生的兴趣。通过综合实训项目训练,把课程的技能点、知识点串联起来,不仅能检验学生对所学知识点和技能点融合的能力,还能综合运用成本核算、财务管理、成本管理等课程的知识,以提升学生的综合应用能力。

本教材由温州职业技术学院申屠新飞和项玉华担任主编,林宗纯担任副主编,付冬梅、庄哲平参与了编写,具体分工如下:本教材由申屠新飞和项玉华提出编写大纲;模块一、模块三、模块四、模块七及模块八由项玉华编写;模块二由付冬梅编写;模块五由林宗纯编写;模块六由庄哲平编写;由项玉华修改模块二和模块六,最终由项玉华定稿。本教材的案例及综合实训项目的素材由温州市理恒贸易有限公司、温州市建筑工程公司、温州冶金房地产开发有限公司、浙江省海运集团温州海运分公司提供,在此,对这些公司的无私帮助表示衷心感谢!

　　本教材在编写过程中参阅了大量专家、学者、同仁的成果,在此向其作者致以深深的谢意!

　　由于编者水平有限,书中不足之处在所难免,希望广大读者提出宝贵意见,以便进一步修订。

编　者

2016 年 3 月

所有意见和建议请发往:dutpgz@163.com

欢迎访问教材服务网站:http://www.dutpbook.com

联系电话:0411-84707492　84706671

目录
CONTENTS

模块一　行业成本会计比较导论 ……………………… 1
　学习情境一　行业成本会计比较课程简介 ……………… 2
　学习情境二　行业成本会计概述 ………………………… 3
　学习情境小结 …………………………………………… 6
　学习情境思考 …………………………………………… 6

模块二　商贸企业成本会计核算 ……………………… 7
　学习情境一　商贸企业的认知 …………………………… 8
　学习情境二　国内贸易业务成本的核算 ……………… 13
　学习情境三　进出口业务成本的核算 ………………… 45
　学习情境小结 …………………………………………… 68
　学习情境思考 …………………………………………… 68

模块三　施工企业成本会计核算 ……………………… 69
　学习情境一　施工企业的认知 ………………………… 70
　学习情境二　周转材料、临时设施的核算 …………… 75
　学习情境三　工程成本的核算 ………………………… 83
　学习情境小结 ………………………………………… 107
　学习情境思考 ………………………………………… 107

模块四　房地产开发企业成本会计核算 …………… 108
　学习情境一　房地产开发企业的认知 ………………… 109
　学习情境二　房地产开发成本的核算 ………………… 114
　学习情境三　开发产品的核算 ………………………… 128
　学习情境小结 ………………………………………… 140
　学习情境思考 ………………………………………… 141

模块五　运输企业成本会计核算 ……………………………… 142

　学习情境一　运输企业的认知 ………………………………… 143

　学习情境二　公路营运成本的核算 …………………………… 145

　学习情境三　水运营运成本的核算 …………………………… 151

　学习情境四　铁路营运成本的核算 …………………………… 166

　学习情境五　航空营运成本的核算 …………………………… 170

　学习情境六　期间费用的核算 ………………………………… 173

　学习情境小结 …………………………………………………… 178

　学习情境思考 …………………………………………………… 178

模块六　行政事业单位会计核算 ……………………………… 179

　学习情境一　行政事业单位的认知 …………………………… 180

　学习情境二　行政单位收入与支出的管理与核算 …………… 189

　学习情境三　事业单位收入与支出的管理与核算 …………… 204

　学习情境小结 …………………………………………………… 228

　学习情境思考 …………………………………………………… 228

模块七　各行业成本核算异同比较 …………………………… 229

　学习情境一　各行业成本核算特点 …………………………… 230

　学习情境二　各行业成本核算异同比较 ……………………… 235

　学习情境小结 …………………………………………………… 237

　学习情境思考 …………………………………………………… 238

模块八　综合实训项目 ………………………………………… 239

参考文献 ……………………………………………………… 252

模块一

行业成本会计比较导论

cosT

学习情境	工作任务
行业成本会计比较课程简介	课程定位
	课程设计思路
	课程目标
行业成本会计概述	行业成本会计的分类及特点
	《企业产品成本核算制度（试行）》概述
	行业成本会计比较的方法

学习情境一　行业成本会计比较课程简介

中国特色的职业教育发展具有六大特点,其中第一个特点就是坚持五个对接:职业教育的专业和产业企业岗位对接、职业教育专业课程内容和职业标准对接、教学过程和生产过程对接、毕业证书和职业教育证书对接、职业教育和终身教育对接。

高等职业技术教育会计专业培养学生的目标,是培养面向企事业单位会计工作一线岗位的高素质会计专业人才,具备计算操作能力、团队合作能力、分析判断能力、会计核算能力和交流沟通能力。通过行业成本会计比较课程的学习,提升学生会计核算能力和分析判断能力,熟悉不同行业会计核算的特点,满足并胜任不同行业会计岗位要求。

一　课程定位

《行业成本会计比较》是会计专业的拓展课程。在分析五大主要行业典型业务的基础上,通过对会计科目设置、成本会计核算内容和成本会计核算方法等方面的比较,了解各行业的经营管理和成本会计核算特点,熟悉各行业成本的会计处理。本课程旨在拓展学生对行业领域的认识,使课程专业和产业企业岗位对接,使专业课程内容和职业标准对接,以满足学生从事不同行业会计工作的需要,拓宽学生的就业面。

本课程的前导专业课程包括会计职业基础、出纳实务、会计信息化、财务会计实务、成本计算、税费计算与申报等。

二　课程设计思路

1. 课程总体设计的依据和思路

本课程是在对会计专业学生的就业领域进行跟踪调查,并对其工作任务和职业能力进行深入分析的基础上,采用工作领域模块化的课程开发理念,遵循"以市场需求为导向,以就业为目标"的职业教育理念,设计本课程的学习情境,确定本课程的学习目标。本课程通过对五个行业成本会计核算的介绍和实训,弥补了前导专业课程全部以制造类企业为背景的局限性,拓展学生对行业领域的认识,让学生在五个学习情境中了解并掌握这些行业的经营管理特点和成本会计核算方法。

2. 学习情境的设计思路

从行业的普适性和系统性考虑,本课程选择了商贸企业、交通运输业、施工企业、房地产开发企业、行政事业单位等五个行业,根据行业领域的业务特点,本课程分行业构建了五个学习情境。通过对这五个行业典型业务成本发生的介绍和会计处理的操作练习,使学生在了解各行业独特的经营管理特点的基础上,熟悉各行业典型经济业务成本的会计处理方法,达到培养学生岗位迁移能力和行业账务处理变化的应对能力,拓展行业认识,拓宽学生行业领域就业面的目的。

3. 子情境设计的思路

在每一个学习情境中,结合各行业成本会计核算的具体要求,突出技能型和应用型人才培养的指导思想,采用纵向比较的方法,将各行业成本会计核算中共性的部分作为已知的知识而省略,分行业介绍其典型的经营业务和管理特点,详细介绍这些行业成本会计核算方法,然后再针对该行业进行系统、全面的会计实训操作,使教学过程与生产过程对接,达到培养学生综合运用会计专业知识,切实增强实际动手操作能力,提高学生综合素质的目的。

三 课程目标

通过本门课程的学习,使学生达到如下目标:

(1)了解商贸企业、施工企业、房地产开发企业、运输企业和行政事业单位等五个主要行业的经营管理特点,熟悉其典型的经济业务类型和成本核算流程;

(2)能根据行业经营管理特点设置会计科目和账户;

(3)熟悉各行业典型经济业务的原始单据,能根据行业的主要经济业务进行成本会计处理,具有一定的会计职业判断能力;

(4)掌握这五个行业的典型经济业务的成本会计核算方法;

(5)初步具备根据行业经营管理特点进行成本核算制度和流程设计的能力。

学习情境二 行业成本会计概述

一 行业成本会计的分类及特点

1. 我国行业的分类

随着社会经济的不断发展,出现了不同门类的产业和行业。以国民经济分类标准划分,我国共分为 20 大类行业,包括农、林、牧、渔业、采矿业、制造业、电力、燃气及水的生产和供应业、建筑业、交通运输、仓储和邮政业、信息传输、计算机服务和软件业、批发和零售业、住宿和餐饮业、金融业、房地产业、租赁和商务服务业、科学研究、技术服务和地质勘查业、水利、环境和公共设施管理业、居民服务和其他服务业、教育、卫生、社会保险和社会福利业、文化、体育和娱乐业、公共管理、社会组织和国际组织。

2. 行业成本会计的特点

各行业在国民经济发展中发挥着不同的职能和作用。为反映和监督不同行业的经济活动,便形成了各具特色的诸多行业会计。各种行业会计既有共性,又有个性。其共性是:行业会计作为一种管理活动,都要以企业会计准则为共同的基本规范,因此在会计制度、会计方法、会计科目和会计报表的格式和编制等方面都是相同的。其个性是:不同行业有着不同的生产技术特点和经营特点,其行业的经济活动中的特殊业务,采用特殊的方法进行核算,特别是各行业成本核算的对象、成本核算项目,有关费用的归集、分配和结转等都有所不同。因此,行业成本会计要结合各行业的特点,对各行业的经济活动中的特殊业务,采用特殊的方法进行核算,只有这样,才能充分发挥会计在各行业中的经营管理的重要作用。

我国的会计体系,按其核算和监督的内容不同,划分为两大类。一类是企业会计,另一类是预算会计(非企业会计)。

(1)企业会计,是以营利为目的,以资本循环为核心,以成本核算为内容的经营型会计,包括制造业、农业、批发零售业、建筑业、房地产业、采矿业、交通运输业、信息传输业、软件及信息技术服务业、文化业以及其他行业的企业。这些企业会计核算在核算和管理上有许多共性,如企业的货币资金、长短期投资、应收款项、应付款项、固定资产、无形资产、在建工程、流动负债、长期负债、投入资本、资本公积和盈余公积等,在会计制度、会计方法、会计科目和会计报表的格式和编制等方面都有相同之处。但是由于经济活动的不同,客观存在着各自行业的特殊业务,对这些业务的核算与管理则是行业会计的特点所在。例如,商品流通企业的批发、零售及其商品流转业务与其他行业有着明显的区别;房地产开发企业与施工企业虽相关联,但在成本和收入的核算上各不相同;铁路、公路、航空等运输企业成本及收入的核算更是相差甚远。因此,对各行业的特殊业务如何进行处理,就是研究行业会计的目的所在。只有了解各行业会计核算与管理的共同点和差异,才能将会计理论与方法真正融会贯通,才能适应企业经济多元化趋势对会计工作者不断提出的新要求。

(2)预算会计(非企业会计),是以经济和社会事业发展为目的,以执行政府财政预算为核心,适用于各级政府和各类事业、行政单位,一般不进行完整成本核算的管理型会计。根据国家预算组成体系,我国预算会计相应分为财政部门总预算会计和单位预算会计。单位预算会计按单位业务活动的特点又分为行政单位会计和事业单位会计。由于预算会计(非企业会计)所从事的业务活动与企业不同,在会计核算与管理上的区别较大。理解和掌握预算会计的核算方法与管理要求也是十分必要的。

二 《企业产品成本核算制度(试行)》概述

财政部于2013年8月16日颁布了《企业产品成本核算制度(试行)》(以下简称《试行》),自2014年1月1日起在除金融保险业以外的大中型企业范围内施行,鼓励其他企业执行。

《试行》以国民经济分类标准划分的20大类行业为基础,并结合财政部以往发布的行业会计制度和核算办法所涉及的13个行业,科学、系统地整合划分了11个行业类别,包括制造业、农业、批发零售业、建筑业、房地产业、采矿业、交通运输业、信息传输业、软件及信息技术服务业、文化业以及其他行业的企业。

《试行》对以下几个方面做了规定：

（1）产品成本核算对象：企业应当根据生产经营特点和管理要求，确定成本核算对象，归集成本费用，计算产品的生产成本。

（2）产品成本核算项目和范围：企业应当根据生产经营特点和管理要求，按照成本的经济用途和生产要素内容相结合的原则或者成本性态等设置成本项目。

（3）产品成本归集、分配和结转：①企业所发生的费用，能确定由某一成本核算对象负担的，应当按照所对应的产品成本项目类别，直接计入产品成本核算对象的生产成本；由几个成本核算对象共同负担的，应当选择合理的分配标准分配计入。②企业应当根据生产经营特点，以正常生产能力水平为基础，按照资源耗费方式确定合理的分配标准。③企业应当按照权责发生制的原则，根据产品的生产特点和管理要求结转成本。

同时，《试行》突出体现了企业管理发展的新需要，适度引入现代企业成本核算的新实践，促进发挥成本信息在管理中的基础作用。例如，企业在进行定价决策时，需要掌握特定产品的成本信息；在进行生产流程优化决策时，需要掌握各个生产步骤的成本信息；在进行营销决策时，需要掌握特定订单或客户的产品成本信息。为此，成本制度规定，企业可以按照内部管理需要对产品成本进行多维度、多层次的核算。《试行》还规定，一般企业应当按月编制产品成本报表，全面反映企业生产成本、成本计划执行情况、产品成本及其变动情况等。

三 行业成本会计比较的方法

会计比较的方法，大都采用横向比较法与纵向比较法。横向比较法是同时对不同行业会计中相同的会计要素进行比较，研究它们在会计核算上的共性与个性，并对个性加以阐述。纵向比较法是将各行业特殊业务的会计核算进行相互比较，找出每个行业会计核算的个性，并对个性部分加以阐述。

本书采用的是纵向比较方法，将各行业会计核算中共性的部分作为已知的知识而省略，重点阐述各行业特殊业务的会计核算方法。这些业务是各行业之间会计核算的主要区别，由此对比出各行业会计的特性所在。这些特殊业务往往又与企业在国民经济中的地位和作用联系在一起。掌握和理解各行业特殊业务的核算，对研究和学习行业会计具有重要的意义。

由于企业产品成本核算是企业一项重要会计工作，也是企业的一项重要管理活动。各行业特殊业务的客观存在，使得各行业在具体成本的核算与管理方法上的差异不可回避，如商品零售企业的售价核算是内部控制的"实物负责制"所决定的；施工企业的周转材料和临时设施核算、房地产业的开发成本核算等，这些行业特殊业务决定了其成本核算方法的不同。因此，比较各行业的特殊业务，对在短时间内掌握各行业会计核算技能将起到事半功倍的作用。

考虑到行业会计的普遍性以及行业新准则和新制度的执行,本书主要阐述了商贸流通企业、施工企业、房地产开发企业、运输企业和行政事业单位的会计所涉及的特殊业务,旨在使学生对各行业的会计有一个较为全面的理解和把握。

学习情境小结

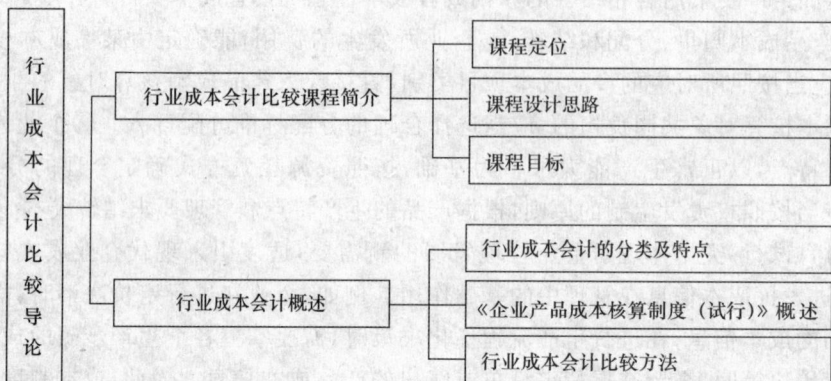

```
                              ┌── 课程定位
            ┌─ 行业成本会计比较课程简介 ──┼── 课程设计思路
行业        │                  └── 课程目标
成本        │
会计 ───────┤
比较        │                  ┌── 行业成本会计的分类及特点
导论        └─ 行业成本会计概述 ────────┼──《企业产品成本核算制度(试行)》概述
                              └── 行业成本会计比较方法
```

学习情境思考

1.《企业产品成本核算制度(试行)》分为哪些行业类别?

2.《企业产品成本核算制度(试行)》对产品成本核算做了哪些规定?

3.行业成本会计的特点有哪些?

4.如何掌握行业成本会计比较的方法?

模块二 商贸企业成本会计核算

学习情境	工作任务
商贸企业的认知	商贸企业及其主要经营活动
	商贸企业成本核算特点
	商贸企业与其他行业成本会计核算的比较
国内贸易业务成本的核算	批发业务的成本核算
	零售业务的成本核算
进出口业务成本的核算	外币业务的成本核算
	进口业务的成本核算
	出口业务的成本核算

知识目标

1. 了解商贸企业的分类及经营管理的特点；
2. 明确商贸企业会计核算的特点；
3. 掌握批发业务的成本核算内容和核算方法(账户)；
4. 掌握零售业务的成本核算内容和核算方法(账户)；
5. 掌握进出口业务的核算；
6. 掌握商贸企业与其他行业会计核算上的异同。

能力目标

1. 能够区分商贸企业的类型；
2. 能根据业务资料对商贸企业商品的采购成本、储存成本、销售成本进行正确核算；
3. 能根据业务资料正确进行进出口业务的成本核算；
4. 具有一定的会计职业判断能力，能对行业基本经济业务进行综合核算；
5. 能根据学习和工作的需要查阅相关的数据和资料。

学习情境一　商贸企业的认知

引例1

(1)浙江人本超市有限公司成立于1997年6月28日,是人本集团的下属商贸公司,注册资金1.2亿元,目前拥有近万名员工,总部位于温州市机场大道4079号商贸中心二楼和三楼。浙江人本超市有限公司经过多年的努力,拥有"人本""十足""之上"三大连锁品牌,涵盖便利店、综合超市、大卖场三种零售业态,连锁门店1 000余家,连锁网点以温州、台州为据点,辐射至杭州、金华、义乌、绍兴、丽水、沪杭高铁、甬台温沿海高铁、福建宁德等地区,已实现温州地区的三区两市六县全面覆盖,是浙江省规模最大、连锁门店最多、辐射面最广的连锁超市公司之一,是增值税一般纳税人。

(2)温州衣尚空间服装代理有限公司位于中国温州西城路,是一家集时尚女装、外套、裙子、裤子、针织衫、T恤等产品于一体的经销批发企业,是增值税一般纳税人。

(3)温州市进出口公司成立于1992年6月,是经原国家外经贸部(现商务部)批准的具有进出口经营权的全资国有对外贸易企业,注册资金500万元人民币。公司现有员工150人,拥有4 500平方米的自有产权办公场地。2011年,公司通过ISO9001:2008质量管理体系认证,建立了一套相对完善的管理制度。公司设有董事长室、总经理室、副总经理室、行政办公室、财务部、运单部、进口拓展部、出口部等部门。公司主营业务包括货物进出口、技术进出口;服装、针纺织品、五金物品、金属材料、日用杂品、化工原料(不含危险化学物品)、纸张、建筑材料、陶瓷制品、家具(限零售)、日用百货、工艺品(不含金饰品)、机械设备、橡胶制品、初级农产品、皮革原料及制品、轻工制品。公司自营和代理除国家组织统一联合经营的16种出口商品和国家实行核定公司经营的14种进口商品以外的商品及技术的进出口业务。

知识准备

一　商贸企业及其主要经营活动

商贸企业包括从事国内贸易的商品流通企业(国内商品流通企业)和从事国际贸易的商品流通企业(对外贸易企业)。

商品流通企业处于再生产的交换环节,较之工业企业而言,没有其生产过程,其经营活动是完成各种产品从生产领域到消费领域的转换,从而实现社会产品的价值。商品流通企业是指通过低价格购进商品、高价格出售商品的方式实现商品进销差价,以此弥补企业的各项费用和支出,获得利润的企业。

商品企业按照流转区域,可分为国内商业和对外贸易;按照商品流转环节,可分为批发企业和零售企业。

批发企业是指从生产企业或其他企业购进商品,供应给零售企业及其他批发企业用以转售或供应给其他企业用于加工的商品流通企业,如专业批发公司和贸易中心。

零售企业是指从批发企业、生产企业购进商品,销售给个人消费或销售给企事业单位等用于生产和非生产消费的商品流通企业,是直接为人民生活服务的基层商品流通企业。零售企业按其经营的商品各类的多少,可分为专业性零售商店和综合性零售商店。专业性零售商店是指专门经营某一类或某几类商品的零售企业,如钟表店、眼镜店、金银首饰店等。综合性零售商店是指经营商品类别繁多的零售商店,如百货、食品、服装鞋帽等。

在实际工作中,商品流通企业还存在一些混合经营的行为,具体分类如图 2-1 所示。

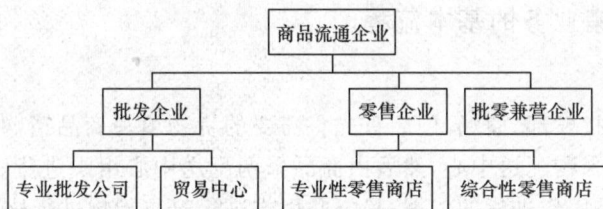

图 2-1　商品流通企业分类

对外贸易企业的主要经营活动是组织国际上的进出口商品流通,其主要的经营业务包括进口贸易业务和出口贸易业务。

(一)商品购销的范围

为了使会计核算正确地反映商品流通过程,必须首先明确商品购销的范围。

1. 商品购进的范围

商品购进必须同时具备两个条件:一是购进商品的目的是销售,即为卖而买,如果购进的商品是为企业自用而不是出售就不属于商品购进的范围;二是通过货币结算取得商品所有权。凡是不通过货币结算而获得的商品,或者不是为销售而购进的商品,都不属于商品购进的范围。例如,接受其他单位捐赠的商品,为收取手续费替其他单位代购的商品等。

2. 商品销售的范围

商品销售也必须同时满足两个条件:一是销售的必须是本企业所经营的商品;二是通过货币结算转移商品所有权。如果销售的商品不属于本企业的经营范围,就不属于商品的销售范围,如果发出商品不通过货币结算,也不属于商品的销售范围,如商品移库、赠送样品、拨出委托加工等。概括地说,商品销售的范围是出售给消费者或其他企业的商品及供应出口的商品。

（二）商品购销中的交接货方式

（1）送货制：企业将商品送到购货单位指定的仓库、卖场或指定的地点交接，由购货单位验收入库的一种方式。提货过程中所发生的费用和商品损耗一般由供货方承担。

（2）提货制：购货单位指派专人到企业指定的仓库或指定的地点提取并验收商品的一种方式。提货过程中所发生的费用和商品损耗一般由购货方承担。

（3）发货制：企业根据购销合同规定的发货日期、品种、规格和数量等条件，将商品委托运输单位（物流公司）由铁路、公路、水路或航空运送到购货单位所在地（车站或码头、物流公司），由购货单位领取并验收入库的一种方式。在发货过程中，一般规定商品交接以前所发生的费用和商品损耗由供货方承担，商品交接后所发生的费用和商品损耗由购货方承担。

（4）门市收购制：企业直接在基层设立门市部收购农副产品、回收废旧材料物资等。企业收购农副产品、回收废旧材料物资所发生的运输、仓储费用和商品损耗一般由收购方承担。

（5）自选商品货款两清制：在企业的卖场由消费者自选商品，一手付款、一手交货。

（三）商品购销业务的基本流程

1. 订货

商业企业所属批发部、商场、门店首先将需要的货物填写商品请购单，经批准后将商品请购单交给商品采购配送中心，然后由商品采购配送中心组织进货。订单一般一式两联，一联交配送中心用作进货的依据，另一联用作进货时与货物进行核对。

2. 验收入库

货物运到时，组织验收人员验货，验收人员包括商检人员和实物负责人，验货后填制验收单，并由商检人员和实物负责人签字。商品验收单（商品入库单或收货单）一般一式三份，实物负责人留一份（用于登记商品账，明确经济责任），交会计部门一份（作为记账的依据），供货方一份（可以作为结算和对账的依据之一）。

3. 销售

为了防止销售不入账，除直运商品销售外，只有入库的商品才可以销售。内部有关报账机构每天应向企业财务部门报送销售日报和进销存报告。

4. 商品的内部调拨

企业下属各超市或商场、门店、柜组之间可以进行商品调拨，对于商品调拨业务，应该填制商品调拨单，用以详细反映商品的具体流向。

（四）商业企业的主要经营方式

1. 商品销售

（1）自营商品销售，商品由企业自行采购并作为企业的存货进行管理。

（2）代销商品销售，零售企业与供应商签订商品代销合同，月末由零售企业向供应商提供商品代销清单。

（3）联营商品销售，商业企业与入场商户签订商品联销合同，约定销售商品的品种、保底销售额、保证金、销售扣款率等条款。销售扣款率即为商业企业的联营收入,联营的商品不作为企业的存货,而由入场商户自行管理。

(4)其他销售,商业企业经营方式灵活多样,部分零售企业可以发挥地理优势,在商场经营健身中心、餐饮及娱乐等项目,对这部分经营一般采用承包方式。

2.柜台(场地)出租

商品零售企业的柜台(场地)出租分为柜台出租和场地出租,其中,柜台出租较为固定,场地出租一般为临时性的。

二 商贸企业成本核算特点

1.成本核算特点

经营活动主要内容是购销活动;商品资产在全部资产中占有很大比例;企业资金运动轨迹为"货币－商品－货币",主要形式是货币与商品的相互交换。商品流通企业的商品流转业务主要包括商品购进、商品销售和商品储存三个环节。

由于商品流通企业没有产品生产成本过程,不存在产品生产成本的归集与计算问题,成本计算主要解决商品购进成本的确定、销售商品成本的计算与结转及商品储存成本的确定。如图2-2所示。

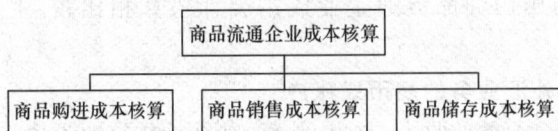

```
            商品流通企业成本核算
        ┌──────────┼──────────┐
   商品购进成本核算   商品销售成本核算   商品储存成本核算
```

图 2-2　商品流通企业成本核算对象

外贸企业组织的商品流通,要通过国际、国内两个市场,涉及国际和国内两种价格,使用外币与本币两种以上的货币。因而,其成本核算的内容除了进出口商品的购进、销售、存储成本核算外,还涉及结汇、购汇、汇率选择等外币业务核算。

2.存货核算方法

不同类型的商品流通企业根据各自的经营特点和管理的需要,对商品存货核算采用不同的方法,归纳起来主要分为进价核算和售价核算两种。进价核算和售价核算又各分为进价(售价)金额核算和数量进价(售价)金额核算两种,各种核算方法适用范围见表2-1。

表 2-1　　　　　　　　　　商业企业商品存货的核算方法

商品存货的核算方法	适用范围
数量进价金额核算法	批发企业,农副产品收购企业,粮食企业,外贸企业,品种单一、专业性强的零售企业,商品进销存管理采用电子数据处理的一般零售企业
进价金额核算法	售价变化快、实物数量不易控制的鲜活商品
售价金额核算法	一般零售企业
数量售价金额核算法	小型批发企业和品种单一的专业零售企业、商品进销存管理采用电子数据处理的一般零售企业

三　商贸企业与其他行业成本会计核算的比较

由于商品流通企业的经营活动主要是围绕商品的购销业务进行的,这就决定了商业企业会计核算必须以商品购销业务为中心,以反映和监督商品存货为重点,这是商业会计核算区别于其他行业会计的显著特点。二者之间的比较详见表2-2。

表2-2　　　　　　　　　　　商业企业会计与其他行业会计的比较

项目	共性	特性
商品存货	①购进存货:取得存货应当按照成本进行计量 ②发出存货:以加权平均法、先进先出法、个别计价法等方法计量发出存货的成本 ③存货盘存:永续盘存制和实地盘存制 ④存货的确认范围相同	①商品存货在企业全部资产中占有较大比重,周转材料金额较小,无原材料和在产品 ②经营活动以商品购销为主,无产品生产过程 ③商品存货的核算有数量进价金额、进价金额核算、售价金额核算和数量售价金额核算四种方法 ④采购商品过程中发生的进货费用,应计入所购商品成本。进货费用金额较小的,也可直接计入当期销售费用 ⑤销售成本的计价,除可采用工业企业常用的加权平均法、先进先出法外,还可采用毛利率法核算

对外贸易企业与国内商品流通企业成本会计核算相比较,主要有以下几方面的特点:

1. 需要设置记录外汇业务的复币式账户

为反映企业进出口业务的收入、支出、结算,其会计核算要设置记录外汇收入、支出、结算等账户,如"应收外汇账款""预收外汇账款"等这些账户要求是"复币式"结构,也就是要同时反映外币和人民币金额。

2. 需要核算汇兑损益

进出口业务货款一般用外币结算,而按现行《会计法》规定人民币是记账本位币,由于会计收入、支出的确认入账时间和实际收、付时间的不一致,在汇率变动的情况下便产生汇兑损益,所以核算上要记录、核算汇率变动对企业损益的影响。

3. 需要计算双重成本和盈亏

进出口业务会计核算不仅要核算销售成本和利润,还要计算"出口每美元成本"和"进口每美元赔赚额",用于企业的经营决策和考核企业的进出口效益。

4. 自营和代理成本核算内容不同

外贸企业的进出口业务可分为自营进出口业务和代理进出口业务两部分,其成本核算内容不同。

5. 在销售收入、成本的确认时间、标准方面与国内商品流通业务有关规定不同

我国现行会计政策规定:自营出口、代理出口确认收入的入账时间以商品装运出口、取得各种运输单证并向银行交单的时间为准;自营出口销售收入入账金额统一以离岸价(FOB)为标准,即不论发票价格(成交价格)是哪种,都要以离岸价作为确认销售收入的基础;代理出口则以成交额的一定比例收取代理手续费作为收入;在进口业务的成本核算方面,进口商品的国外进价一律以到岸价(CIF)为基础,以企业收到银行转来的全套进口单证,经审核与信用证及合同内容相符,并通过银行向国外出口商承付或承兑远期汇票时间为准,进行进口商品购入的会计确认。

学习情境二　国内贸易业务成本的核算

引例2

1.温州衣尚空间服装代理有限公司2015年发生如下业务:

(1)8月1日,向温州市丰琪尔服饰有限公司购进女式内衣1 000包(每包100件),每包860元,共计860 000元,财务部门收到增值税专用发票,价税合计1 006 200元,审核无误,以转账支票支付。8月3日商品全部到达,并验收入库。另支付运费1 000元,税金110元,装卸费300元,款项以现金支付。

(2)8月5日,向A公司购进男棉毛衫500包(每包10件),每包2 000元,共计1 000 000元,进项税率17%,税金170 000元。接到银行转来的委托收款结算凭证和增值税专用发票,审核无误后,承付货款。同时支付物流公司运费5 000元,税金550元。8月7日,商品到达,验收发现其规格、质量与合同不符,全部予以拒收。经与A公司联系,同意商品退回,并取得A公司开具的红字增值税专用发票,办妥退货手续。8月31日收到A公司退回的货款。

(3)公司8月7日收到从C公司购进的女运动衫800件,单价500元/件,收到增值税发票并支付货款。商品运到,实收运动衫900件。经与C公司联系,溢余100件,系C公司多发,公司同意购进。8月15日收到C公司补来的增值税专用发票,货款50 000元,增值税额8 500元,电汇支付货款。

(4)公司8月13日从F公司购进围巾300件,单价200元/件,货款60 000元,增值税额10 200元,货款尚未支付。16日验收时,发现商品质量不符,经与对方联系,同意给予10%的折让折扣。收到F公司开具的红字增值税专用发票,货款6 000元,增值税额1 020元。

(5)8月31日,批发销售女式内衣50包,每包售价1 000元,女运动衫200件,每件售价600元,开出增值税专用发票,当日收到货款。用个别计价法结转该批货物成本。该女式内衣进价861.30元/包,女运动衫500元/件。

(6)公司采用毛利率法核算针织类商品销售成本。2015年第三季度销售收入为340 000元,销售成本为255 000元。第四季度相关数据见表2-3所示。

要求:按月用毛利率法计算应结转成本,季末按先进先出法计算调整本季商品销售成本,并编制12月商品销售成本结转分录。

(7)12月末,公司对库存商品进行清查盘点,发现女式内衣短缺10件,女运动衫短缺5件。原因查明,系保管员保管不善造成。

要求:为以上经济业务编制会计分录。

表 2-3　　　　　　　　　　　　**商品购入、商品销售汇总表**

类别:针织类　　　　　　　　　　　　　2015 年第四季度　　　　　　　　　货币单位:元

日期	摘要	商品购入			商品销售		
		数量	单价	金额	数量	单价	金额
	期初结转	500	200	100 000.00			
10 月	本月合计	1 200		260 000.00	1 400		320 000.00
11 月	本月合计	1 800		310 000.00	1 600		400 000.00
12 月	本月合计	2 000	180	360 000.00	2 100		480 000.00
	本季合计	5 000		930 000.00	5 100		1 200 000.00

2.浙江人本超市有限公司 2015 年发生如下业务:

(1)12 月 5 日,向温州市丰琪尔服饰有限公司购进女式内衣 2 000 包(每包 10 件),每包 50 元,向 A 公司购进男棉毛衫 1 500 包(每包 10 件),每包 150 元,收到增值税专用发票,商品已由针织组入库,货款月末支付。该公司销售女式内衣单价 20 元/件,男棉毛衫单价 50 元/件。

(2)12 月 30 日,针织组销售女式内衣 600 件,男式棉毛衫 260 件,财务部收到针织组交来的销货款。

(3)12 月 31 日,公司各营业组有关资料见表 2-4,请调整各柜组含税销售收入,分别用综合差价率法、分柜组差价率法、实际进销差价计算法摊销商品进销差价。

表 2-4　　　　　　　　　　　　**有关账户余额表**

2015 年 12 月 31 日　　　　　　　　　　　　　　　　　单位:元

营业组	期末分摊前"商品进销差价"账户余额	期末"库存商品"账户余额	本期"主营业务收入"账户贷方发生额
百货	36 000.00	84 000.00	156 000.00
文具	46 800.00	126 000.00	234 000.00
针织	137 700.00	480 000.00	540 000.00
服装	174 750.00	524 250.00	640 750.00
合计	395 250.00	1 214 250.00	1 570 750.00

(4)12 月 31 日,公司削价处理羊毛衫 100 件,原进价每件 50 元,原售价每件 65 元,现因存量过多,削价为 45 元/件,削价后已销售 50 件。

(5)公司年末盘点,发现文具组实际库存金额大于账面结存金额 240 元,按本月末文具组差价率 13% 计算,进销差价金额为 31.20 元。发现服装组实际库存商品金额小于账面结存金额 180 元,按本月末服装组进销差价率 15% 计算,进销差价金额为 27 元,公司商品进项税率为 17%。

要求:编制以上经济业务的会计分录。

知识准备

一　商品购进采购成本的确认

商业企业存货购进的成本由商品的买价、相关的税费、运输费等组成。《企业会计准则第 1 号——存货》第六条规定,存货的采购成本包括购买价款、相关税费、运输费、装卸费、保险费以及其他可归属于存货采购成本的费用。

《企业产品成本核算制度(试行)》第三章第二十四条规定,批发零售企业一般设置进货成本、相关税费、采购费等成本项目。进货成本,是指商品的采购价款。相关税费,是指运杂费、装卸费、保险费、仓储费、整理费、合理损耗以及其他可归属于商品采购成本的费用。采购费金额较小的,可以在发生时直接计入当期损益。《企业产品成本核算制度(试行)》第四章第四十一条规定,批发零售企业发生的进货成本、相关税金直接计入成本核算对象的成本;发生的采购费,可以结合经营管理特点,按照合理的方法分配计入成本核算对象的成本。

《企业会计准则第 1 号——存货》第九条规定,非正常消耗的直接材料、直接人工、制造费用和仓储费用(不包括在生产过程中为达到下一个生产阶段所必需的费用),不能归属于使存货达到目前场所和状态的其他支出,应当在发生时确认为当期损益,不计入存货成本。

二　商品购销的入账时间

商品购销入账时间的确定,应以商品购销行为的实现,即以商品的所有权转移作为依据。商业企业通过货币结算取得商品所有权或支配权的时间就是商品购进的入账时间;反之,失去商品所有权或支配权的时间,就是商品销售的入账时间。在实际工作中,由于货款结算和商品交接方式的不同,商品所有权和支配权的转移情况比较复杂,因此,商品购销的具体入账时间,应根据不同的商品交接货方式和结算方式进行相应的处理。

(一)商品购进的入账时间

商品购进的入账时间一般以支付货款的时间作为依据,在货款先付、商品后到的情况下,以支付货款的时间作为购进商品入账时间;在商品先到、货款后付的情况下,收到商品后,暂不入账,将付款时间作为商品购进入账时间。根据商品交接货方式和货款结算方式的不同,商业企业的商品购进入账时间有以下几种情况:

(1)从本地购进商品,采用现金、支票、本票或商业汇票等结算方式的,在支付货款并取得供货单位的发货证明时,即可作为商品购进入账;假如商品先到并验收入库,而货款尚未支付,月末暂作购进商品入账,次月初再用红字冲回。

(2)从外地购进商品,采用托收承付或委托收款结算方式的,在结算凭证先到并承付货款时,作为商品购进入账;在商品先到,并符合购销合同规定的,验收入库后,暂不作为商品购进入账,待承付货款时,再作为购进商品入账。如月末尚未付款,则作为购进商品入账,下月初再以红字冲回。

(3)如果在商品购进业务中,采取预付货款方式的,则不能以预付货款的时间作为商品购进的入账时间,因为预付货款不能形成买卖双方的商品交易行为。

(4)进口商品以支付货款作为商品购进入账时间。

(二)商品销售的入账时间

商品销售的入账时间,一般以发出商品、收入货款或取得收取货款的权利的时间作为依据。在商品已经发出,收到货款或者虽未收到货款,但已办妥结算手续或取得购货方的收货证明即可作为销售入账。根据商品交接货方式和货款结算方式的不同,商业企业商品销售入账时间有以下几种情况:

(1)采用现金、支票、本票、汇票等结算方式的,在收到现金、支票、本票、汇票时,作为商品销售入账。

(2)采用异地托收承付结算方式的,在办妥委托银行收款手续时,作为商品销售入账。

(3)采用汇兑结算方式的,在发出商品并取得运输部门的商品发运证明时,作为商品销售入账。

(4)采用送货制销售方式的,在发出商品并取得购货单位的收货凭证或收到货款时,作为商品销售入账。

(5)采用分期收款销售方式的,在发出商品后,实际收到货款时,作为商品销售入账。

(6)采用预收货款销售方式的,在实际发出商品时,作为商品销售入账。

(7)商品出口销售以收到运输部门有关单据并向银行办理交单时间作为入账时间。

三　成本核算方法

商品流通企业成本核算方法可分为进价核算法和售价核算法两种,这两种方法按照是否进行数量核算又可分为进价数量金额核算法、进价金额核算法、售价数量金额核算法、售价金额核算法四种,如图 2-3 所示。

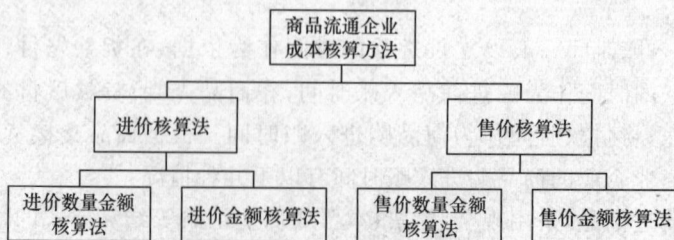

图 2-3　商品流通企业成本核算方法

1. 进价数量金额核算法

①此核算法是指按进价金额和实物数量两种计量单位,反映库存商品进、销、存的核算方法。

②根据商品的不同特点,采用恰当的方法定期计算和结转已销商品的进价成本。可以采用个别计价法、先进先出法、加权平均法、移动加权平均法计算,在商品品种、类别繁多的情况下,还可以采用毛利率法。一旦选定,年度内一般不得变更。

③财务部门需设置"库存商品"总账和明细账,明细账按商品的编号、品名、规格、等级分户,按商品收、付、存分栏记载数量和金额,数量要求永续盘存。同时,业务部门和仓库也需设置明细账,记载商品收、付、存数量。

④此法能全面反映各种商品进、销、存的数量和金额,便于加强商品的管理和控制,但按商品品种逐笔登记明细账,核算工作量大。一般适用于规模和批量较大而交易次数不多的大中型商业批发企业。

2. 进价金额核算法

①此核算法是指只按进价金额反映库存商品进、销、存的核算方法。

②由于平时库存商品缺乏数量核算,期末必须通过对库存商品进行实地盘点,计算出期末结存金额后,才能倒挤出商品的销售成本(本期商品的销售成本=期初库存商品成本+本期购进商品成本-期末库存商品成本),所以这种核算方法也称为"进价记账,盘存计销"法。

③财务部门需设置"库存商品"总账和明细账,只记金额,不记数量。明细账按商品大类或柜组设置,对需要掌握数量的商品,可设置备查簿。

④此法可以简化核算手续,但不能随时掌握库存情况,对商品损耗或差错事故不能及时控制,不便于商品的管理控制。一般适用于鲜活商品的核算。

3. 售价数量金额核算法

①此核算法是指以实物数量和售价金额两种计量单位,反映库存商品进、销、存的核算方法。

②商品的售价与进价有差额,通过"商品进销差价"核算。在商品销售以后,可以先按售价金额结转销售成本,月末,再将商品进销差价在已销商品和库存商品之间进行分摊,将已销商品的进销差价冲减和调整原按售价结转的成本,最终将商品的售价金额调整为进价金额。

③财务部门需设置"库存商品"总账和明细账,按售价记账。明细账按商品品名、规格设置,随时掌握各种商品的结存数量和售价金额。

④此法能够及时掌握每种商品进、销、存的数量和售价金额的变动情况,便于加强对库存商品的管理和控制。缺点是核算工作量大,商品售价一旦变动,就要盘点库存商品,调整商品金额和差价。适用于零售业中贵重商品及经营规模小、业务量少的批发企业的核算。

4. 售价金额核算法

①此核算法是指以售价金额反映库存商品进、销、存的核算方法。

②需要按照商品经营的品种和存放地点,划分若干柜组,确定实物负责人,对其经营的商品承担责任。

③财务部门需设置"库存商品"总账和明细账,总账反映售价总金额,明细账按实物

负责人分设,反映各实物负责人所经营的商品售价金额。明细账的数量通过实地盘点得出,需要健全商品盘点制度。

④需要设置商品进销差价,对销售成本由售价调整为进价。

⑤此法核算手续简单,减少了工作量,记账较为方便,缺点是明细账不能反映商品的数量,平时不易发现溢缺,难以分析溢缺的原因和责任,适用于除鲜活商品、贵重商品以外的零售业务核算。

批发商品的供货来源主要是生产企业,供应对象是零售企业及个体户。其经营特点是:经营品种规格较少,交易次数较少,每次交易量大并能取得相应的合法凭据。在会计核算中,必须把握各种商品在进、销、存各环节的实物数量和价值数量变化的情况,一般采用数量进价金额核算法。

零售商品的供货来源可以是批发商或生产企业,供应对象主要是广大消费者。其经营特点是:经营品种多,规格复杂,直接为消费者服务,交易次数频繁,数量零星。交易方式主要是一手交钱、一手交货的现金交易,成交时间短。除集团购买商品和贵重商品外,一般不需填制销货凭证。按照零售商品经营的特点,一般采用售价金额核算。

职业判断与岗位操作

一 批发业务成本核算

(一)批发商品购进的核算

1. 账户设置

批发企业购进存货一般采用进价数量金额核算法。它与一般企业采用实际成本核算法相似,无论是总分类核算还是明细分类核算,均按照实际成本计价。使用的会计科目有"在途物资""库存商品"等。

"在途物资"账户,用以核算货款已付、尚未验收入库的在途商品的采购成本,明细账可按供货单位和商品品种设置。

"库存商品"账户,用以核算企业库存的各种商品的实际成本、计划成本或售价,明细账根据商品的品种和规格设置。

2. 批发商品购进的具体核算

由于商品的发运时间和结算凭证的传递时间不一致,通常会出现单证与商品同时到达、单证先到、商品后到,商品先到、单证后到三种情况,这三种情况与制造业企业购进材料的账务处理相同。

由于商业企业主要业务是商品的购销,在采购过程中经常会出现商品的品种、规格、数量和质量等和购销合同不相符情况,出现拒付货款和拒收商品的核算。商品购进拒收的核算,通常分为以下三种情况:

①先拒付货款,后拒收商品。企业收到银行转来的托收凭证,发现所附增值税专用

发票与购销合同不符,拒付货款。等商品到达后,再拒收商品。由于先拒付货款,后拒收商品,无须做账务处理,只需要将拒收商品记入"代管商品物资"备查簿。

②先拒收商品,后拒付货款。企业收到商品时,发现商品与购销合同不符,可拒收商品,将拒收商品记入"代管商品物资"备查簿,等银行转来托收凭证后,再拒付货款。

③先承付货款,后拒收商品。企业收到银行转来的托收凭证,将所附增值税专用发票与购销合同核对相符后,承付货款。等商品到达验收时,发现商品与购销合同不符,企业将已支付货款及增值税额从"在途物资"和"应交税费"账户转入"应付账款"(或预付账款)账户,并将拒收商品记入"代管商品物资"备查簿,待与供货方协商解决后,再做相应的账务处理。

【做中学】根据引例 2-1-(1)

①8月1日购入业务

借:在途物资——女式内衣　　　　　　　　860 000
　　应交税费——应交增值税(进项税额)　　146 200
　　贷:银行存款　　　　　　　　　　　　　　　　　1 006 200

②8月3日,支付运杂费

借:在途物资——女式内衣　　　　　　　　1 300
　　应交税费——应交增值税(进项税额)　　110
　　贷:库存现金　　　　　　　　　　　　　　　　　1 410

③验收入库

借:库存商品——女式内衣　　　　　　　　861 300
　　贷:在途物资——女式内衣　　　　　　　　　　861 300

【做中学】根据引例 2-1-(2)

①8月5日购入业务

借:在途物资——男棉毛衫　　　　　　　　1 000 000
　　应交税费——应交增值税(进项税额)　　170 000
　　贷:银行存款　　　　　　　　　　　　　　　　　1 170 000

②支付运费

借:在途物资——男棉毛衫　　　　　　　　5 000
　　应交税费——应交增值税(进项税额)　　550
　　贷:银行存款　　　　　　　　　　　　　　　　　5 550

③验收发现质量问题,予以拒收

将拒收商品记入"代管商品物资"备查簿。

④取得红字增值税专用发票

借:在途物资——男棉毛衫　　　　　　　　1 000 000

　　应交税费——应交增值税(进项税额)　　170 000

　　贷:应付账款(预付账款)　　　　　　　　　　1 170 000

⑤31 日收到退回的货款

借:银行存款   1 170 000

 贷:应付账款（预付账款）   1 170 000

⑥发生的运费经与供货方协商,供货方不予承担

借:销售费用   5 000

 贷:在途物资——男棉毛衫   5 000

【做中学】根据引例 2-1-(3)

①8 月 7 日,收到发票,支付货款

借:在途物资——女运动衫   400 000

 应交税费——应交增值税(进项税额) 68 000

 贷:银行存款   468 000

②收到商品入库

借:库存商品——女运动衫   450 000

 贷:在途物资——女运动衫   400 000

  待处理财产损溢   50 000

③收到 C 公司补来的增值税专用发票,并补付货款

借:待处理财产损溢   50 000

 应交税费——应交增值税(进项税额) 8 500

 贷:银行存款   58 500

  企业购进商品发生短缺的,先转入"待处理财产损溢"账户,待查明原因后,分别按下列不同情况处理:属于应由供货方、运输单位、保险公司或其他过失人负责赔偿损失的,借记"应付账款""其他应收款"等账户,贷记"待处理财产损溢"账户;属于自然灾害等非正常原因造成损失的,应将扣除残料价值和保险公司或过失人赔偿后的净损失,借记"营业外支出"账户,贷记"待处理财产损溢"账户;属于自然定额的损耗,则构成采购成本,转入库存商品。

  根据增值税暂行条例的规定,非正常损失的购进货物其进项税额不得从销项税额中抵扣。所谓的非正常损失,是指因管理不善造成被盗、丢失、霉变等非正常损失。故企业购进商品发生被盗、丢失、霉变等非正常损失,其增值税进项税额应予转出,借记"待处理财产损溢"账户,贷记"应交税费——应交增值税(进项税额转出)"账户。

【做中学】根据引例 2-1-(4)

①13 日购进围巾 300 件

借:在途物资——围巾   60 000

 应交税费——应交增值税(进项税额) 10 200

 贷:应付账款——F 公司   70 200

②收到 F 公司开具的红字增值税专用发票

借:在途物资——围巾 $\boxed{6\ 000}$

  应交税费——应交增值税(进项税额) $\boxed{1\ 020}$

   贷:应付账款——F 公司 $\boxed{7\ 020}$

③验收入库

借:库存商品——女运动衫   54 000

   贷:在途物资——女运动衫   54 000

④支付货款

借:应付账款——F 公司   63 180

   贷:银行存款   63 180

(二)批发商品销售的核算

批发商品销售不管是同城销售还是异地销售,一般的销售及销售成本的结转均与制造企业销售的账务处理相同。但商品企业的销售有其特殊性,下面主要介绍"直运商品销售""委托代销商品"的核算。

1. 直运商品销售的业务程序及核算

直运商品销售是指批发企业购进商品后,不经过本企业仓库储备,直接从供货单位发运给购货单位的一种销售方式,业务程序如图 2-4 所示。

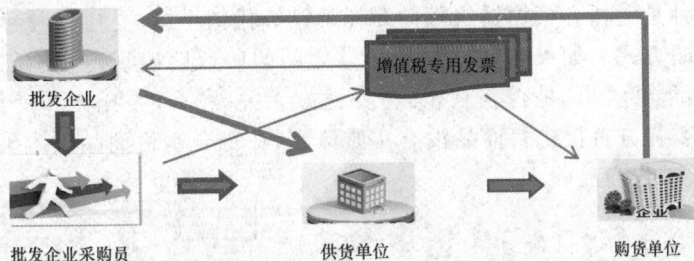

图 2-4 直运商品销售业务程序图

直运商品销售涉及批发企业、供货单位和购货单位三方,并且三方不在同一地点,因此,批发企业一般派有采购员驻扎在供货单位,当供货单位根据购销合同发运商品时,由驻扎采购员填制增值税专用发票一式数联,其中"发货联"随货同行,作为购货单位的收货凭证,其余各联寄回批发企业。供货单位在商品发出后,即可向批发企业收取货款,批发企业支付货款后,反映为商品购进。批发企业凭采购员寄回的发票向购货单位收取货款,反映为商品销售。

有时批发企业为了尽快收回结算资金,在征得银行同意后,采购员可以在供货单位所在地委托银行向购货单位办理托收,由购货单位开户银行将货款直接划拨给批发企业。采购员在办妥托收后,将托收凭证回单联寄回批发企业,据以做商品销售处理。在这种情况下,批发企业的购销业务几乎同时发生。

采用直运商品销售,商品不通过批发企业仓库的储存环节,因此可以不通过"库存商品"账户,而直接在"在途物资"账户中核算。由于直运商品购进和销售的增值税专用发票上已经列明商品的购进金额和销售金额,故主营业务成本可以按照实际进价成本分销售批次随时进行结转。

大连百货公司 2015 年 4 月 10 日向浙江保温瓶厂订购寰宇牌电热水瓶 500 个,每个 120 元,货款为 60 000 元,增值税税额为 10 200 元,该批商品由浙江保温瓶厂代垫运费 800 元直接发往浑江百货商场。与浑江百货商场商定,直运销售的电热水瓶售价每个 155 元,货款为 77 500 元,增值税税额为 13 175 元。大连百货公司开出增值税专用发票。

(1)借:在途物资——浙江保温瓶   60 000
   应交税费——应交增值税(进项税额) 10 200
   应收账款——浑江百货商场   800
  贷:银行存款   71 000
(2)借:应收账款——浑江百货商场   90 675
  贷:主营业务收入——电器类   77 500
   应交税费——应交增值税(销项税额) 13 175
(3)借:主营业务成本——电器类   60 000
  贷:在途物资——浙江保温瓶   60 000

2. 委托代销商品的核算

委托代销商品的核算有两种不同的处理方法。一种是受托方和委托方分别做商品购销处理,另一种是受托方根据销售额向委托方结算代销手续,委托方做商品销售处理。

(1)视同买断方式。如果委托方和受托方之间的协议明确规定,受托方在取得代销商品后无论是否能够卖出、是否获利,均与委托方无关,那么,委托方和受托方之间的代销商品交易,与委托方直接销售商品没有实质区别,在符合销售商品收入确认条件时,委托方应确认相关销售商品收入。

A 公司委托 D 公司销售电热水器 50 台,协议价 2 800 元/台,增值税率为 17%。代销协议约定,D 公司取得代销商品后,无论是否卖出、是否获利,均与 A 公司无关。该商品已经发出,增值税专用发票已开具,货款尚未收到。

(1)根据代销协议,发出商品并开出增值税专用发票
  借:应收账款——D 公司   163 800
   贷:主营业务收入   140 000
    应交税费——应交增值税(销项税额) 23 800
(2)假定电热器的进价为 2 400 元,结转商品销售成本
  借:主营业务成本   120 000
   贷:库存商品   120 000
(3)收到货款
  借:银行存款   163 800
   贷:应收账款——D 公司   163 800

（2）收取手续费方式。收取手续费方式委托代销商品,是委托方和受托方签订合同或协议,委托方根据代销商品金额或数量向受托方支付手续费的销售方式。在这种方式下,委托方发出商品时,商品所有权上的主要风险和报酬并未转移,委托方在发出商品时通常不应确认商品收入,仍然应当按照有关风险和报酬是否转移来判断何时确认收入。通常可在收到受托方开出的代销清单时确认销售商品收入;受托方应在商品销售后,按合同或协议规定的方法计算的手续费确认收入。其账务处理如下:

①企业将商品交付受托方代销时,借记"发出商品"账户,贷记"库存商品"账户;

②收到代销清单,确认收入,同时发生增值税纳税义务;

③结转销售成本,借记"主营业务成本"账户,贷记"发出商品"账户;

④支付手续费,借记"销售费用"账户,贷记"应收账款"账户等。

典型任务举例 ❸

假定上例中 A 公司与 D 公司签订委托代销协议,约定 D 公司应按 3 200 元/台对外销售电热水器,A 公司按不含增值税售价的 10% 支付 D 公司手续费。本月 30 日,D 公司销售电热水器 20 台,开出的增值税专用发票上注明价款为 64 000 元,增值税 10 880 元,款项已收到。A 公司收到 D 公司开具的代销清单时,向 D 公司开出一张相同金额的增值税专用发票。

（1）发出商品

借:发出商品——D公司	120 000	
贷:库存商品——电热水器		120 000

（2）收到代销清单,开出增值税专用发票

借:应收账款——D公司	74 880	
贷:主营业务收入——电热水器		64 000
应交税费——应交增值税(销项税额)		10 880
借:主营业务成本	48 000	
贷:发出商品——D公司		48 000

（3）确认手续费

借:销售费用——代销手续费(64 000×10%)	6 400	
贷:应收账款——D公司		6 400

（4）收到D公司支付的货款

借:银行存款	68 480	
贷:应收账款——D公司		68 480

3. 批发商品销售成本的核算

计算商品销售成本是一项重要而繁重的工作,它直接关系到期末库存商品的价值及企业经营成果的结算是否正确。因此,有必要根据各企业的特点,采用适当的方法,正确计算商品销售成本。一旦确定了计算商品销售成本的方法后,在同一会计年度内不得随意变更。

（1）商品销售成本的结转时间。除经营品种单一、商品整批进出并能分清批次的企业和制度明确规定采用按日结转外，一般企业都采用定期结转。定期结转有按月或按季结转两种，商业企业定期结转一般为按月结转。

（2）商品销售成本的结转方法。批发企业商品销售成本的结转方法有分散结转和集中结转两种。

（3）商品销售成本的计算。在数量进价金额核算法下，批发企业可采用个别计价法（分批实际进价法）、加权平均法、移动加权平均法、先进先出法和毛利率法计算销售商品的成本。由于个别计价法（分批实际进价法）、加权平均法、移动加权平均法、先进先出法与制造业企业方法相同，以下介绍毛利率法。

毛利率法是根据本期商品销售收入乘以上期实际（或本期计划）毛利率推算出本期商品销售毛利，并据以计算发出商品销售成本和期末库存商品成本的一种方法。其计算公式如下：

毛利率＝（销售毛利/销售额）×100％

本期商品销售毛利＝本期商品销售收入×毛利率

本期商品销售成本＝本期商品销售收入－本期商品销售毛利

期末库存商品成本＝期初库存商品成本＋本期购货成本－本期销售成本

以上计算公式可以简化如下：

本期商品销售成本＝本期商品销售收入×（1－毛利率）

采用毛利率法，不是按库存商品品名、规格逐一计算商品销售成本，而是按商品类别进行计算，大大简化了企业的计算工作。商品流通企业由于经营商品的品种繁多，如果分品种计算商品成本，工作量将大大增加，而且一般来讲，商品流通企业同类商品的毛利率大致相同，采用这种计价方法既能减少工作量，又能满足企业对存货管理的需要。

在实务中，在毛利率相对稳定的情况下，为了既能准确计算商品销售成本，又能减少计算工作量、提高工作效率，可以将毛利率法与先进先出法、加权平均法结合应用。即在每个季度的前两个月采用毛利率法，第三个月采用先进先出法、加权平均法或移动加权平均法计算出全季的商品销售成本，再减去前两个月用毛利率法计算的销售成本，剩下的就是第三个月的商品销售成本。

前提假设：各期毛利率相对稳定或基本相同。

销售成本＝当月商品销售收入×（1－上季度毛利率）

$$毛利率＝\frac{商品销售毛利}{商品销售收入}×100％＝\frac{商品销售收入－商品销售成本}{商品销售收入}×100％$$

季度内用前两个月按上季度的毛利率估算销售成本与实际商品销售成本的差额并倒挤到第三个月进行调整，可使得每季度的商品销售成本及季度结存商品的价值接近实际情况，以提高每季商品销售成本计算的准确性。

【做中学】根据引例 2-1-(5)

①确认收入

借:银行存款   198 900

 贷:主营业务收入——女式内衣   50 000

     ——女运动衫   120 000

  应交税费——应交增值税(销项税额)   28 900

②用个别计价法结转成本

借:主营业务成本——女式内衣(861.30×50)   43 065

     ——女运动衫(500×200)   100 000

 贷:库存商品——女式内衣   43 065

    ——女运动衫   100 000

【做中学】根据引例 2-1-(6)

①计算上季毛利率及各月销售成本

毛利率＝(340 000－255 000)÷340 000＝25％

2015 年 10 月应转销售成本＝320 000×(1－25％)＝240 000(元)

2015 年 11 月应转销售成本＝400 000×(1－25％)＝300 000(元)

2015 年 12 月末库存商品数量＝5 000＋500－5 100＝400(件)

按先进先出法计算期末库存商品金额＝400×180＝72 000(元)

2015 年第四季度应转销售成本＝100 000＋930 000－72 000＝958 000(元)

2015 年 12 月应转销售成本＝958 000－(240 000＋300 000)＝418 000(元)

②12 月应转商品销售成本

借:主营业务成本   418 000

 贷:库存商品——针织类   418 000

(三)批发商品储存的核算

  商品储存是指商品流通企业已经购进而尚未销售的商品,包括库存商品、受托代销商品、分期收款发出商品等。为了加强对商品储存的核算与管理,批发企业财会部门必须与有关各部门密切配合,做到库存结构合理、商品保管完好、收发制度严密、定期盘点商品,以达到账实相符,并正确计算和结转商品销售成本,以保证企业利润核算的准确性。

1.库存商品明细账的设置与登记

  (1)库存商品明细账的设置。库存商品明细账是指按商品的品名、规格、等级分户设置,用以登记其收发库存情况的账簿。批发企业库存商品明细账的设置有以下几种:

  三账分设:指业务、保管、会计部门各设一套库存商品明细账,即业务部门设调拨账,仓库设保管账,会计部门设库存商品明细账。

两账合一:指业务和会计部门合并设置一套库存商品明细账,既记录数量又记录金额,提供业务和会计部门所需要的库存商品明细资料;仓库设保管账。

三账合一:指业务、仓库和会计部门合设一套库存商品明细账,记录数量、金额,同时还提供业务、仓库和会计部门所需的库存商品明细资料。

(2)库存商品明细账的格式与登记。库存商品明细账一般采用数量金额式账页,其格式见表2-5。其登记方法与一般明细账有所不同。具体如下:

①商品购进和进货退出,记入该账户借方的数量、单价和金额栏,购进用蓝字,进货退出用红字;

②商品加工收回和溢余,记入该账户借方的其他数量、单价和金额栏;

③购进商品退补价,将退补价款的差额记入该账户借方的单价和金额栏,退价用红字,补价用蓝字;

④商品销售和销货退回,若逐日结转成本,记入该账户贷方的数量、单价和金额栏,若定期结转成本,平时只登记销售数量栏,不登记单价和金额栏,金额在月末一次登记,商品销售用蓝字,销货退回用红字;

⑤商品发出加工和短缺,记入该账户贷方的其他数量、单价和金额栏;

⑥销售商品退补价,将退补价款的差额记入该账户贷方的单价和金额栏,退价用红字,补价用蓝字。

表 2-5   库存商品明细表

类别: 货号: 品名: 规格: 等级: 单位:

年		凭证号	摘要	借方				贷方				结存			存放点及数量	
				数量		单价	金额	数量		单价	金额	数量	单价	金额	甲库	待运
月	日			购进	其他			销售	其他							

2. 库存商品盘点及溢缺的核算

商品在储存过程中,由于自然条件或人为原因,可能会引起商品数量上的短缺或溢余以及质量上的变化,因此必须建立和健全各项规章制度,并采取财产清查的措施,以确保商品的安全。财产清查是提高商品储存质量的必要手段,它的方法主要是进行定期盘点和不定期盘点。通过盘点,清查商品在数量上有无短缺损耗和溢余,在质量上有无残次、损坏、变质等情况。同时,通过盘点还可以发现在库存结构上可能出现呆滞冷背商品、销小存大商品等问题,及时采取措施,减少企业损失,达到保护企业财产安全和改善企业经营管理的目的。

商品盘点是一项细致复杂的工作,必须有领导、有组织、有计划地进行。在盘点前,应根据盘点的范围,确定参加盘点的人员与组织分工,财会部门与储运部门应将有关商品收发业务的凭证全部登记入账,并结出余额,以便与盘点出来的实存数量进行核对。盘点时,要根据商品的特点,采用不同的盘点方法和操作规程,避免发生重复盘、遗漏盘和错盘的现象。盘点以后,由保管人员负责填制"商品盘存表",先根据账面资料填写商品名称、规格、单价及账存数量,再填列实存数量。"商品盘存表"上账存数与实存数如不相符,应填制"商品溢余短缺报告单"一式数联,其中一联转交财会部门,财会部门据以将商品短缺或溢余的金额分别转入"待处理财产损溢"账户,以做到账实相符。等查明原因后,按企业管理权限报经企业的管理机构批准后,再区别情况,转入各有关账户,在期末结账前处理完毕。

对于溢余,如属供货单位多发,应作为商品购进补付货款;如属自然升溢,则应冲减"管理费用"账户。

商品盘点短缺如属自然损耗,转入"管理费用"账户;对于责任事故,则应根据领导批复,若由企业负担,转入"营业外支出"账户;若由当事人负责赔偿,转入"其他应收款"账户。应特别注意的是,按我国税法规定,对于因管理不善造成被盗、丢失、霉变等非正常损失,其进项税额不得在销项税额中抵扣,故还应贷记"应交税金——应交增值税(进项税额转出)"账户。

【做中学】根据引例 2-1-(7)

①编制商品溢余短缺报告单

表 2-6 商品溢余短缺报告单 货币单位:元

品名	计量单位	单位成本	账存数量	实存数量	短缺		原因
					数量	金额	
女式内衣	件	8.613	250	240	10	86.13	保管员责任
女运动衫	件	500	150	145	5	2 500	保管员责任

②账务处理

借:待处理财产损溢——待处理流动资产损溢 2 586.13
　　贷:库存商品——女式内衣 86.13
　　　　　　　　——女运动衫 2 500.00
借:其他应收款——保管员 3 025.77
　　贷:待处理财产损溢——待处理流动资产损溢 2 586.13
　　　　应交税费——应交增值税(进项税额转出) 439.64

3. 商品跌价的核算

《企业会计准则第 1 号——存货》规定,资产负债表日,存货应当按照成本与可变现净值孰低计量。存货成本高于其可变现净值的,应当计提存货跌价准备,计入当期损益。

可变现净值,是指在日常活动中,存货的估计售价减去至完工时估计将要发生的成本、估计的销售费用以及相关税费后的金额。为执行销售合同而持有的存货,其可变现净值应当以合同价格为基础计算。商品流通企业持有存货的数量多于销售合同订购数量的,超出部分存货的可变现净值应当以一般销售价格为基础计算。

资产负债表日,商品流通企业应当确定存货的可变现净值。当账面价值高于可变现净值时,按其差额借记"资产减值损失"账户,贷记"存货跌价准备"账户;以前减记存货价值的影响因素已经消失的,减记的金额应当予以恢复,并在原已计提的存货跌价准备金额内转回,转回的金额计入当期损益,冲减"资产减值损失"账户。

典型任务举例❹

某批发企业,2015 年末"库存商品——袜子"账户余额为 50 000 元,数量为 10 000 件,其中:6 000 件已被波利公司订购,合同价 6 元/件,其余 4 000 件未被订购,商品一般正常售价为 6.1 元/件,预计销售费用为 0.5 元/件,预计销售税金为 1.1 元/件。

(1)计算存货跌价准备

可变现净值=6 000×6+4 000×6.1-10 000×(0.5+1.1)=44 400
(元)

应计提存货跌价准备=50 000-44 400=5 600(元)

(2)计提存货跌价准备

借:资产减值损失　　　　　　　　　　　　　　　　　5 600
　　贷:存货跌价准备——袜子　　　　　　　　　　　　　　5 600

(四)批发商品所涉会计凭证

1.购进商品涉及会计凭证:收货单、增值税专用发票、运输费用单据、送货单、入库单、结算凭证。

2.销售商品涉及会计凭证:增值税专用发票、商品发货单、商品销售日报表、销货收款日报表、托收承付凭证回单。

3.特殊账簿

由于商贸企业购销频繁,为简化核算,实务中还存在抽单核对法来代替明细分类账。

抽单核对法就是不设置"在途物资"明细分类账,充分利用自制的两联收货单,即"结算联"和"入库联"来代替"在途物资"明细分类账的一种简化的核算方法。

①企业在购进商品时,财务部门根据业务部门转来的收货单的"结算联"支付货款后,在其上加盖付款日期的戳记,以代替"在途物资"明细账借方发生额的记录,当仓库转来收货单的"入库联"做商品入库的核算后,在其上加盖入库日期的戳记,以代替"在途物资"明细账贷方发生额的记录。

②在收货单中,这两类凭证应用专门的账夹分别存放。

③每日核对后,将销售单位名称、商品的数量和金额均相符的收货单的"结算联"和"入库联"从账夹中抽出,表示这批购进业务已经钱货两清,予以注销,并将抽出的凭证按抽出的日期分别装订成册,归入会计档案。

④期末结账时,检查账夹,尚存的收货单的"结算联"的总金额表示"在途物资"明细账的借方金额,尚存的收货单的"入库联"的总金额表示"在途物资"明细账的贷方金额。

采用抽单核对法,一定要严格遵守凭证传递的程序,加强凭证的管理和对账工作,以防止凭证散乱丢失,造成核算工作的紊乱。

二 零售业务成本核算

(一)零售商品购进的核算

1.零售商品购进的业务程序

零售商品购进,一般由实物负责人根据商品库存和销售情况,自行组织进货。设有专职采购员的企业,可由实物负责小组提出要货计划,由采购员组织进货。

企业在本地购进商品,通常采用提货制和送货制,提货制由企业自行提货,送货制由供货单位根据企业要货单送货上门。

企业从外地购进商品,通常采用发货制。在商品运达后,由实物负责人根据发票所列内容,逐一清点商品数量,检查商品质量,核对商品编号、品名、数量、质量、单价和金额无误后,填制"商品验收单"一式数联,其中一联作存根联,一联由验收部门登记商品账,一联交由财务部门进行账务处理。设有供配货中心的企业,商品运到后,应由仓库保管员负责验收。

2.账户设置

(1)"在途物资"账户:属于资产类账户,用于核算已支付货款但尚未抵达验收入库的商品实际成本,该账户按销售单位或商品品种设置明细账。

(2)"库存商品"账户:属于资产类账户,用于核算经实物负责人验收入库后的商品含税售价,该账户按实物负责小组或营业柜组设置明细账。

"库存商品"账户的核算内容和登记方法,与实行进价数量金额核算法的企业的不同之处在于:①对库存商品的增减变动和结存情况按售价记录。这里的售价,包含按规定应向购买方收取的增值税额。②库存商品的明细账按实物负责人分户,只记金额,不记实物数量。

(3)"商品进销差价"账户:属于资产类账户,用于核算库存商品含税售价与不含税进价的差额,包括两项内容:一是不含税的进价与不含税的售价之间的差额;二是向消费者(或购买方)收取的增值税额。

借方登记销售后结转的商品进销差价,以及商品短缺和调价减值等因素转销的差额。

贷方登记售价大于进价的差价(商品购入时售价与进价的差额),以及商品调价和商品溢余增值等因素增加的差额。

余额表示实际"库存商品"的进销差价(反映库存存货的售价与进价的差额)。

该账户按实物负责小组或营业柜组设置明细账。

3.商品购进的具体核算

本地购进商品一般是购进商品和货款结算同时办理,财务部门根据实物负责小组转来的收货单、增值税专用发票和付款凭证入账。

异地购进商品,商品采用"发货制"交接方式,货款结算和验收商品一般不在同一天完成,会出现单货同到、单到货未到和货到单未到的情况,其账务处理有所不同。

（1）先承付货款和运费，后到货。（单到货未到）

财务部接到银行转来托收凭证，经审核无误后，承付货款，做如下会计处理：

借：在途物资——××公司

应交税费——应交增值税（进项税额）

贷：银行存款

商品运到，验收入库，按含税售价入账，售价与进价的差异记入"商品进销差价"账户，做如下会计处理：

借：库存商品——××柜组

贷：在途物资——××公司

商品进销差价

（2）商品先到，后付款。（货到单未到）

采用售价核算的商品，按售价借记"库存商品"账户，按暂估的进货原价，贷记"应付账款"账户，按售价与暂估进价的差额，贷记"商品进销差价"账户。下月初用红字冲回，待单据到达，正常核算。

（3）货物与单据同时到达。（单货同到）

借：库存商品——××柜组

应交税费——应交增值税（进项税额）

贷：银行存款

商品进销差价

【做中学】根据引例 2-2-（1）

借：在途物资——针织组——女式内衣	100 000
——男棉毛衫	225 000
应交税费——应交增值税（进项税额）	55 250
贷：应付账款	380 250
借：库存商品——针织组	1 150 000
贷：在途物资——针织组——女式内衣	100 000
——男棉毛衫	225 000
商品进销差价——针织组	825 000

典型任务举例 ❺

1. 春柳百货公司月初从市百货站购进雪绒牌保暖内衣 240 套，进价每套 54 元，零售价每套 80 元，货款已付，商品已验收入库。本月中旬收到市百货站更正发票，雪绒牌保暖内衣的批发价应为 45 元，应退货款 2 160 元，增值税 367.20 元。

（1）月初购入

借：在途物资——市百货站	12 960
应交税费——应交增值税（进项税额）	2 203.20
贷：应付账款——市百货站	15 163.20

(2)商品验收入库

借:库存商品——保暖内衣　　　　　　　　　19 200
　　贷:在途物资——市百货站　　　　　　　　　　　12 960
　　　　商品进销差价——针织组　　　　　　　　　　6 240

(3)中旬收到更正发票

借:在途物资——市百货站　　　　　　　　　2 160
　　应交税费——应交增值税(进项税额)　　　367.20
　　贷:应付账款——市百货站　　　　　　　　　　2 527.20
借:商品进销差价——针织组　　　　　　　　2 160
　　贷:在途物资——保暖内衣　　　　　　　　　　2 160

2.引用前例中资料,如果该商品的零售价价格因进价的变更调整为69元,则在冲减商品采购额和进项税额后,同时冲减库存商品的售价金额和进价成本。

(1)收到更正发票

借:在途物资——市百货站　　　　　　　　　2 160
　　应交税费——应交增值税(进项税额)　　　367.20
　　贷:应付账款——市百货站　　　　　　　　　　2 527.20

(2)调整售价

借:库存商品——保暖内衣　　　　　　　　　2 640
　　贷:在途物资——市百货站　　　　　　　　　　2 160
　　　　商品进销差价——针织组　　　　　　　　　　480

(二)零售商品销售的核算

1.零售商品销售的业务程序

零售企业销售主要是收取现金、通过信用卡结算,也有少量采用转账结算的。不论采用哪一种结算方式,每日营业终了都必须将销货款清点后缴存到银行。解缴货款的方式有集中解缴和分散解缴两种。

集中解缴是指每日营业结束后,由各门店(柜组)或收款员按其所收货款,填制"内部交款单"及"商品进销存日报表"连同所收取的货款,一并送交财会部门,财会部门将各门店或柜组的销货款集中汇总后填制"缴款单"送存银行,取得银行缴款回单。

分散解缴是指在每日营业结束后,由各门店(柜组)或收款员按其所收的销货款填制"缴款单",将现金直接缴存银行,取得银行缴款单回单后,填制"内部交款单"及"商品进销存日报表",并送交财会部门。

①填制销货凭证。由经手人填制销货凭证,销货凭证一式数联,其中发票联给消费者作为付款凭证,记账联作为企业的收款凭证,存根联由营业柜组留存备查。

②收款。收款方式可以由营业员直接收款,也可以设收款台,由收款员集中收款。每日营业结束后,将销货款清点后缴存到银行,解缴销货款并将相关单证交送财会部门。

③编制"内部交款单""商品进销存日报表"。"内部交款单"由缴款人填制,通常一式两联,一联缴款单位留存,另一联上交财会部门,作为入账依据。内部交款单见表2-7。

表2-7　　　　　　　　　　　　　　　　内部交款单

年　月　日

项目	摘要	金额			备注
		应交	实收	长短款	
销货款	现金				
	支票				
合计(大写)					

实物负责人:　　　　　　　　复核:　　　　　　　　制单:

"商品进销存日报表"由各营业柜组编制,一式两联,实物负责人自留一联,以登记商品保管账,减少商品的结存数量;一联送交财会部门,经复核无误后,据以入账。商品进销存日报表格式见表2-8。

表2-8　　　　　　　　　　　　　　商品进销存日报表

柜组名称:　　　　　　　　　　年　月　日　　　　　　　　　　编号:

项目		金额	项目		金额	备注
昨日库存			本日销售			
增加	本日购进		减少	本日调出		
	本日调入			变价减值		
	变价增值			商品损耗		
	商品溢余			合计		
	合计		本日结转			
合计			合计			
本月销售计划:			销售完成累计:			

实物负责人:　　　　　　　　复核:　　　　　　　　制单:

2. 销售商品收入的核算

(1)零售企业销售商品一般核算。每日营业结束,按含税的价格记入"主营业务收入"账户,期末再将含税收入调整为真正的商品销售收入。

为了能及时反映商品实物负责小组库存商品的购销动态和结存情况,需要随时转销已销库存商品的成本,即每日确认收入的同时结转商品成本,按售价记入"主营业务成本"账户。

企业的库存商品是按售价反映的,其售价与进价的差额在"商品进销差价"账户中反映。

因此,当已销商品在"库存商品"账户中转销后,理应同时转销这部分已销商品的进销差价,从而求得商品的销售成本。但由于逐笔计算已销商品进销差价的工作量较大,所以,在实际工作中,平时不转销已销商品的进销差价,月末采用一定方法计算出全月已销售商品实现的进销差价后,一次结转"商品进销差价"和"主营业务成本"账户。

【做中学】根据引例 2-2-(2)

借:银行存款	25 000	
贷:主营业务收入——针织组		25 000
借:主营业务成本	25 000	
贷:库存商品——针织组		25 000

(2)商品销售收入的调整。计算平时含税的销售收入中所包含的增值税销项税额,将实现的商品销售收入调整为不含税销售额。

不含税销售额=含税销售额÷(1+增值税税率)

销售税额=不含税销售额 × 增值税税率

借:主营业务收入

　　贷:应交税费——应交增值税(销项税额)

【做中学】根据引例 2-2-(2)

不含税销售额=25 000÷(1+17%)=21 367.52(元)

销项税额=21 367.52×17%=3 632.48(元)

借:主营业务收入	3 632.48	
贷:应交税费——应交增值税(销项税额)		3 632.48

(3)商品销售成本的核算。零售企业在确认销售收入的同时,按售价随时结转已销库存商品的成本,转销库存商品的金额与商品销售收入的金额一致,因此需要在月末还原为不含税的进价。

而售价与进价的差额与增值税的合计反映在"商品进销差价"内,所以需要在月末对商品进销差价进行摊销,以真实反映销售商品的成本。计算已销商品进销差价的方法有"综合差价率计算法""分类差价率计算法"和"实际进销差价计算法"。

①综合差价率计算法

综合差价率计算法是指根据企业经营的全部商品存、销比例,平均分摊进销差价的一种方法。采用综合差价率计算法确定商品的销售成本,计算手续比较简便,但只适用于商品种类较少、各种商品的进销差价比较接近的企业。

$$综合差价率=\frac{当月末调整前商品进销差价账户余额}{当月末库存商品账户余额+当月主营业务收入账户贷方发生额}×100\%$$

$$当月销售商品应分摊的进销差价=当月主营业务收入账户贷方发生额×综合差价率$$

$$\frac{\text{月末商品}}{\text{进销差价余额}} = \frac{\text{月末分摊前商品}}{\text{进销差价账户余额}} - \frac{\text{本月销售商品}}{\text{应分摊的进销差价}}$$

已销商品应分摊的进销差价做如下会计处理：

借：商品进销差价

　贷：主营业务成本

【做中学】根据引例 2-2-(3)

根据资料,计算本期销项税额及综合差价率结果见表2-9。

调整本月销售收入：

借：主营业务收入——百货组		22 666.67
——文具组		34 000.00
——针织组		78 461.54
——服装组		93 100.43
贷：应交税费——应交增值税(销项税额)		228 228.64

综合差价率计算法摊销商品进销差价：

$$\text{综合差价率} = \frac{395\ 250}{(1\ 214\ 250 + 1\ 570\ 750)} = 14.19\%$$

当月销售商品应分摊的进销差价 $= 1\ 570\ 750 \times 14.19\% = 222\ 889.43$(元)

已销商品应分摊的进销差价做如下会计处理：

借：商品进销差价　　　　　　　　　　222 889.43

　贷：主营业务成本　　　　　　　　　　　222 889.43

表2-9　　　　　　　　　　各账户余额表
12月31日

单位:元

营业组	期末分摊前"商品进销差价"账户余额	期末"库存商品"账户余额	本期"主营业务收入"账户贷方发生额	本期应计销项税额	综合差价率
百货	36 000.00	84 000.00	156 000.00	22 666.67	
文具	46 800.00	126 000.00	234 000.00	34 000.00	
针织	137 700.00	480 000.00	540 000.00	78 461.54	
服装	174 750.00	524 250.00	640 750.00	93 100.43	
合计	395 250.00	1 214 250.00	1 570 750.00	228 228.64	14.19%

②分类差价率计算法

分类差价率计算法又称分组差价率计算法、分柜组差价率计算法,是根据企业的各类(组)商品存销比例,平均分摊进销差价的一种方法。差价率是按企业各类商品或各营业柜组的销售及库存比例计算的。在这种计算方式下,"库存商品""商品进销差价""主营业务收入"等账户均应按商品大类(柜组)设置明细账。计算方法与综合差价率计算法基本相同,只是计算的范围已缩小,各类(组)的差价率计算出来以后加以汇总,即形成企业全部商品的进销差价。

$$分类差价率 = \frac{某类(柜组)商品月末商品进销差价账户余额}{某类(柜组)商品月末库存商品账户余额 + 某类(柜组)商品本月主营业务收入账户贷方发生额} \times 100\%$$

$$\begin{array}{l}某类(柜组)当月 \\ 应分摊的进销差价\end{array} = \begin{array}{l}某类(柜组)当月 \\ 主营业务收入账户贷方发生额\end{array} \times 分类差价率$$

已销某类(柜组)商品应分摊的进销差价做如下会计处理:

借:商品进销差价——××柜组

 贷:主营业务成本——××柜组

【做中学】根据引例 2-2-(3)

根据资料,计算本期分类差价率,结果见表2-10。

表 2-10   **已销商品进销差价计算表**

12 月 31 日   单位:元

营业组	期末分摊前"商品进销差价"账户余额	期末"库存商品"账户余额	本期"主营业务收入"账户贷方发生额	分类差价率	已销商品进销差价	库存商品进销差价
(1)	(2)	(3)	(4)	(5)=(2)/[(3)+(4)]×100%	(6)=(4)×(5)	(7)=(2)−(6)
百货	36 000.00	84 000.00	156 000.00	15.00%	23 400.00	12 600.00
文具	46 800.00	126 000.00	234 000.00	13.00%	30 420.00	16 380.00
针织	137 700.00	480 000.00	540 000.00	13.50%	72 900.00	64 800.00
服装	174 750.00	524 250.00	640 750.00	15.00%	96 112.50	78 637.50
合计	395 250.00	1 214 250.00	1 570 750.00		222 832.50	172 117.50

根据上表数据,做如下会计分录:

借:商品进销差价——百货   23 400

     ——文具   30 420

     ——针织   72 900

     ——服装   96 112.50

 贷:主营业务成本——百货   23 400

     ——文具   30 420

     ——针织   72 900

     ——服装   96 112.50

  采用分类(柜组)差价率计算法确定商品的销售成本,其计算结果能够较准确地反映实际情况,在实际工作中应重点应用此种方法。但是由于同类(同柜组)商品不同品种的进销差价可能不一致,存销比例也不尽相同,所以,仍与已销商品应分摊的实际进销差价有一定差距。为了真实反映库存商品和销售商品的进销差价,正确核算盈亏,年终应采用实际进销差价计算法对商品的进销差价进行一次核实调整。

  ③实际进销差价计算法

  实际进销差价计算法是先计算出期末商品的进销差价,进而逆算已销商品进销差价的一种方法。具体做法是:期末由各营业柜组或门市部通过商品盘点,编制"库存商品盘存表",根据各种商品的实存数量,分别乘以销售单价和购进单价,计算出期末库存商品的售价金额和进价金额。"库存商品盘存表"一式数联,其中一联送交财会部门,复核无误后,据以编制"商品盘存汇总表"。期末商品进销差价、已销商品进销差价的计算公式如下:

期末商品进销差价＝期末库存商品售价金额 － 期末库存商品进价金额

已销商品进销差价＝分摊前商品进销差价账户余额 － 期末商品进销差价

实际进销差价计算法计算结果准确,但计算的工作量很大。适用于经营商品品种较少的企业,在实际工作中,为了简化计算手续,准确计算已销商品进销差价,往往在平时采取分类差价率推算法,到年末采用实际进销差价计算法,以保证整个会计年度核算资料的准确性。

如果核实的商品进销差价大于"商品进销差价"账户的余额,说明平时多转了商品进销差价,少计了商品销售成本,应予以调整。应编制如下会计分录:

借:主营业务成本

　　贷:商品进销差价

如果核实的商品进销差价小于"商品进销差价"账户的余额,说明平时少转了商品进销差价,多计了商品销售成本,应做与上述相反的会计分录。

【做中学】根据引例 2-2-(3)

根据资料,按实际进销差价计算法计算已销商品的进销差价,其结果见表 2-11。

表 2-11　　　　　　　　　　　已销商品进销差价计算表

12 月 31 日　　　　　　　　　　　　　　　单位:元

营业组	期末分摊前"商品进销差价"账户余额	库存商品售价金额(盘存数量×售价)	库存商品进价金额(盘存数量×进价)	盘存商品进销差价	已销商品进销差价
(1)	(2)	(3)	(4)	(5)=(3)-(4)	(6)=(2)-(5)
百货	36 000.00	84 000.00	64 615.00	19 385.00	16 615.00
文具	46 800.00	126 000.00	96 923.00	29 077.00	17 723.00
针织	137 700.00	480 000.00	369 231.00	110 769.00	26 931.00
服装	174 750.00	524 250.00	403 269.00	120 981.00	53 769.00
合计	395 250.00	1 214 250.00	934 038.00	280 212.00	115 038.00

根据上表数据做如下会计分录:

借:商品进销差价——百货　　　　　　　　　　　16 615

　　　　　　　——文具　　　　　　　　　　　17 723

　　　　　　　——针织　　　　　　　　　　　26 931

　　　　　　　——服装　　　　　　　　　　　53 769

　　贷:主营业务成本——百货　　　　　　　　　　　16 615

　　　　　　　——文具　　　　　　　　　　　17 723

　　　　　　　——针织　　　　　　　　　　　26 931

　　　　　　　——服装　　　　　　　　　　　53 769

3. 商品销售特殊业务的核算

(1)受托代销商品的核算。代销商品销售有两种不同的处理方法。一种是受托方和委托方分别做商品购销处理,即视同买断方式;另一种是受托方根据销售额向委托方结算代销手续,委托方做商品销售处理,受托方收取手续费,即收取手续费方式。

①视同买断方式。无论受托方商品是否售出均与委托方无关,其账务处理与一般商品购入、商品销售相同。

D公司受A公司委托,销售电热水器50台,接收价3 000元/台,增值税税率17%。代销协议约定,D公司取得代销商品后,无论是否卖出、是否获利,均与A公司无关。商品和增值税专用发票均已收到,货款尚未收到。假设该商品对外售价为3 900元/台(含税)。

(1)根据代销协议,收到增值税专用发票及商品验收入库

借:库存商品——电热水器　　　　　　　195 000

　　应交税费——应交增值税(进项税额)　 25 500

　　　贷:应付账款——A公司　　　　　　　　175 500

　　　　商品进销差价　　　　　　　　　　　 45 000

(2)对外销售

借:银行存款　　　　　　　　　　　　　195 500

　　　贷:主营业务收入　　　　　　　　　　　195 500

借:主营业务成本　　　　　　　　　　　195 500

　　　贷:库存商品——电热水器　　　　　　　195 500

(3)支付货款

借:应付账款——A公司　　　　　　　　175 500

　　　贷:银行存款　　　　　　　　　　　　　175 500

(4)月末调整收入

销项税额=195 500÷(1+17%)×17%=28 405.98(元)

借:主营业务收入　　　　　　　　　　 28 405.98

　　　贷:应交税费——应交增值税(销项税额)　 28 405.98

②收取手续费方式。受托方收到代销商品时,借记"代理业务资产"账户,贷记"代理业务负债"账户;受托方销售商品后向委托方开出代销清单;按合同或协议的方法计算手续费并确认收入。具体账务处理如下:

A. 收到代销商品时,借记"代理业务资产"账户,贷记"代理业务负债"账户;

B. 对外销售时,借记"银行存款"账户,贷记"应付账款""应交税费"账户;

C. 收到委托方开具的增值税专用发票,借记"应交税费"账户,贷记"应付账款"账户,同时借记"代理业务负债"账户,贷记"代理业务资产"账户;

D. 支付货款并计算代销手续费,借记"应付账款"账户,贷记"其他业务收入""银行存款"账户。

假定上例中D公司与A公司签订委托代销协议,约定D公司应按3 200元/台对外销售电热水器,A公司按不含增值税售价的10%支付D公司手续费。本月30日,D公司销售电热水器20台,开出的增值税专用发票上注明价款为64 000元,增值税10 880元,款项已收到。A公司收到D公司开具的代销清单时,向D公司开出一张相同金额的增值税专用发票。

D公司的账务处理如下:

(1)收到代销商品

借:代理业务资产——A公司　　　　　　160 000

　　贷:代理业务负债——A公司　　　　　　　　160 000

(2)对外销售

借:银行存款　　　　　　　　　　　74 880

　　贷:应付账款——A公司　　　　　　　　　　64 000

　　　应交税费——应交增值税(销项税额)　　10 880

借:代理业务负债　　　　　　　　　64 000

　　贷:代理业务资产　　　　　　　　　　　　64 000

(3)收到增值税专用发票

借:应交税费——应交增值税(进项税额)　10 880

　　贷:应付账款——A公司　　　　　　　　　　10 880

(4)支付货款并计算代销手续费

借:应付账款　　　　　　　　　　　74 880

　　贷:银行存款　　　　　　　　　　　　　　68 480

　　　其他业务收入——代销手续费　　　　　　6 400

(2)消费奖励积分的核算。企业在销售商品时授予客户奖励积分的,应将销售取得的货款或应收货款在商品销售的收入与奖励积分之间进行分配,与奖励积分相关的部分首先作为递延收益,待客户兑换奖励积分或失效时,结转计入当期损益。

2014年10月,甲超市进行国庆促销活动,规定购满100元赠送10个积分,不满100元不送积分,积分可在1年内兑换成与积分相等金额的商品。某顾客购买了价值2 340元的服装,积分为230分,该顾客于2015年1月购买了价值234元的皮鞋,用积分抵扣230元,余额以现金支付。

(1)2014年10月销售

借:库存现金　　　　　　　　　　　2 340

　　贷:主营业务收入　　　　　　　　　　　　2 110

　　　递延收益　　　　　　　　　　　　　　　230

(2)期末调整收入

销项税额＝2 340÷(1＋17%)×17%＝340(元)

借:主营业务收入　　　　　　　　　　　　340
　　贷:应交税费——应交增值税(销项税额)　　　　340
(3)2015年1月,顾客在有效期内兑换积分
借:库存现金　　　　　　　　　　　　　　4
　　递延收益　　　　　　　　　　　　　230
　　贷:主营业务收入　　　　　　　　　　　　234
(4)月末调整收入
销项税额=234÷(1+17%)×17%=34(元)
借:主营业务收入　　　　　　　　　　　　34
　　贷:应交税费——应交增值税(销项税额)　　　　34

(3)以旧换新的核算。以旧换新属于以物易物销售方式,销售商品与收购旧货物是两项不同的业务活动,销售额与收购额不能相互抵减。销售的商品应当按照销售收入确认条件确认收入,回收的商品作为购进商品处理。

甲超市对某品牌冰箱采取以旧换新的方式销售,旧冰箱折价500元,新冰箱售价3 510元,当月采用此方法销售冰箱60台。

(1)计算各项金额
收到的现金=(3 510-500)×60=180 600(元)
应确认的收入=3 510×60=210 600(元)
购入的旧冰箱=500×60=30 000(元)
(2)确认收入
借:库存现金　　　　　　　　　　　　180 600
　　库存商品——冰箱　　　　　　　　　30 000
　　贷:主营业务收入　　　　　　　　　　　210 600
(3)调整收入
销项税额=210 600÷(1+17%)×17%=30 600
借:主营业务收入　　　　　　　　　　　30 600
　　贷:应交税费——应交增值税(销项税额)　　　　30 600

(4)赠品促销、返券销售和组合销售的核算。

①赠品促销的核算。企业以买一赠一方式组合销售本企业商品的,不属于捐赠,应将总的销售金额按各项商品的公允价值的比例分摊确认各项销售收入。

甲超市11月推出购买一件羽绒服赠送一双手套的买赠活动。该羽绒服进价190元/件,售价327.60元/件;手套进价10元/双,售价23.40元/双,促销当天共售出羽绒服60件,同时赠出手套60双。

本例中的赠品为超市提供,属于超市的销售行为,不属于羽绒服生产商的降价行为,因此,应视同销售并计算增值税税额。

(1)确认收入

确认的收入＝(327.60＋23.40)×60＝21 060(元)

销售费用＝21 060－327.60×60＝1 404(元)

借：库存现金	19 656	
销售费用	1 404	
贷：主营业务收入		21 060
借：主营业务成本	21 060	
贷：库存商品		21 060

(2)调整收入

销项税额＝21 060÷(1＋17%)×17%＝3 060(元)

借：主营业务收入	3 060	
贷：应交税费——应交增值税(销项税额)		3 060

②返券销售的核算。企业应在销售实现时将派发的购物券确认为"销售费用"，同时贷记"预计负债"账户；当顾客使用购物券时，借记"预计负债"账户，贷记"主营业务收入"等账户，同时结转销售成本；若顾客逾期弃用购物券时，将"销售费用"和"预计负债"予以冲销。

典型任务举例⑪

甲超市12月21日至27日举行圣诞节大型促销活动，促销期间凡在该商场购物满100元，将获得50元购物返券，购物券只可在促销期间使用，逾期作废。促销当天实现现金销售收入160万元，当日发出购物券80万元，顾客实际使用购物券58.5万元。

(1)发出购物券

借：销售费用	800 000	
贷：预计负债		800 000

(2)顾客使用购物券

借：预计负债	585 000	
贷：主营业务收入		585 000

(3)促销期满，经统计共发出购物券300万元，收回254万元，作废46万元。

借：预计负债	460 000	
贷：销售费用		460 000

(4)调整收入

销项税额＝2 540 000÷(1＋17%)×17%＝369 059.83(元)

借：主营业务收入	369 059.83	
贷：应交税费——应交增值税(销项税额)		369 059.83

③有奖销售的核算。如果赠品由厂家提供且未赠出的赠品也由厂家处理，则此时商家无须进行处理。若赠品由商家提供，则应将赠品计入销售费用，视同销售，在赠出商品时，借记"销售费用"账户，贷记"主营业务收入"账户。

④组合销售的核算。消费者购买正品与赠品是组合在一起不可拆分的,且相互之间有一定内在联系,如购买同一品牌的 500 克白酒送 250 克白酒或买牙膏送牙刷等类似情况。对于组合销售,企业应将总的销售金额按各项商品的公允价值的比例来分摊确认各项的销售收入。

典型任务举例 ⑫

甲超市进行的促销活动规定:当月购买洗衣粉,买一送一,买 500 克大袋洗衣粉送同一品牌小袋洗衣粉 50 克。500 克大袋洗衣粉和 50 克小袋洗衣粉捆绑在一起销售。月末累计销售 10 000 套,单位售价 5.85 元/500 克,0.5 元/50 克,即一套洗衣粉售价为 5.85 元,单位成本 3 元/500 克,0.3 元/50 克。

(1)确认收入

大袋洗衣粉应确认的收入＝5.85×10 000×3÷(3+0.3)＝53 181.82(元)

小袋洗衣粉应确认的收入＝5.85×10 000×0.3÷(3+0.3)＝5 318.18(元)

借:库存现金	58 500
贷:主营业务收入——大袋洗衣粉	53 181.82
——小袋洗衣粉	5 318.18
借:主营业务成本——大袋洗衣粉	58 500
——小袋洗衣粉	5 000
贷:库存商品——大袋洗衣粉	58 500
——小袋洗衣粉	5 000

(2)调整收入

销项税额＝58 500÷(1+17%)×17%＝8 500(元)

其中:大袋洗衣粉＝53 181.82÷(1+17%)×17%＝7 727.27(元)

小袋洗衣粉＝5 318.18÷(1+17%)×17%＝772.73(元)

借:主营业务收入——大袋洗衣粉	7 727.27
——小袋洗衣粉	772.73
贷:应交税费——应交增值税(销项税额)	8 500

(5)联营商品流通的核算。联营商品流通是指由商业企业与商品供应商合作,采取先销售后购货的一种商品销售组织形式。在联营方式下,商业企业对商品供应商运达的商品不需进行商品购进及验收入库业务的核算。

典型任务举例 ⑬

A 商厦对家电类商品采取"引厂进店"方式进行经营,11 月 20 日,家电类商品实现销售额 320 000 元,其中收取现金 150 000 元,银行卡收款共计 170 000 元。银行按照 2% 收取手续费。根据核对确认后的"销货日报表""内部交款单""银行进账单回单"等原始凭证,做如下会计处理:

借：银行存款   166 600

  库存现金   150 000

  财务费用   3 400

  贷：主营业务收入   320 000

   假定 A 商厦家电类商品本月实现销售额 9 360 000 元,调整后的销售收入及应交增值税额如下:

  销项税额＝9 360 000÷(1+17%)×17%＝1 360 000(元)

借：主营业务收入   1 360 000

  贷：应交税费——应交增值税(销项税额) 1 360 000

   A 商厦将本月实现的 9 360 000 元联营家电类商品销售额编制"联营商品返款明细表"交与商品供应商核对并得到确认后,确定返还供应商的金额为 7 000 000 元,商厦留利额为 2 360 000 元,商厦根据审核无误的"联营商品返款明细表"进行如下会计处理:

借：库存商品   9 360 000

  贷：在途物资   7 000 000

    商品进销差价   2 360 000

借：在途物资   7 000 000

  贷：应付账款   7 000 000

借：主营业务成本   9 360 000

  贷：库存商品   9 360 000

借：商品进销差价   2 360 000

  贷：主营业务成本   2 360 000

   A 商厦于 12 月 8 日通过开户银行转账支付商品供应商的应返还款 7 000 000 元,并取得商品供应商开来的上述款项的增值税专用发票。

借：应付账款   7 000 000

  应交税费——应交增值税(进项税额) 1 190 000

  贷：银行存款   8 190 000

(三)商品储存的核算

  采用售价数量金额核算的企业,为了加强对商品的管理,对每一种商品,除了要求各实物负责人必须登记商品保管账外,其财会部门也设有相应的三级商品明细分类账,采取随销随转随结余额的方法,进行数量和金额的双重控制,做到各种商品均能随时盘点核实,随时提供各种商品进、销、存的资料。

  月末各营业柜组要按照商品类别编制"商品进销存月报表"一式数联,营业柜组自留一联,另两联送交财会部门,财会部门复核无误后,据以编制"商品进销存月报汇总表"。

  "商品进销存月报汇总表"一式数联,将商品进销存月报表作为其附件,装订成册。一份作为按实际进销差价计算调整商品销售成本的依据,由财会部门保存;另一份送交企业负责人。企业负责人利用这些资料,能够全面掌握各商品类别及各种具体商品进、销、存的动态,及时了解市场信息,分析各种商品的销售趋势,积极地组织适销对路的商品投放市场,以满足消费者的需要。

1. 商品调价的核算

在商业零售企业中,商品调价的增减值由企业承担,应调整"库存商品"和"商品进销差价"账户。调增,借记"库存商品"账户,贷记"商品进销差价"账户。调减,借记"商品进销差价"账户,贷记"库存商品"账户。

2. 商品削价的核算

削价后的新售价不低于原进价的,其削减的金额借记"商品进销差价"账户,贷记"库存商品"账户,其削价损失体现在商品经营损益内;削价后的新售价低于原进价的,除将原商品进销差价冲减外,还要将新售价低于原进价部分以存货跌价准备进行弥补,借记"存货跌价准备"账户,贷记"主营业务成本"账户。

> **【做中学】根据引例 2-2-(4)**
>
> (1)根据削价减少的售价金额调整其账面价值
>
> 借:商品进销差价(65-45)×100   2 000
>
>   贷:库存商品——羊毛衫   2 000
>
> (2)根据新售价低于原进价差额计提存货跌价准备
>
> 不含税售价=45×100/1.17=3 846.15(元)
>
> 进价=50×100=5 000(元)
>
> 存货跌价准备=5 000-3 846.15=1 153.85(元)
>
> 借:资产减值损失   1 153.85
>
>   贷:存货跌价准备   1 153.85
>
> (3)削价销售商品 50 件
>
> 借:银行存款(45×50)   2 250
>
>   贷:主营业务收入   2 250
>
> 借:主营业务成本   2 250
>
>   贷:库存商品   2 250
>
> (4)转销计提的存货跌价准备
>
> 借:存货跌价准备(1 153.85÷2)   576.93
>
>   贷:主营业务成本   576.93

3. 商品溢余的核算

商品盘点溢余是指商品盘存金额大于账面结存金额的差额。造成溢余的原因是多方面的,包括商品自然升溢和多收、少付的差错等因素。在未查明原因之前,为使账货相符,先调整账面,按溢余商品售价金额记入"库存商品"账户,同时按进销差价金额,记入"待处理财产损溢——待处理流动资产损溢"账户和"商品进销差价"账户。待查明原因后进行处理,再从"待处理财产损溢"账户转入有关账户。对于溢余,如属供货单位多发,应作为商品购进补付货款;如属自然升溢,则应冲减"管理费用"账户。

4. 商品短缺的核算

商品盘点短缺是指商品盘存金额小于账面结存金额的差额。造成短缺的原因也是多方面的,包括商品自然损耗,少收、多付的差错,以及贪污、盗窃等因素。在未查明原因之前,为使账实相符,先调整账面,按短缺商品售价贷记"库存商品"账户,同时按上月末进销差价率计算短缺商品的进价和进项税额以及进销差价金额,分别借记"待处理财产损溢——待处理流动资产损溢"账户和"商品进销差价"账户。待查明原因后,再从"待处理财产损溢"账户转入有关账户。如属自然损耗,转入"管理费用"账户;如属责任事故,则应根据领导批复,若由企业负担,转入"营业外支出"账户;若由当事人负责赔偿,转入"其他应收款"账户。应特别注意的是,按我国税法规定,对于因管理不善造成被盗、丢失、霉变等非正常损失,其进项税额不得在销项税额中抵扣,故还应贷记"应交税费——应交增值税(进项税额转出)"账户。

【做中学】根据引例 2-2-(5)

(1)原因待查

借:库存商品——文具组	240	
贷:待处理财产损溢——待处理流动资产损溢		208.80
商品进销差价		31.20
借:待处理财产损溢——待处理流动资产损溢	153	
商品进销差价	27	
贷:库存商品——服装组		180.00

(2)经领导批复,做如下处理

① 溢余成本冲减管理费用

借:待处理财产损溢——待处理流动资产损溢	208.80	
贷:管理费用		208.80

② 短缺商品系保管员造成

借:其他应收款	179.01	
贷:待处理财产损溢——待处理流动资产损溢		153
应交税费——应交增值税(进项税额转出)		26.01

5. 商品内部调拨的核算

商品内部调拨是指零售企业在同一独立核算单位内部各实物负责小组之间的商品转移。具体表现为各营业柜组或门市部之间为了调剂商品余缺所发生的商品转移;或设有专职仓库保管员,对在库商品单独进行核算和管理的企业,当营业柜组或门市部向仓库提取商品时,所发生的商品调拨转移。

商品内部调拨不作为商品销售处理,也不进行结算,而只是转移各实物负责人所承担的经济责任。在核算时借记调入部门库存商品的明细分类账,贷记调出部门库存商品的明细分类账,"库存商品"账户的总额保持不变。采取分柜组差价率计算法分摊已销商品进销差价的企业,还要相应调整"商品进销差价"账户。商品内部调拨单格式见表2-12。

表 2-12　　　　　　　　　　　商品内部调拨单

调入部门：　　　　　　　　　　　　年　月　日　　　　　　　　　　调出部门：

品名	计量单位	调拨数量	零售价格		购进价格	
			单价	金额	单价	金额
合计						

6.库存商品明细分类核算

实行售价金额核算的零售企业,库存商品明细分类账是按营业柜组或门市部设置,在账中反映按售价计算的总金额,用以控制各营业柜组或门市部的库存商品总额。采取分柜组差价率推算法调整主营业务成本的企业,还必须按营业柜组或门市部设置"商品进销差价"明细账。由于"商品进销差价"是"库存商品"科目的抵减科目,在发生经济业务时,这两个科目往往同时发生变动。为了便于记账,可以将"库存商品"与"商品进销差价"账户的明细账合在一起,设置"库存商品和商品进销差价联合明细分类账",格式见表2-13。

表 2-13　　　　　　　　　库存商品和商品进销差价联合明细分类账

部门:电器组　　　　　　　　　　　　　　　　　　　　　　　　　货币单位:元

年		凭证号	摘要	库存商品							借或贷	余额	商品进销差价			
				借方				贷方					借方	贷方	借或贷	余额
月	日			购进	调入	调价	溢余	销售	调出	调价						

学习情境三　进出口业务成本的核算

引例3

温州进出口公司,对外币经济业务发生的交易记账汇率采用即期汇率,2013年12月1日"银行存款——美元"账户的明细余额见表2-14。

公司12月发生以下经济业务:

(1)12月3日,收到国外A公司预付货款30 000美元入账,当日即期汇率为中间价USD1=￥6.135 2。

(2)12月12日,从美元存款账户支付所欠国外B公司货款25 000美元,当日即期汇率为中间价USD1=￥6.111 5。

(3)12月16日,将20 000美元兑换为人民币,当日即期汇率为买入价1美元=6.057 9人民币元,中间价USD1=￥6.112 4。

(4)12月18日,从美元存款中支付外方工作人员工资7 200美元,当日即期汇率为中间价USD1＝￥6.110 5。

(5)12月20日,收到国外A公司销售产品的货款50 000美元,当日即期汇率为中间价USD1＝￥6.119 6。

(6)12月26日,40 000美元兑换成港币,当日即期汇率为卖出价1港币＝0.788 92人民币元,中间价为HKD1＝￥0.788 62,即期汇率买入价1美元＝6.062 4人民币元,中间价USD1＝￥6.115 6。

(7)12月31日,当日即期美元汇率中间价USD1＝￥6.096 9,港币即期汇率为HKD1＝￥0.786 23。

要求,采用月末调整法做出必要的会计分录。

表2-14　　　　　"银行存款——美元"账户的明细余额表

2013年12月1日　　　　　　　　　　　　　　　　货币单位:元

项目	外币金额(美元)	折算汇率	折合人民币金额
银行存款	100 000.00	6.132 5	613 250.00

知识准备

一 基本概念

1.外汇

外汇是国际汇兑的简称,它是外国货币或以外国货币表示的能用于国际结算的支付手段。根据我国外汇管理条例的规定,外汇具体包括:①外国货币,包括纸币和铸币;②外币有价证券,包括外国政府公债、外币国库券、外币公司债券、外币股票等;③外币支付凭证,包括外币票据(支票、汇票和期票)、外币银行存款凭证、外币邮政储蓄凭证等;④特别提款权、欧洲货币单位;⑤其他外汇资产。

2.汇率

汇率,又称汇价,是指一国货币以另一国货币表示的价格,或者说是两国货币间的比价。汇率分为直接汇率和间接汇率,直接汇率是一定数量的其他货币单位折算为本国货币的金额。间接汇率是指一定数量的本国货币折算为其他货币的金额。我国的人民币汇率以直接汇率表示,通常在银行见到的汇率有三种表示方式:买入价、卖出价和中间价。买入价是指银行买入其他货币的价格,卖出价是指银行出售其他货币的价格,中间价是银行买入价与卖出价的平均价,银行的卖出价一般高于买入价,以获取其中的差价。无论买入价还是卖出价,均是立即交付的结算价格,都是即期汇率。为方便核算,企业用于记账的即期汇率一般指当日中国人民银行公布的人民币汇率的中间价。但是,在企业发生单纯的货币兑换交易或涉及货币兑换的交易时,仅用中间价不能反映货币买卖的损益,需要使用买入价或卖出价折算。

3. 汇付结算方式

汇付又称汇款,是通过进出口双方所在地银行的汇兑业务进行结算的,是一种操作较为简便的结算方式。汇付就是由付款人通过银行,使用各种结算工具将货款汇交收款人的一种结算方式。汇款按资金调拨方式,分为信汇、电汇和票汇。

信汇(Mail Transfer,简称 M/T)即由汇款人向汇出行提出申请,并交付款项,由该银行开具付款委托书,以信函方式委托汇入行将款项付给收款人。信汇费用低,是所有结算方式中最便宜的一种,但速度较慢,适用于小额的商品交易。

电汇(Telegraphic Transfer,简称 T/T)指汇款资金的调拨和汇款委托指示是采用电讯方式送达汇入行的,电汇可使收款人很快收到货款,但电汇费用较高,因此多在比较紧急时使用。

票汇(Demand Draft,简称 D/D)是由汇款人向当地银行购买汇票,自行寄给收款人,由收款人凭此从汇票上指定的银行取款的结算方式。其特点是付款银行无须另行通知收款人,且收款人在必要时可以将汇票背书转让,兼有流通的便利性。

汇付业务涉及的当事人有四方,即付款人(汇款人)、收款人、汇出行和汇入行。汇款人即进口方;收款人即出口方;汇出行是受付款人委托将款项付给收款人的银行,与汇款人同在一地。汇入行是受汇出行委托,将款项付给收款人的银行,付款人与汇出行之间订有代理合约关系,汇出行与汇入行之间订有代理合约关系。

4. 托收结算方式

托收是由债权人(出口商)签发汇票,委托银行通过其在债务人所在地的联行或代理行向债务人(进口商)收取款项的结算方式。按托收项下的汇票是否附有货运单据的标准,一般将托收分为光票托收和跟单托收。

5. 信用证结算方式

信用证是银行做出的有条件的付款承诺,即银行根据开证申请人的请求和指示,向受益人开具的具有一定金额,并在一定期限内凭规定的单据承诺付款的书面文件;或者是银行在规定金额、日期和单据的条件下,愿代开证申请人承购受益人汇票的保证书。信用证的分类如下:①根据信用证项下的汇票是否附有货运单据划分为跟单信用证和光票信用证;②以开证行所负的责任为标准可以分为不可撤销信用证和可撤销信用证;③根据有无另一银行加以保证兑付可以分为保兑信用证和不保兑信用证;④根据受益人对信用证的权利可否转让可以分为可转让信用证和不可转让信用证;⑤根据付款期限的不同可以分为即期信用证和远期信用证。此外还有循环信用证、对开信用证、对背信用证、预支信用证。

信用证结算方式具有如下特点:

(1)信用证是一项独立文件。信用证虽以贸易合同为基础,但它一经开立,就成为独立于贸易合同之外的另一种契约。贸易合同是买卖双方之间签订的契约,只对买卖双方有约束力;信用证则是开证行与受益人之间的契约,开证行和受益人以及参与信用证业务的其他银行均应受信用证的约束,但这些银行当事人与贸易合同无关,均不受合同的约束。

（2）开证行是第一付款人。

（3）信用证业务处理的是单据。信用证是单据交易，俗称"单据买卖"，即各有关方面处理的是单据，而不是与单据有关的货物、服务及其他行为。单据是银行付款的唯一依据。

6. 贸易术语

在国际贸易中，买卖双方所承担的义务，会影响到商品的价格。长期的国际贸易实践中，逐渐形成了某些和价格密切相关的贸易条件，形成了若干种不同的报价模式，每一模式都规定了买卖双方在某些贸易条件中所承担的义务。

贸易术语，又称价格术语，是国际贸易中构成单价条款的重要组成部分，在对外报价和签订合同时，会涉及价格问题，它都是不可缺少的内容，它明确了双方在货物交接方面各自应承担的责任、费用和风险，说明了商品的价格构成，从而简化了交易磋商的手续，缩短了成交时间。《国际贸易条款（2000年）》中共包括四组贸易术语。

（1）FOB 也称离岸价，实践中的使用通常为"FOB……港（出发地）"。按 FOB 成交，由买方负责派船接运货物，卖方应在合同规定的装运港和规定的期限内，将货物装上买方指定的船只，并及时通知买方。货物被装上指定的船只后，风险即由卖方转移给买方。

（2）CFR 也称成本加运费，实践中的使用通常为"Cost and Freight……港（目的港）"。CFR 是指卖方必须在合同规定的装运期内，在装运港将货物交至运往指定目的港的船上，承担货物在装运港越过船舷为止的一切风险，并负责租船或订舱，支付抵达目的港的正常运费。

（3）CIF 也称成本加保险费加运费，实践中的使用通常为"Cost, Insurance and Freight……港（目的港）"。按此术语成交，货价的构成因素中包括从装运港至约定目的港的通常运费和约定的保险费，故卖方除具有与 CFR 术语的相同的义务外，还应为买方办理货运保险，支付保险费，按一般国际贸易惯例，卖方投保的保险金额应按 CIF 价加成10%。交货后货物灭失或损坏的风险及由于各种事件造成的任何额外费用由卖方转移给买方。

（4）佣金是指代理人或经纪人为委托人进行交易而收取的报酬。在货物买卖中，是指卖方或买方付给中间商为介绍交易而提供服务的报酬。佣金直接关系到商品的价格。在洽商交易和签订合同时，要明确规定佣金率。佣金率是指按照一定的含佣价给予中间商佣金的百分比。在国际贸易中，佣金一般用文字形式标明。例如，"每吨 100 美元 CIF 伦敦包括 2%佣金"，也可以在贸易术语后加注英文字母"C"和佣金率来表示，如"每吨100 美元 CIF C2%伦敦"。但有时中间商要求佣金不在价格中标明，由买卖双方另行约定并按协议支付。习惯上，前者称为"明佣"，后者称为"暗佣"。佣金的规定应合理，其比率一般控制在 1%～5%，不宜过高。

国际贸易中，计算佣金的方法不一，在按成交金额计算时，有的以发票总金额作为计算佣金的基数，有的则以 FOB 总值为基数来计算佣金。如按 CIF 成交，而以 FOB 值为基数计算佣金时，则应从 CIF 价中减去运费和保险费，求出 FOB 值，然后以 FOB 值乘以

佣金率,即得出佣金额。公式如下:

单位货物佣金额＝含佣价×佣金率

净价＝含佣价×(1－佣金率)

含佣价＝净价/(1－佣金率)

明佣是指在出口销货发票上明确注明价格条件中规定的佣金。采取明佣时,对外贸易企业根据扣除佣金后的销货净额收取货款,不再另付佣金,但在会计核算上仍要如实反映佣金金额,以红字冲减销售收入。

暗佣是指价格条件中没规定有佣金,出口销货发票上只列销货总额,但在合同中规定的佣金。采用暗佣时,对外贸易企业根据销货总额确认实现收入的同时,应按发票金额及合同规定的佣金率,计算应付佣金并予以入账,以红字冲减销售收入。暗佣根据具体的支付方式不同,又分为汇付和议付两种方式。采用汇付暗佣时,对外贸易企业根据销货总额收取货款后,再另行申请汇付佣金;采用议付暗佣时,对外贸易企业在收取的货款总额中将应付佣金直接扣除,无须另付。

二　进出口业务涉及单据

对外贸易企业单据,主要分为以下五大类:一是商业单据,用以说明或证明有关商品情况的单据,如商业发票、重量单、装箱单等;二是运输单据,如海运提单、航空运单和多式联运提单等;三是金融单据,如汇票、本票和信用证等;四是保险单据,如暂保单、保险凭证和保险单等;五是官方单据,即由政府机构和社会团体签发的各种证件,如原产地证书、商检证书等。

国际贸易从形式上看是国与国之间的商品买卖,但在实际进出口业务中,主要表现为有关单据的买卖。对出口单证的管理应符合以下要求:出口各项有关单证必须根据合同及信用证有关规定进行制作。就出口单证而言,主要有商业发票,装箱单、运输提单、保险单证、出品货物报关单、商品检验证书、原产地证书、出口许可证及结算单据(包括汇票、信用证)等。其中,外销商业发票及结算单证是最主要的单证。

三　外汇业务核算

外汇业务,也称外币业务,是指外贸企业以人民币(记账本位币)以外的其他币种进行款项收付、往来结算和计价的经济业务,其主要内容包括:

(1)外贸企业购买或销售以外币计价的商品和劳务,即商品进出口业务和劳务输入输出业务;

(2)外贸业务从事的外币借贷业务;

(3)外贸企业拥有、承担、清算的外币债权债务。

一般来说,外汇业务会计核算的主要内容相应地包括外币业务发生时外币金额折算的账务处理和外币业务导致的外币债权债务因汇率波动产生的外币折算差额和汇兑差额账务处理。

职业判断与岗位操作 1

一 账户设置

为了进行外汇核算,必须相应地设置外汇核算账户,具体包括:

(1)货币资金账户。"库存现金——外币现金"和"银行存款——外汇存款账户"。

(2)外汇结算的债权账户。"应收账款——应收外币账款""应收票据——应收外汇票据"和"预付账款——预付外汇账款"账户。

(3)外汇结算的债务账户。"短期借款——短期外汇借款""长期借款——长期外汇借款""应付账款——应付外汇账款""应付票据——应付外汇票据"和"预收账款——预收外汇账款"账户。

企业应在涉及外币业务的账户中按外币种类分别设置明细账户,详细反映外币账款的收付结存情况。核算时应采用复币记账法,既要记录外币的金额,又要记录其折算为记账本位币的金额。这些账户除了应具备账户的一般特征外,还应能够分别反映原币、折合汇率、记账本位币等情况。因此,体现在会计账簿中的格式应为"复币三栏式",即在借方、贷方和余额三个栏内,分别都应体现"原币"和"记账本位币"的金额。与此相适应,涉及外币业务的记账凭证,也应在格式上与一般记账凭证区别开来,在金额栏内也要体现"原币""折合汇率""记账本位币"的内容,以便据以登记外币性账户。

二 外币业务发生时的账务处理

企业发生外币交易,应将外币金额折算为记账本位币金额。通常采用交易发生日的即期汇率(交易当日中国人民银行公布的人民币外汇牌价的中间价)将外币金额折算为记账本位币金额,也可以采用当月1日的即期汇率将外币金额折算为记账本位币金额。

企业发生单纯的外币兑换业务或涉及外币兑换的交易事项,应当以交易实际采用的汇率,即银行买入价或卖出价折算。

当汇率波动不大时,为简化核算,企业也可以采用即期汇率的近似汇率进行折算。即期汇率的近似汇率是指按照系统合理的方法确定的、与交易发生日即期汇率近似的汇率,通常采用当期平均汇率或加权平均汇率等。

【做中学】根据引例3

(1)预收货款

借:银行存款——美元户(30 000×6.135 2)　　　　　　184 056

　　贷:预收账款——预收外汇账款——A公司　　　　　　　184 056

(2)支付货款

借:应付账款——应付外汇账款——B公司　　　　　　152 787.50

　　贷:银行存款——美元户(25 000×6.111 5)　　　　　　152 787.50

(3)结汇

借:银行存款——人民币户(20 000×6.057 9)　　　　121 158

　　财务费用——汇兑差额　　　　　　　　　　　　　　1 090

　　贷:银行存款——美元户(20 000×6.112 4)　　　　　　122 248

(4)支付外方工资

借:应付职工薪酬　　　　　　　　　　　　　　　　43 995.60

　　贷:银行存款——美元户(7 200×6.110 5)　　　　　　43 995.60

(5)收到货款

借:银行存款——美元户(50 000×6.119 6)　　　　305 980

　　贷:应收账款——应收外汇账款——A公司　　　　　　305 980

(6)美元换港币

借:银行存款——港币户(307 377.17×0.788 62)　242 403.78

　　财务费用——汇兑差额　　　　　　　　　　　　2 220.22

　　贷:银行存款-　美元户(40 000×6.115 6)　　　　　　244 624

三 期末调整确认外币账户的汇兑损益

根据企业会计准则的规定,企业在资产负债表日,应按照下列规定对外币货币性项目和外币非货币性项目进行调整。

(一)外币货币性项目

货币性项目,是指企业持有的货币资金和将以固定或可确定的金额收取的资产或者偿还的负债。货币性项目分为货币性资产和货币性负债。货币性资产包括现金、银行存款、应收账款、其他应收款、长期应收款等;货币性负债包括应付账款、其他应付款、短期借款、长期借款、长期应付款等。

对于外币货币性项目,资产负债表日或结算货币性项目时,企业应当采用资产负债表日或结算当日即期汇率折算外币货币性项目,因当日即期汇率与初始确认时或者前一资产负债表日即期汇率不同而产生的汇兑差额,作为财务费用处理,同时调增或调减外币货币性项目的记账本位币金额。需要计提减值准备的,应当按资产负债表日的即期汇率折算后,再计提减值准备。

(二)外币非货币性项目

非货币性项目,是指货币性项目以外的项目,包括存货、长期股权投资、固定资产、无形资产、实收资本、资本公积等。

对于以历史成本计量的外币非货币性项目,除其外币价值发生变动外,已在交易发生日按当日即期汇率折算,资产负债表日不应改变其原记账本位币金额,不产生汇兑差额。对于交易性金融资产等外币非货币性项目,其公允价值变动计入当期损益的,相应的汇率变动的影响也应当计入当期损益。

期末外币货币性账户的期末余额按照期末市场汇率折合为记账本位币金额,并将外币账户期末余额折合为记账本位币的金额与相应的外币账户的记账本位币期末余额之间的差额进行对比,确认为汇兑损益。

1.汇兑差额的概念

外贸企业发生外币业务时,应当按外币原币登记外币账户,同时选用一定的汇率将外币金额折算为记账本位币金额,而外汇汇率总是在不断变化,就导致同一外币数额在不同时点会对应不同的记账本位币数额,两者相互折算时就形成了汇兑差额。

2.汇兑差额的产生和确认

(1)从事外币兑换业务时,由于银行总是低价买入高价卖出,企业在外币兑换中产生汇兑损失;

(2)期末计算汇兑差额时,应对外币货币性项目账户的期末余额以期末汇率进行折算,折算金额与账面金额之间的差额,确认为汇兑差额。

【做中学】根据引例3计算期末汇兑损益

根据引例3,美元T型账户见表2-15。

表2-15　　　　　　　　　　　　　　　　美元T型账户

期初:　　　　　100 000.00　　　　613 250.00

	美元	记账本位币		美元	记账本位币
①	30 000.00	184 056.00	②	25 000.00	152 787.50
⑤	50 000.00	305 980.00	③	20 000.00	122 248.00
			④	7 200.00	43 995.60
			⑥	40 000.00	244 624.00
			⑦		4 323.08
本期发生	80 000.00	490 036.00		92 200.00	567 978.18
期末:	87 800.00	535 307.82			

年末美元账户余额:

USD=100 000+80 000−92 200=87 800(美元)

RMB=613 250+490 036−152 787.50−122 248−43 995.60−244 624
　　=539 630.90(元)

年末汇率调整数=87 800×6.096 9−539 630.90=−4 323.08

借:财务费用——汇兑差额　　　　　　　　4 323.08

　贷:银行存款——美元户　　　　　　　　　　　4 323.08

年末港元账户余额：HKD＝307 377.17（港币）

年末汇率调整数＝307 377.17×0.786 23－242 403.78＝－734.63

借：财务费用——汇兑差额　　　　　　　　　　734.63

　　贷：银行存款——港元户　　　　　　　　　　　　　　734.63

四　外币记账凭证和账户明细账设置

外币记账凭证与人民币记账凭证一样，也可以分为收付转三种形式，也可以采用通用的外币记账凭证。通用的外币记账凭证见表 2-16。

表 2-16　　　　　　　　　　　通用的外币记账凭证

20××年×月×日　　　　　　　　　　　　　　　　　　记一×#

摘要	科目名称	币别	汇率	外币金额	借方发生额	贷方发生额
合计						

审核：　　　　　　　记账：　　　　　　制单：

在登记外币账户时，一方面记录所发生的外币金额，另一方面也要登记按照一定汇率所折算的记账本位币金额，即要对外币账户采用双重记录。为了反映业务发生时的外币折算过程，在外币折算时所采用的汇率通常也要登记在外币账户中。对于非外币账户则可直接登记所折算的记账本位币金额。

根据引例 3，登记的美元银行存款账户见表 2-17。

表 2-17　　　　　　　　　　　银行存款——美元明细账

2013年 月	日	汇率	凭证号数	摘要	外币 借方	外币 贷方	人民币 借方	人民币 贷方	方向	外币余额	余额
11	31		记-30	收货款	20 000.00		122 650.00		借	100 000.00	613 250.00
				本期合计	80 000.00	30 000.00	488 800.00	183 300.00			
				本年累计	1 200 000.00	1 000 000.00	7 356 000.00	6 110 500.00			
12	3	6.135 2	记-1	收到A公司货款	30 000.00		184 056.00		借	130 000.00	797 306.00
12	12	6.111 5	记-2	支付B公司货款		25 000.00		152 787.50	借	105 000.00	644 518.50
12	16	6.112 4	记-3	结汇		20 000.00		122 248.00	借	85 000.00	522 270.50
12	18	6.110 5	记-4	支付外方人员工资		7 200.00		43 995.60	借	77 800.00	478 274.90
12	20	6.119 6	记-5	收到A公司货款	50 000.00		305 980.00		借	127 800.00	784 254.90
12	26	6.115 6	记-6	美元兑换为港币		40 000.00		244 624.00	借	87 800.00	539 630.90
12	31	6.096 9	记-7	年末汇率调整				4 323.08	借	87 800.00	535 307.82
				本期合计	80 000.00	92 200.00	490 036.00	567 978.18			
				本年累计	1 280 000.00	1 092 200.00	7 846 036.00	6 678 478.18			

温州市进出口公司对外币业务采用交易日即期汇率确认,按月计算汇兑损益,2013 年 7 月 31 日,市场汇率为 USD1＝¥6.178 8,2013 年 7 月 31 日有关外币账户明细余额见表 2-18。

表 2-18　　　　　　　　　各美元账户明细余额表

2013 年 7 月 1 日　　　　　　　　　　　　　货币单位:元

项目	外币金额(美元)	折算汇率	折合人民币金额
银行存款	100 000.00	6.178 8	617 880.00
应收账款	500 000.00	6.178 8	3 089 400.00
应付账款	200 000.00	6.178 8	1 235 760.00

温州市进出口公司 2013 年 8 月发生的经济业务如下:

(1)20 日,出口服装一批,发票金额为 80 000 美元,外币尚未收到。当日美元中间价 USD1＝¥6.169 7。

(2)28 日,银行收妥上述款项,收到现汇收账通知。当日美元中间价 USD1＝¥6.166 7。

(3)28 日,以人民币向中国银行买入 5 000 港币,当日港币卖出价 HKD1＝¥0.796 05,中间价 HKD1＝¥0.795 04。

(4)25 日,向国外雷诺公司进口皮革一批,货款 90 000 美元,当日美元中间汇率 USD1＝¥6.171,按照规定计算应缴纳的进口关税 45 000 元,支付的进口增值税 79 300 元,进口关税和增值税由银行存款支付。

(5)2013 年 8 月 31 日,美元中间价 USD1＝¥6.170 9,港币中间价 HKD1＝¥0.795 69。

要求:

①为上述经济事项编制会计分录;

②计算并编制期末汇兑差额调整分录。

【具体核算方法】

第一步:编制 8 月发生的外币业务的会计分录。

(1)8 月 20 日确认收入

借:应收账款——应收外汇账款(80 000×6.169 7)493 576

　　贷:主营业务收入——自营出口销售收入　　　　　　493 576

(2)8 月 28 日,收到货款

借:银行存款(80 000×6.166 7)　　　　　　　　　　493 336

　　财务费用——汇兑差额　　　　　　　　　　　　　　240

　　贷:应收账款——应收外汇账款　　　　　　　　　　493 576

(3)8 月 28 日购汇,支付人民币

借:银行存款——港币(5 000×0.795 04)　　　　　　3 975.20

　　财务费用——汇兑差额　　　　　　　　　　　　　　5.05

　　贷:银行存款——人民币(5 000×0.796 05)　　　　3 980.25

(4)8月25日购进商品成本

应付货款=90 000×6.171=555 390(元)

商品成本=90 000×6.171+45 000=600 390(元)

借:库存商品　　　　　　　　　　　　　　　　　　600 390

　　应交税费——应交增值税(进项税额)　　　　　　 79 300

　　贷:应付账款——应付外币款——雷诺公司　　　　　　　 555 390

　　　　银行存款——人民币　　　　　　　　　　　　　　　 124 300

第二步:期末计算各外币账户的汇兑损益。

"银行存款——美元户"汇兑差额=(100 000+80 000)×6.170 9-(617 880+493 336)=-454(元)

"银行存款——港元户"汇兑差额=5 000×0.795 69-3 975.20=3.25(元)

"应收账款"汇兑差额=500 000×6.170 9-(3 089 400+493 576-493 576)=-3 950(元)

"应付账款"汇兑差额=(200 000+90 000)×6.170 9-(1 235 760+555 390)=-1 589(元)

汇兑损益净额=-454+3.25-3 950-(-1 589)=-2 811.75(元)

第三步:编制期末记录汇兑损益的会计分录。

借:财务费用——汇兑差额　　　　　　　　　　　　450.75

　　银行存款——港币　　　　　　　　　　　　　　　 3.25

　　贷:银行存款——美元户　　　　　　　　　　　　　　　　 454

借:财务费用——汇兑差额　　　　　　　　　　　　3 950

　　贷:应收账款——应收外币账户　　　　　　　　　　　　 3 950

借:应付账款——应付外币账户　　　　　　　　　　1 589

　　贷:财务费用——汇兑差额　　　　　　　　　　　　　　 1 589

引例4

2013年9月5日温州市进出口公司与英国汉斯公司签订棉织女上衣出口合同,主要条款及与出口货物有关会计资料如下:

A.销量　　　　　　　　　　　　　　　　　　　　　 35 000件

B.单价　　　　　　　　　　　　　　　　 每件 USD10 CIF 伦敦

C.总值　　　　　　　　　　　　　　　　　　　　 USD350 000

D.国外运费(费率10%)　　　　　 USD350 000×10%=USD35 000

E.保险费(费率0.2%)　　　 USD350 000×(1+10%)×0.2%=USD770

F.暗佣(2%)　　　　　　　　　 USD350 000×2%=USD7 000

G.结算方式　　　　　　　　　　　　　　　　　 当日即期汇率

附有关会计资料如下:

①出口退税率　　　　　　　　　　　　　　　　　　　　13%

②汇率　　　　　　　　　　　　　　 采用当日汇率,逐笔记账

业务资料如下：

(1)9 月 20 日收到国内大东公司开来增值税专用发票一张，入库棉织女上衣 35 000 件，每件 47.142 9 元，价款全额 1 650 000 元，进项税额 280 500 元。

(2)9 月 21 日向中国进出口商品检验局申请产品检验，9 月 22 日向英国汉斯公司催收信用证。

(3)10 月 6 日进出口公司委托大通货运代理有限公司海上运输，收到海运提单，向中国人民保险公司对此批货物投保。10 月 7 日温州市进出口公司向海关申请报关。

(4)10 月 8 日进出口公司将货物出库发往宁波港待装。

(5)10 月 10 日将海关出口货物报关单、出口货物明细单、商业发票、装箱单、海运提单送存银行办理交单结汇。当日汇率 USD1＝￥6.145 2。

(6)10 月 16 日收到大通货运代理有限公司运费发票，审核付费，美元卖出价为 USD1＝￥6.111 7，当日中间价 USD1＝￥6.140 8。

(7)10 月 18 日收到中国人民保险公司保险结算清单，审核付费，美元卖出价为 USD1＝￥6.105 2，当日中间价 USD1＝￥6.137 2。

(8)10 月 20 日计付暗佣，暗佣支付采用汇付暗佣，当日汇率 USD1＝￥6.137 2。

(9)10 月 31 日银行通知进出口公司收汇 USD347 920.35，当日兑换为人民币，美元买入价为 USD1＝￥6.080 8，当日中间价 USD1＝￥6.142 5，同时支付银行手续费 1 416.17 元。

(10)12 月 15 日向税务部门办理出口退税。

要求：

①编制会计分录。

②对该批次出口商品的成本进行分析。

职业判断与岗位操作 2

一 自营出口销售收入、成本的核算

(一)自营出口企业销售特点

我国外贸企业自营出口销售有以下两个特点：①出口商品定价和与出口业务有关的一切国内外费用以及佣金支出、索赔、理赔等，均由出口企业负担，出口销售的盈亏也由出口企业自负。②由出口企业直接办理退税，并享有出口退税收入。

(二)自营出口销售收入的确认时间

根据我国《企业会计准则第 14 号——收入》第四条的规定,对销售商品收入的确认,应同时满足以下五个条件:①企业已将商品所有权上的主要风险和报酬转移给购货方;②企业既没有保留通常与所有权相联系的继续管理权,也没有对已售出的商品实施有效控制;③收入的金额能够可靠地计量;④相关的经济利益很可能流入企业;⑤相关的已发生或将发生的成本能够可靠地计量。

外贸企业自营出口销售收入的实现,不论采取何种销售、运输方式,原则上均应在货物发运取得运单或提单后,以全套单证向银行办理交单结汇,从而在收到外汇或取得货款索取权时,确认出口销售收入。

(三)自营出口销售收入的计量

不论以何种贸易术语成交,出口销售收入均以外销发票所列货款的外币总金额折算人民币金额登记入账,并进行人民币核算。

出口货物销售以 FOB 价为会计核算基础价,以 CIF 价或 CFR 价销售货物,其发生的国外有关外币费用(运费、保险费、佣金)一律做冲减销售收入处理,将销售收入统一到 FOB 价的基础上来。

(四)自营出口销售成本的核算

对外贸易企业自营出口销售成本的结转方法有加权平均法、先进先出法、个别计价法等,但对外贸易企业一般采用个别计价法,即按出口批次逐笔结转销售进价的办法。为了防止漏转、错转、重转等情况的发生,必须对出口发票与有关商品出仓凭证的内容进行严格的审核,在核对完全相符的情况下,才能在确认销售收入的同时结转销售成本。商品出库后装运出口,根据仓库出库凭证结转销售进价,借记"主营业务成本——自营出口销售成本"账户,贷记"库存商品——库存出口商品"账户。

(五)出口退税

出口货物退(免)税是国际贸易中通常采用的并为世界各国普遍接受的税收政策,目的在于鼓励各国出口货物公平竞争的一种退还或免征间接税(目前我国主要包括增值税、消费税)的税收措施,即对出口货物已承担或应承担的增值税和消费税等间接税实行退还或者免征。

我国的出口货物退(免)税是指在国际贸易业务中,对我国报送出口的货物退还或免征其在国内各生产和流转环节按税法规定缴纳的增值税和消费税,即对增值税出口货物实行零税率,对消费税出口货物免税。

增值税出口货物的零税率,从税法上理解有两层含义:一是对本道环节生产或销售货物的增值部分免征增值税;二是对出口货物前道环节所含的进项税额进行退付。

1. 出口货物退税的税率

1994 年国家税务总局制定了《出口货物退(免)税管理办法》,具体规定了出口退(免)税的范围、出口货物退税率、出口退税的税额计算方法、出口退(免)税办理程序及对出口退（免）税的审核和管理。2012年5月财政部、国家税务总局发布了《关于出口货物劳务增值税和消费税政策的通知》（以下简称《通知》）对近年来陆续制定的一系列出口货物、对外提供加工修理修配劳务增值税和消费税政策进行了梳理归类，并对在实际操作中反映的个别问题做了明确规定。

我国自2004年起对增值税的出口退税率调整为17%、13%、11%、8%、5%共五档。各类出口货物适用的退税率应按《通知》规定进行出口退税申报。

2. 出口退税的计算

外贸企业出口货物（委托加工修理修配货物除外）增值税退（免）税的计税依据，为购进出口货物的增值税专用发票注明的金额或海关进口增值税专用缴款书注明的完税价格。

外贸企业出口委托加工修理修配货物增值税退（免）税的计税依据，为加工修理修配费用增值税专用发票注明的金额。外贸企业应将加工修理修配使用的原材料（进料加工海关保税进口料件除外）作价销售给受托加工修理修配的生产企业，受托加工修理修配的生产企业应将原材料成本并入加工修理修配费用开具发票。

退税率低于适用税率的，相应计算出的差额部分的税款计入出口货物成本。

增值税应退税额＝购进出口货物增值税专用发票注明的金额×出口货物退税率

应转出口销售成本的税额＝购进出口货物的增值税金额－增值税应退税额

3. 出口退税的账务处理

应收出口退税：

借：其他应收款——应收出口退税

　　贷：应交税费——应交增值税（出口退税）

结转差额税款：

借：主营业务成本

　　贷：应交税费——应交增值税（进项税额转出）

实际收到退税：

借：银行存款

　　贷：其他应收款——应收出口退税

申报出口退税应按批次计算、填表、申报、退税。应提供的单证包括《外贸企业出口退税汇总申报表》《外贸企业出口退税出口明细申报表》《外贸企业出口退税进货明细申报表》《退（抵）税申请审批表》、增值税专用发票（抵扣联）、出口发票、出口报关单、主管税务机关要求提供的其他资料等。

（六）自营出口商品成本分析

1. 出口商品盈亏率

出口商品盈亏率是出口商品盈亏额与出口总成本的比率。出口商品盈亏额是指出口销售人民币净收入与出口总成本的差额，其中，出口销售人民币净收入是由该出口商品的FOB价格按当时外汇牌价折成人民币，出口总成本是指该商品的进货成本加上出口前的一切费用和税金。公式如下：

出口商品盈亏额＝出口销售人民币净收入－出口总成本

出口商品盈亏率＝（出口商品盈亏额/出口总成本）×100%

根据公式计算出的出口商品盈亏率为正值时，表示盈利；为负值时，表示亏损。

2. 出口商品换汇成本

出口商品换汇成本是指某商品的出口总成本（人民币）与出口销售该商品的外汇净收入（美元）之比。通过计算得出该商品出口收入一美元需要多少元人民币的总成本，即多少元人民币换一美元。公式如下：

出口商品换汇成本＝出口总成本（人民币）/出口销售外汇净收入（外汇）

根据公式计算的出口商品换汇成本高于银行当时的外汇牌价，则出口为亏损；反之为盈利。

3. 出口创汇率

出口创汇率亦称外汇增值率，原本是用以考核进料加工的经济效益，具体做法是以成品出口所得的外汇净收入减去进口原料（CIF 价）所支出的外汇，算出成品出口外汇增值的数额，即创汇额，再将其与原料外汇成本相比，计算出百分率。

在采用国产原料的正常出口业务中，也可计算创汇率，这就要以该原料的 FOB 出口价格作为原料外汇成本。公式如下：

出口创汇率＝（成品出口外汇净收入－原料外汇成本）/原料外汇成本×100%

通过这一指标可以分析出口的创汇情况，确定出口是否有利。尤其在进料加工的情况下，这一指标更为重要。

二　自营出口业务核算的账户设置

自营出口业务主要有以下几个账户与一般内贸业务的核算不同：

1. "主营业务收入——自营出口销售收入"账户

该账户属于损益类账户，核算自营出口销售商品的销售收入。本账户借方核算内容有：①从销售收入中扣除的国外运输费、保险费、佣金、销货退回、出口理赔等；②期末结转到"本年利润"账户的余额。贷方核算确认的销售收入。其明细账的内容除应具有商品名称、销售数量、销售收入外，还应包括发票或合同号码、客户名称、商品的品种规格、价格条件、出口地区、出口单价，以及应从销售收入中减除的国外运费、保费和佣金等。

2. "主营业务成本——自营出口销售成本"账户

该账户属于损益类账户，核算自营出口销售商品的成本。本账户借方核算内容有：①结转出口商品的成本；②出口退税率与适用税率的差所引起的进项税额转出。贷方核算期末结转余额到"本年利润"账户的金额。其明细账的内容应具有商品名称、品种、规格、数量、原进价等。另外，为了正确反映出口退税收入的情况，应在销售成本账户下设置"出口退税"专户，下分商品分户核算。

出口销售明细账，特别是三级明细账，必须采用平行式记账方法。采用平行式记账方法，在账页的借方金额、贷方金额各设一栏，一般收入业务登记在贷方，成本业务登记在借方，如需冲减，只能用红字冲减法。冲减销售收入时，贷记"主营业务收入——自营出口销售收入"(红字);冲减成本时,借记"主营业务成本——自营出口销售成本"(红字)。这样,可以具体对比每一批次出口销售的货款收入、国外运费、保险费、佣金和进价、考核盈亏;可以防止漏转或错转销售成本;可以防止漏付、重付国外运费、保险费和佣金。实务中企业习惯于采用一种并列式账户,其格式见表2-19。

表2-19

类别: 品名: 单位:

年		记账凭	摘要	价格条件	数量	借:销售	贷:销售	盈亏	附:国外费用资料	
月	日	证号		及地区		成本	收入	(金额)	佣金	运费

3."应收账款——应收外汇账款"账户

该账户属于资产类账户,核算企业因销售商品、提供劳务等业务,应向国外客户收取的外汇款。该账户明细账采用复币记录,并按不同的购货单位及接受劳务的单位设置。"应收账款——应收外汇账款"账户,采用复币式账页,即一方面要核算外币金额,另一方面要核算人民币金额,外币与人民币的汇率可以选择当日或当月1日的中间价汇率。

4."发出商品"账户

该账户属于资产类账户,核算企业所有运往港口、车站、码头等候装船、装车的出口商品及商品从仓库发出尚未向银行交单结汇的出口商品。借方记录待运和发出商品的金额;贷方记录取得装运提单、向银行办妥交单结汇和开单结算后结转出口成本金额。

5."其他应收款——应收出口退税"账户

用于核算企业按国家规定可以退还而尚未收到的税款。

【做中学】根据引例4

(1)货物入库,支票结算,会计分录如下:

借:库存商品——库存出口商品——棉织女上衣　　　　1 650 000
　　应交税费——应交增值税(进项税额)　　　　　　　280 500
　　贷:银行存款　　　　　　　　　　　　　　　　　　　　1 930 500

(2)货物出库发往港口待装时,根据货物出仓单编制如下会计分录:

借:发出商品——棉织女上衣　　　　　　　　　　　　1 650 000
　　贷:库存商品——库存出口商品——棉织女上衣　　　　　1 650 000

(3)货物装运后,根据出口全套单证向银行办理交单结汇,确认收入。

借:应收账款——应收外汇账款——汉斯公司(350 000×6.145 2)2 150 820
　　贷:主营业务收入——自营出口销售收入——棉织女上衣　2 150 820

(4)根据出口发票和出仓通知单结转出口销售货物进价,会计分录如下:

借:主营业务成本——自营出口销售成本——棉织女上衣　1 650 000
　　贷:发出商品——棉织女上衣　　　　　　　　　　　　　1 650 000

(5)货运公司转来国外运费发票,审核付费。

借:主营业务收入——自营出口销售收入——棉织女上衣　214 928
　　贷:银行存款——美元户(35 000×6.140 8)　　　　　　214 928

(6)保险公司转来保险结算清单,审核付费。

借:主营业务收入——自营出口销售收入——棉织女上衣 4 725.64

　贷:银行存款——美元户(770×6.137 2)　　　　　　　4 725.64

(7)应付暗佣＝7 000×6.137 2＝42 960.40(元)

借:主营业务收入——自营出口销售收入——棉织女上衣42 960.40

　贷:应付账款——应付外汇账款——汉斯公司(佣金)　　42 960.40

(8)10 月 31 日银行收到外汇货款,编制会计分录:

借:银行存款——美元户(347 920.35×6.142 5)　2 137 100.75

　贷:应收账款——应收外汇账款——汉斯公司　　2 137 100.75

美元结汇,根据结汇水单,结汇金额为 347 920.35 元。

实收人民币＝347 920.35×6.080 8－1 416.17＝2 114 217.89(元)

借:银行存款——人民币　　　　　　　　　　2 114 217.89

　　财务费用——手续费　　　　　　　　　　　1 416.17

　　　　　　——汇兑差额　　　　　　　　　　21 466.69

　贷:银行存款——美元户　　　　　　　　　　2 137 100.75

(9)办理出口退税。

企业应按出口退税政策和规定,填制退税申请表,并附销售发票、出口报关单、增值税专用发票等全套单证,向所在地税务机关办理退税。

应收出口退税额＝1 650 000×13％＝214 500(元)

应转营业成本的进项税额＝1 650 000×(17％－13％)－66 000(元)

借:其他应收款——应收出口退税　　　　　　　214 500

　　主营业务成本——自营出口销售成本——棉织女上衣　66 000

　贷:应交税费——应交增值税——出口退税　　　　214 500

　　　　　　　　　　　　　——进项税额转出　　　66 000

(10)日后实际收到税务机关转来出口退税款时,根据银行回单编制会计分录:

借:银行存款　　　　　　　　　　　　　　　214 500

　贷:其他应收款——应收出口退税　　　　　　　214 500

(11)分析盈亏情况。

①出口销售总成本

本批次总成本＝商品采购成本＋摊入国内费用＋出口税金＋出口转入进价未退增值税＋汇兑损失－汇兑收益

　　　　　＝1 650 000＋1 416.17＋66 000＋21 466.69＝1 738 882.86(元)

②出口销售净收入

出口销售净收入(美元)＝出口销售外币总金额－国外外币费用－佣金

　　　　　　＝350 000－35 000－770－7 000＝USD307 230

③出口盈亏额

出口盈亏额＝出口销售净收入(人民币)－出口总成本

出口销售净收入＝2 150 820－214 928－4 725.64－42 960.40＝1 888 205.96(元)

本批次出口盈亏额＝1 888 205.96－1 738 882.86＝149 323.10(元)

④出口盈亏率

出口盈亏率＝出口盈亏额÷出口总成本×100％

本批次出口盈亏率＝149 323.10÷1 738 882.86×100％＝8.59％

⑤出口每美元成本

出口每美元成本＝出口销售总成本(人民币)÷出口销售净收入(美元)

$$＝1 738 882.86÷307 230＝5.66(人民币元/美元)$$

该批次出口销售的盈亏计算结果为：出口取得每美元的成本为人民币 5.66 元，比现行美元买入汇率 6.080 8 元(2015 年 10 月 31 日即期买入价)低，即如果将此项美元结售给银行，每美元可赚取人民币 0.420 8 元，说明此项出口销售业务效益较好。

引例5

温州市进出口公司从德国进口服装机械一台，2013 年 11 月至 12 月发生如下业务，美元按当日汇率折合人民币记账。

(1)11 月 10 日接到银行转来的国外全套进口单据，其中销售发票的票面金额 FOB 价 30 000 美元，经审核无误，支付国外货款，当日 USD1＝￥6.135 6。

(2)11 月 15 日收到国际海运业运输专用发票，票面金额 3 000 美元，收到货物运输保险单，保费金额 1 000 美元，次日支付，当期 USD1＝￥6.135 1。

(3)11 月 28 日货到宁波港，并向海关报关。关税税率为 10％，增值税税率为 17％。

(4)12 月 5 日支付国内费用 1 500 元，商品入库。

(5)12 月 30 日将此台机械销售给温州制衣公司，开具增值税专用发票总金额 350 000 元，增值税税率为 17％。

要求：

①编制会计分录。

②计算进口业务的销售损益。

职业判断与岗位操作 3

一　自营进口采购业务核算

进口业务流程一般包括进口贸易的磋商、签订进口合同、进口合同的履行。履行进口合同的主要环节包括开立信用证、租船订舱和装运、保险、审单和付汇、报关和接货、验收和拨交、进口索赔。

自营进口业务会计核算一般流程包括进口采购核算、存货核算、加工核算、销售核算、费用核算、税金核算、盈亏核算等。

(一)自营进口物资采购业务的确认

进口物资采购业务的确认和国内物资采购相同,以物资交接凭证为依据,以物资所有权的转移为标准。从法律上说,出口方对银行交单已构成交货,所有权已经转移。从会计上说,则要等到开证行向进口方交单,即进口方取得全套进口单据才据以入账。

(二)自营进口物资采购成本的构成

自营进口物资的采购成本包含进口物资从采购到入库前所发生的全部支出。

1.国外进价

进口物资的国外进价,一律以到岸价(CIF价)为基础。如果对外合同以离岸价(FOB价)成交,则物资离开对方口岸后应由进口方负担的运费、保险费、佣金等,均计入商品的进价。收到的进口佣金用以冲减进价,如无法按商品认定的则冲减销售费用。

2.进口税金

构成进口物资采购成本的进口税金,主要包含海关征收的进口关税、消费税。进口增值税作为价外税不计入物资的采购成本。进口物资在国内销售环节缴纳的各种税金,也不在进口物资的采购成本中核算。

3.进货费用

物资到达我国口岸后发生的运输费、装卸费、保险费以及其他可归属于进口商品采购成本的费用等进货费用,均应计入所购商品成本。

4.委托代理费用

委托代理费用是指企业委托其他单位代理进口时,支付给受托单位的代理手续费和其他费用。

二 自营进口业务账务处理

1.账户设置

(1)"在途物资——进口物资"账户

该账户用于归集进口物资在采购过程中的各项支出。借方登记进口物资的国外进价、支付的国外运保费及进口税金(关税、消费税)。收到的进口佣金以红字记入该账户的借方,其借方之和即为进口物资的采购成本。余额在借方,反映在途物资的进口成本。贷方登记已入库的进口物资。该账户应按进口业务类型(自营进口)设置明细分类账,采用平行登记法。

(2)"库存商品——库存进口商品"账户

该账户用于反映库存进口商品的增减变动和结存情况。借方登记从"在途物资——进口物资"账户转入的进口物资成本;贷方登记商品销售后成本的结转数。余额在借方,反映尚未销售的进口商品的成本。该账户按进口商品的品种、类别等设置明细分类账，并采用三栏式进行核算。

2. 自营进口业务账务处理举例

(1)预存保证金

借：其他货币资金——L/C 存款

　　贷：银行存款

(2)付款赎单

借：在途物资——进口商品

　　贷：其他货币资金——L/C 存款

(3)支付国外运保费、佣金

借：在途物资——进口商品

　　贷：银行存款

(4)报送时，按海关纳税通知

借：在途物资——进口商品

　　贷：应交税费——进口关税

　　　　　　　——消费税

(5)按海关纳税通知和税费收据支付税费

借：应交税费——进口关税

　　　　　　　——消费税

　销售费用(海关税费)

　　贷：银行存款

(6)支付国内运费

借：在途物资——进口商品

　　贷：银行存款

(7)进口货物入库

借：库存商品——库存进口商品

　　贷：在途物资——进口商品

(8)进口后销售

借：应收账款

　　贷：主营业务收入

(9)结转销售成本

借：主营业务成本

　　贷：库存商品

(10)收到销售的货款

借：银行存款

　　贷：应收账款

(1)收到银行转来的国外销售发票,支付货款。

借:在途物资——进口物资——自营进口　　　　　　184 068

　　贷:银行存款——美元户(30 000×6.135 6)　　　　　　　　184 068

(2)支付国外运保费共计 4 000 美元。

借:在途物资——进口物资——自营进口　　　　　24 540.40

　　贷:银行存款——美元户(4 000×6.135 1)　　　　　　　24 540.40

(3)货物到口岸后计算应缴进口关税。

关税=(184 068+24 540.40)×10%=20 860.84(元)

借:在途物资——进口物资——自营进口　　　　　20 860.84

　　贷:应交税费——应交进口关税　　　　　　　　　20 860.84

(4)货物到口岸后计算应缴增值税和关税。

应缴纳的增值税=(184 068+24 540.40+20 860.84)×17%=39 009.77(元)

借:应交税费——应交进口关税　　　　　　　　　20 860.84

　　　　　　——应交增值税(进项税额)　　　　　39 009.77

　　贷:银行存款——人民币户　　　　　　　　　　　　59 870.61

(5)支付进口货物到货后的运杂费 1 500 元。

借:在途物资——进口物资——自营进口　　　　　1 500

　　贷:银行存款——人民币户　　　　　　　　　　　　1 500

(6)商品入库。

借:库存商品——库存进口商品　　　　　　　　　230 969.24

　　贷:在途物资——进口物资——自营进口　　　　　230 969.24

(7)向温州制衣公司结算开具增值税专用发票。

借:应收账款——温州制衣公司　　　　　　　　　350 000

　　贷:主营业务收入——自营进口销售收入　　　　　299 145.30

　　　　应交税费——应交增值税(销售税额)　　　　50 854.70

借:主营业务成本——自营进口销售成本　　　　　230 969.24

　　贷:库存商品——库存进口商品　　　　　　　　　230 969.24

(8)计算进口销售批次损益。

自营进口销售总成本=184 068+24 540.40+20 860.84+1 500=230 969.24(元)

自营进口销售净收入=299 145.30(元)

自营进口销售盈亏额=299 145.30-230 969.24=68 176.06(元)

自营进口销售盈亏率=68 176.06/230 969.24×100%=29.52%

进口每美元赚额=68 176.06/(30 000+4 000)=2.01(元/美元)

此指标说明此项进口业务每美元的成本支出可取得人民币 2.01 元的盈利。

【实践任务】

工作任务 1

凯琳公司(零售商场)201×年12月30日的有关账户余额见表2-20。12月31日,业务部门转来以下两笔业务的有关凭证:

(1)从深圳购进的20台康佳牌彩色电视机到货入库,同时收到增值税专用发票,载明价税款合计为42 120元(货款36 000元,增值税税额6 120元),款项已付。该电视机的含税零售价为2 400元/台。

(2)家电部出售康佳牌彩色电视机6台,货款14 400元已存入银行。

问题:

当月公司的销售毛利率是多少?为什么采用分类差价率与采用综合差价率所计算出的销售毛利率不同?

表2-20 账户余额表

货币单位:元

营业部	商品进销差价	库存商品	主营业务收入
服装部	433 777.00	236 745.00	1 932 140.00
家电部	1 054 346.00	551 740.00	3 186 325.00
百货部	7 062.30	7 065.00	63 755.00
合计	1 495 185.30	795 550.00	5 182 220.00

工作任务 2

温州进出口公司,对发生的外币业务采用当日即期汇率折合人民币记账。201×年发生如下经济业务:

1.根据某份合同向美国出口G产品一批,共计1 000打,成本为每打50元,合计人民币50 000元(不含增值税)。公司业务部门根据出口合同或信用证规定开具产品出库凭证,并连同外销发票、装箱单及其他出口单证,通过储运部门交付对外运输公司办理托运。

G产品出口发票标明:CIF纽约8 000美元,4%佣金,交单日汇率1美元=6.27人民币元,银行收到全套出口单据经审核无误,向境外银行办理结转手续,假设收到日汇率为1美元=6.278人民币元,银行收妥外汇后转入公司账户。

企业收到外轮等运输公司开来运费单据金额为428美元,审核无误后通过银行付款,当日汇率1美元=6.28人民币元。

企业收到保险公司送来出口运输保险单,审核无误通过银行支付,假设上列出口业务按发票金额的110%投保,保险公司应收保险费率为0.68%,当日汇率1美元=6.28人民币元。

2.本期从英国进口一批配件,进口价格为 FOB 伦敦,货款共计310 000美元,进口后,该批零件以国内合同价 2 700 000 元向国内用户进行销售,该项进口业务的进行情况如下:

(1)收到银行转来的全套进口单证审核无误后支付货款,银行即期汇率为 1 美元=6.274 5人民币元。

(2)收到保险公司有关单据,为上列进口零件支付保险费 9 300 美元,银行即期汇率为 1 美元=6.279 6人民币元。

(3)收到外运公司的有关单据,上列进口零件的国外运费为 18 100 美元,当即以外汇银行支付,当日即期汇率 1 美元=6.299 0人民币元。

(4)上述进口零件到达我国口岸后,报关日当日即期汇率 1 美元= 6.278 0人民币元,以银行支付关税及增值税(适用关税税率 5%,增值税税率 17%)。

(5)进口零件抵达我国口岸后,结转该进口商品的进口成本。

(6)现将上列进口零件全部销售给国内用户 H 公司,根据内销合同开出增值税发票金额 2 700 000 元(不含税价),增值税税率为 17%。上述款项收到并存入银行,今根据货物出仓单同时结转该批货物的销售成本。

3.公司发生的其他外币业务情况如下:

(1)接到银行通知,收到以前 A 公司货款 50 000 美元,当日即期汇率 1 美元= 6.280 5人民币元。

(2)以外币支付以前所欠 B 公司货款 200 000 美元,当日即期汇率 1 美元=6.279 1人民币元。

(3)向银行借入 300 000 美元,当日即期汇率 1 美元=6.271 2人民币元。

(4)向银行结汇 100 000 美元,当日即期汇率 1 美元=6.281 4人民币元,买入价 1 美元=6.195 2人民币元。

4.公司 201×年初各外币账户余额见表2-21。年末市场中间价汇率为 1 美元=6.285 5人民币元。请计算201×年年末汇兑差额并编制会计分录。假设公司汇率每年年末调整一次。

表 2-21　　　　　　　　　　各美元账户明细余额表
201×年1月1日　　　　　　　　　　　　　　　　货币单位:元

项目	外币金额(美元)	折算汇率	折合人民币金额
银行存款	300 000.00	6.300 9	1 890 270.00
应收账款	350 000.00	6.300 9	2 205 315.00
应付账款	200 000.00	6.300 9	1 260 180.00

学习情境小结

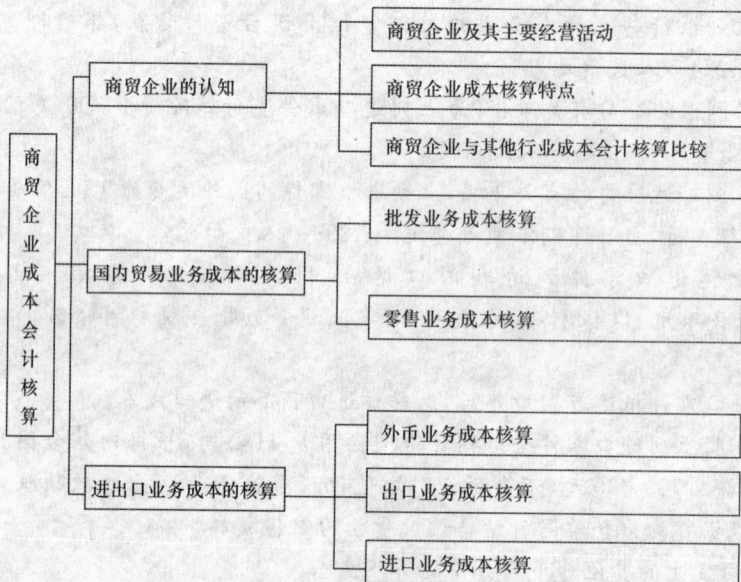

```
                                    ┌─ 商贸企业及其主要经营活动
                     商贸企业的认知 ──┼─ 商贸企业成本核算特点
                    │                └─ 商贸企业与其他行业成本会计核算比较
  商
  贸
  企
  业          国内贸易业务成本的核算 ──┬─ 批发业务成本核算
  成                                  └─ 零售业务成本核算
  本
  会
  计
  核                                 ┌─ 外币业务成本核算
  算          进出口业务成本的核算 ──┼─ 出口业务成本核算
                                     └─ 进口业务成本核算
```

学习情境思考

1.商贸企业按照业务类型划分有哪些种类？

2.商贸企业的会计核算与制造企业的会计核算有何不同？

3.批发企业的会计核算有哪些方法？零售企业的会计核算有哪些方法？

4.什么是汇兑差额，汇兑差额是如何产生的？当不同货币兑换时，其汇兑差额是如何确定的？

5.自营出口销售收入应在什么时候入账？为什么自营出口的销售收入要一律以FOB价格为核算基础？

6.办理出口货物退税主要涉及哪些凭证和资料？

7.进口的入账时点有何重要性？如何理解进口应统一以 CIF 为口径？

施工企业成本会计核算

学习情境	工作任务
施工企业的认知	施工企业及其主要经营活动
	施工企业会计核算的特点
	施工企业会计与其他行业会计核算的比较
周转材料、临时设施的核算	周转材料的核算
	临时设施的核算
工程成本的核算	直接人工的核算
	直接材料的核算
	机械使用费的核算
	其他直接费的核算
	间接费用的核算
	工程竣工成本的结算与决算

知识目标

1. 了解施工企业生产经营管理的特点；

2. 熟悉施工企业成本核算对象、内容和会计科目；

3. 掌握施工企业合同成本的构成项目与核算方法；

4. 掌握施工企业合同费用的确认、计量和账务处理。

能力目标

1. 能够独立承担施工企业周转材料和临时设施的核算工作；

2. 能够独立承担施工企业合同成本的核算工作；

3. 能够独立核算施工企业的工程成本及对竣工的实际工程成本进行分析；

4. 能独立进行工程的价款结算；

5. 具备一定的会计职业判断能力，能对行业基本经济业务进行综合设计与核算。

学习情境一　施工企业的认知

引例1

温州市建筑工程公司成立于1963年6月13日，主营土木工程建筑，兼营装饰施工、水电安装、建筑机械修造、建筑构配件加工、机械化施工、市政工程施工、暖通空调安装；铝门窗、塑料门窗加工及安装；商品混凝土销售；地基和基础工程施工。公司注册资本6 118万元。具有房屋建筑工程施工总承包一级资质的建筑企业，可承担单项建安合同额不超过企业注册资本金5倍的房屋建筑工程(40层及以下)、构筑物(高度240米及以下)、住宅或建筑群体(建筑面积20万平方米及以下)。

知识准备

一　施工企业及其主要经营活动

1.施工企业的概念

施工企业，又称建筑安装企业或建筑企业，是指依法取得法人资格，具有独立的组织结构，在经济上实行自主经营、独立核算、自负盈亏的生产经营性企业，主要承揽工业与民用建筑、设备安装、矿山建设和铁路、公路、桥梁等工程的施工。

2.施工企业的分类

按照承包工程企业的业务性质和能力可将施工企业分为综合施工及总承包企业、专业施工企业与专项分包公司三类。

(1)综合施工及总承包企业，是指可以为建设工程项目提供设计和施工一体化、全过程服务的建筑企业。按照建设主管部门的等级标准从高到低分别是特级、一级、二级和三级。

(2)专业施工企业，是指专门从事某一项专业施工生产的企业，如桩基工程公司，机械化施工公司，工业设备安装公司，排水工程公司，专业钢结构公司，专业幕墙公司，专业核工程公司，专业水利水电、矿山、冶炼、石化工程公司，专业电力、电子、电信、通信工程公司，专业市政公用、公路、铁路、港口、航道、桥梁、隧道、机场工程公司，专业爆破拆除工程公司等。

(3)专项分包公司，是指从事工程施工专项分包活动的劳务型企业，一般不单独承包工程，只能为其他企业提供相关专业工种施工的劳务，这类企业规模小但数量多。

3. 施工企业的主要经营活动

施工企业的主要经营活动是建筑施工生产活动,通过施工生产活动,把各种建筑材料转变为具有特定用途的各类房屋和建筑物,把各种机器设备组装起来形成具有生产能力的各种实体。

(1)施工企业生产经营活动的基本程序

建筑施工企业在承接各项工程作业时,基本都把项目部作为基本实施单位,生产经营的整个流程也都围绕项目部展开。较为规范的建筑企业主要生产经营流程如图 3-1 所示,具体包括项目考察、工程投标、工程施工准备、项目工程实施、项目完工。

(2)基本建设工程的划分

基本建设工程是由许多部分组成的一个体积庞大、结构复杂的整体,按照从小到大的顺序,基本建设工程一般可分为建设项目、单项工程、单位工程、分部工程和分项工程。

①建设项目,是指具有计划任务书和总体设计,在经济上进行统一核算,行政上有独立组织形式,实行统一管理的建设单位。每个建设项目都由若干单项工程组成。

②单项工程是一个建设项目中具有独立设计文件,建成后能独立发挥生产能力或使用效益的工程。例如,工业建设项目中的各个车间、职工宿舍,学校里的各幢教学楼、图书馆等都属于具体的单项工程。每一单项工程又包括若干单位工程。

③单位工程,是指在单项工程中具有独立设计资料,可以独立组织施工的工程。如一般土建工程、水暖安装工程等。每一单位工程又由若干分部工程组成。

④分部工程一般是对各单位工程按照不同的工程部位、结构、材料、设备器材种类和型号、安装方式等具体条件进行的再划分。例如,一般土建单位工程划分为土石方工程、桩基础工程、脚手架工程、砌筑工程、混凝土工程、构件运输及安装工程、门窗及木结构工程等十多个分部工程。每一分部工程又由若干分项工程组成。

⑤分项工程是用适当的计量单位表示的假定的单位合格建筑安装产品。如 10 立方米的混凝土梁、100 平方米的平整场地。分项工程是确定建设工程价格最基本的计算单位。

基本建设工程经过以上划分,即可从分项工程开始计算其人工、材料消耗数量及其费用金额,经层层汇总后计算整个建设项目的预算价值。

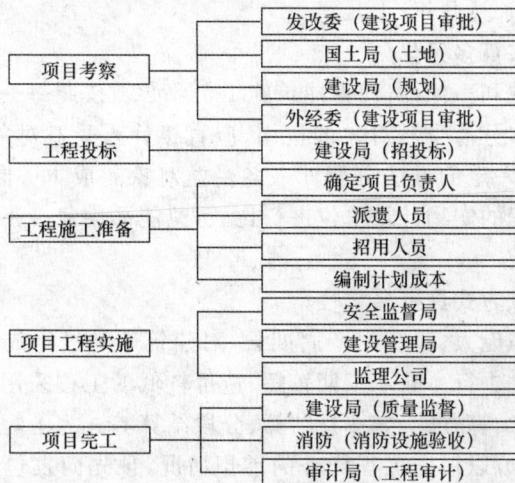

图 3-1 生产经营流程图

二　施工企业会计核算的特点

建筑企业生产经营活动的特点决定了建筑施工企业会计核算具有如下特点：

1. 分级管理和分级核算

施工生产的流动性，决定了企业的施工及管理人员、施工机具、材料物资等生产要素，以及施工管理、后勤服务等组织机构，都要随工程地点的转移而流动。因此，施工企业在组织会计核算时，要适应施工分散、流动性强等特点，采取分级管理、分级核算，使会计核算与施工企业生产有机地结合起来，充分调动各级施工单位搞好生产的积极性。同时要更加重视施工现场的施工机具、材料物资等的管理和核算，及时反映它们的保管和使用情况，避免集中核算造成会计核算与施工生产脱节现象。目前我国规模较小的建筑施工企业一般采用"企业—项目部"的两级核算模式；规模较大的建筑施工企业一般采用"总公司—分公司—项目部"或"母公司—子公司—项目部"的三级核算模式；更大的建筑施工企业也有收入成本四级汇总的核算模式。

2. 成本核算对象具有单件性

由于建筑安装工程各有不同的功能和结构，需要单独的设计图纸，即使是根据同一标准设计进行施工的同类型、同规模的工程，也会因自然条件、交通条件、材料要求和物价水平的不同，造成施工过程中工料费用的不同。因此，建筑安装工程只能按照建设要求和单独的图纸组织单件生产，不能像工业企业那样成批生产。建筑施工企业的这一特性，决定了工程成本的核算应实行分批（订单）法，每一独立编制施工图预算的单位工程均应为其成本核算的对象。

3. 核算周期具有长期性

一项工程的实际施工成本和收益水平，只有当该工程竣工后才能准确和完整地反映出来。而建筑施工企业生产的建筑安装工程等产品，除了少部分工程造价低、耗费少以外，大多是体积庞大、造价高、耗费大的工程，因而施工周期较长，一般都需要跨年度施工，有的工程工期甚至长达几年、十几年。

4. 建筑产品成本核算多元化

建筑产品的单件性和多样性，使得建筑施工企业必须按照每一建筑安装工程分别进行成本核算。凡是能够分清受益对象的费用，应直接计入受益对象的成本；不能分清受益对象的费用，应采用一定的方法分配计入各受益对象的成本。同时，由于建筑产品的成本不能按照同类工程的实物计量单位进行比较，只能采用每一工程的实际成本与预算成本进行比较和考核。

5. 工程价款的结算方式具有多样性

由于建筑产品体积庞大、建筑生产周期长，对建筑产品进行成本核算和价款结算不能等到工程全部完工才进行。除了工期较短、造价较低的工程采用竣工后一次结算工程价款外，大多采用中间结算方式，如按月结算、分段结算等。为了解决建筑施工企业生产中资金垫支较多问题，可以根据工程任务的承担情况，预先向发包方收取一定比例的工程进度款（少量的工程备料款），待办理工程价款结算时，逐步予以扣还。

6. 成本费用开支受自然力影响大

由于建筑产品体积庞大,建筑产品的生产只能露天作业,又因其无法移动,造成高空作业多,使得有些机械设备、大堆材料等只能露天存放。因此,成本费用开支受自然力影响大。

7. 收入确认难

造成收入确认难的原因归集如下:一是目前我国建筑市场合同管理很不规范,部分备案、实际执行的合同不一致,以及施工过程中业主的不断变更、指定分包和建筑材料价格波动幅度大,往往使实际造价和合同造价相差很大,再加上不少业主对变更部分不及时签证,致使收入确定的难度加大;二是建设工程跨年度施工非常普遍,使得施工收入在各年度之间的划分比较困难,目前会计准则在确认收入时提供的完工百分比方法,不论是收入百分比法、成本百分比法还是专业测量法,采用的都是估计的方法,收入确认带有很大的不确定性;三是项目竣工决算久拖不决,重复审计情况比较突出,导致收入确认时间长;四是业主拖欠决算款、不支付决算款、以房抵款、以物抵款等现象比较突出,增加了建筑施工企业的坏账风险。

8. 成本归集难

造成成本归集难的原因总结如下:一是由于建筑材料发票管理不够规范,不能完全取得合规的发票。同时由于建筑施工企业资金紧张,往往先收料后付款,难以及时取得发票,所以成本确认不及时;二是材料价格波动大,同一材料不同时间、不同品牌、不同质量、不同地区、不同付款条件,价格差异较大,加大核实真实性的难度,容易形成漏洞;三是人员流动性大,工资标准差距大,人工成本容易被操纵;四是由于项目周期长,所以后续成本较多,如预决算费用、应收账款清收费用、回访保修费用(一般此项费用预留的标准是 5%)等,难以及时进行成本归集,容易造成项目的虚盈实亏。另外,由于建筑产品差异大,可比性差,不同建筑物之间的实际成本难以直接比较,从而使得建筑产品较难进行成本的事后分析和监控。针对上述状况,不少建筑施工企业提出了会计核算、预算与决算"三算"合一,对成本管理实行全过程控制的方法,在实践中取得了较好的效果。

9. 资产管理难

建筑施工企业施工生产大都是露天作业,环境恶劣,资产长期处于振动腐蚀的环境中,并且经常处于超负荷的工作状态,如果不加强管理或不及时更新,会造成重大的安全隐患。另外,由于气候原因及施工人员的返乡,项目结束后的搬运迁移,都会给资产的保管和维护带来很大的难度。

10. 产成品和在产品的划分具有特殊性

工业企业会计核算中,产成品是指本企业已经完成全部生产过程,并已验收入库可供销售的产品;在产品是指没有完成全部生产过程,不能作为商品销售的产品。建筑施工企业如果采用与工业企业相同的方法来划分产成品,则只有工程已经全部竣工,办理了竣工验收交付使用手续,才能算产成品。但是,建筑安装工程施工具有周期较长的特点,按照这种划分方法,在长期施工过程中就不能对工程进度、工程质量和工程成本进行有效的监督。所以对建筑安装产品,需要人为地划分产成品和在产品,即工程进度达到预算定额的工作内容,不需要在本企业内部进一步施工,可据以进行结算的分部分项工程,作为已完工程,即假定的"产成品";将已投料施工,但尚未完成预算定额规定的全部工序和内容,而暂时无法进行结算的分部分项工程,视为"未完施工",即"在产品"。按照这种划分方法建筑施工企业可以及时对已完工程统计工程进度,进行工程价款结算、考核工程成本、计算财务成果。

11.会计核算科目的专用性

财政部颁布的《企业会计准则》统一规定了企业会计科目,并要求企业按照制度规定设置和运用会计科目,同时,允许不同行业、不同企业根据自身的特点,在不影响企业核算要求和会计报表指标汇总,以及对外提供统一的财务会计报告的前提下,确定适合本企业的会计科目,或自行增设、减少或合并某些会计科目。施工企业在设置会计科目时,应遵循《企业会计准则》的要求,并根据自身的特点加以确定,其中属于施工企业专用会计科目的有"周转材料""临时设施""临时设施摊销""工程结算""工程施工""机械作业"等。

三　施工企业会计与其他行业会计核算的比较

施工企业会计与其他行业会计之间具有一定的共性。一般的会计理论、会计原则、会计制度和会计方法,对于施工企业和其他行业都普遍适用。与此同时,施工企业在经营和管理上,与其他行业又存在明显的差别,在具体的会计核算上也有所不同。比如,施工企业不是增值税的纳税义务人,外购存货支付的买价中若含有增值税进项税额,是不允许抵扣的。而工业企业购进生产流通用存货,若取得增值税专用发票或海关完税凭证,其进项税额是可以抵扣的,不构成采购成本。

下面主要从存货、成本核算和损益等方面,对施工企业会计与其他行业会计进行比较(见表 3-1)。

表 3-1

比较项目	共性	特性
存货	①购进存货:以历史成本作为入账价值,对于一般的增值税纳税人,其采购成本不包括增值税进项税额;②发出存货:以加权平均法、先进先出法、个别计价法等计量发出存货的成本;③存货盘存:实地盘存制和永续盘存制;④存货的确认范围相同	①存货的采购成本还包括进项税额;②周转材料核算是重要的内容
成本核算	①成本核算内容:包括劳动对象的耗费、劳动手段的耗费及劳动力的耗费;②成本计算要求正确划分成本与期间费用,并分别核算;③生产成本在完工产品和在产品之间进行分配	①成本核算内容包括施工建筑材料、人工费用、机械使用费用、其他直接费用、施工间接费用等;②一般以工程合同为基础确定成本核算对象,以工程合同执行期为成本核算期;③十分注重工程成本的核算与分析
损益	①收入包括主营业务收入;②费用包括营业费用、管理费用和财务费用;③利润总额包括营业利润、营业外收支净额	①期末未完工的工程要对其结果进行职业判断,根据判断结果来确定是否应确认收入;②对合同结果能够确定的工程,合同收入与合同费用一般按完工百分比法确定

学习情境二　周转材料、临时设施的核算

引例2

1.温州建筑工程公司,在2015年2月发生如下有关周转材料、临时设施的经济业务:

(1)第一项目部甲工程本月领用安全网一批,其计划成本为30 000元,应负担的材料成本差异为2%,采用一次摊销法核算。(2)第二项目部乙工程本月领用模板一批,计划成本60 000元,预计残值占计划成本的10%,预计使用10次。本月实际使用2次,采用分次摊销法核算。(3)第一项目部甲工程本月领用全新脚手架料一批,其计划成本为20 000元,预计使用期限15个月,预计残值占计划成本的5%,采用分期摊销法核算。(4)第二项目部丁工程本月领用木模板20立方米,每立方米的计划成本为1 000元,应负担的材料成本差异为2%,用于浇注混凝土工程,完成现浇梁混凝土工程1 000立方米,预算定额规定,10立方米模板消耗定额为70元。(5)第一项目部丙工程,盘点周转材料时,发现一批木模板已不能继续使用,应予以报废,木模板期初账面价值为5 000元,已计提摊销额为3 500元,残料已验收入库,价值为期初账面价值的10%。(6)第二项目部乙工程完工返回一批挡板,挡板的期初账面价值为6 000元,现此模板四成新,已计提摊销额2 400元。(7)第一项目部甲工程已竣工,将在用的计划成本10 000元脚手架料移到丙工程使用,予以转账,其成色为80%。

要求根据上列资料,计算周转材料应计提的摊销额、已计提的摊销额和应补提的摊销额,并进行相应的账务处理。

2.温州建筑工程公司,在2015年3月,发生如下有关临时设施的经济业务:

(1)本月为甲工程搭建现场作业棚、临时办公室等发生费用60 000元。其中:作业棚搭建领用材料计划成本10 000元,发生的人工费3 000元,本月材料成本差异率为2%;临时办公室购置费用20 000元,安装费27 000元,已由银行支付。该临时设施当月已完工并交付使用。(2)估计甲工程的施工期为24个月,按该项工程的施工期摊销,不考虑残值。(3)2017年2月,甲工程竣工,临时设施拆除清理。清理费用2 000元,以银行存款支付;收回残料折价款1 500元存入银行。

要求:根据上述业务编制相应的会计分录。

一 周转材料

周转材料是指施工企业在施工过程中能够多次使用，并可基本保持原来的形态而逐渐转移其价值的材料，主要包括钢模板、木模板、脚手架、沥青锅和其他周转材料等。

1.周转材料的分类

周转材料种类较多，用量较大，使用频繁，经常需要补充更换。周转材料归属于存货一类进行管理和核算，按其在施工中的用途，可分为以下几类：

(1)模板，是指浇灌混凝土用的钢、木或钢木组合的模板以及配合模板使用的支撑材料和滑模材料等。

(2)挡板，是指土方工程使用的挡土板等，包括支撑材料在内。

(3)架料，是指搭脚手架用的竹竿、钢管(包括扣件)、竹跳板等。

(4)其他，是指除上述各类之外，作为流动资产管理的其他周转材料，如塔吊使用的轻轨、枕木等(不包括附属于塔吊的钢轨)。

2.周转材料的特点

(1)与低值易耗品相似。周转材料与低值易耗品一样，在施工生产中起着劳动手段的作用，能多次使用而逐渐转移其价值。因而，周转材料也要划分为"在库"和"在用"两阶段分别进行管理和核算，并将在用周转材料的价值分期摊销计入工程成本。

(2)具有材料的通用性。周转材料一般都要安装后才能发挥其使用价值，未安装时如同材料，因而不能作为低值易耗品来管理。同时，为避免与材料相混淆，一般应设专库保管。

(3)周转材料的独特性。每完成一个生产周期，拆除周转材料后，其形态都会发生改变，并有质量和数量上的损失。因而，拆除周转材料后，应盘点其成色和数量，并对账面记录做相应的调整。

二 临时设施

临时设施是指建筑施工企业为保证施工和管理的正常进行而建造的各种临时性生产、生活设施。

1.临时设施的种类

临时设施通常可分为大型临时设施和小型临时设施两类。

(1)大型临时设施

①施工人员的临时宿舍；②食堂、浴室、医务室、图书馆、理发室和托儿所等现场临时

性文化福利设施;③施工单位及附属建筑施工企业在现场的临时办公室;④现场各种临时仓库和施工机械设备库;⑤临时铁路专用线、轻便轨道、塔式起重机路基、临时道路、厂区刺网、围墙等;⑥施工过程中应用的临时给水、排水、供电、供热和管道等;⑦施工现场的混凝土构件预制厂、混凝土搅拌站、钢筋加工厂、木材加工厂以及配合单位的附属加工厂等临时性建筑物。

（2）小型临时设施

①现场施工和警卫安全用的小型临时设施,如作业棚、休息棚、茶炉棚、化灰池、施工用不固定的水管、电线、宽三米以内的便道、临时刺网等;②保管器材用的小型临时设施,如简易料棚、工具储藏室等;③行政管理用的小型临时设施,如工地收发室等。

2.临时设施的特点

（1）临时性。由于建筑产品建造和使用地点的固定性会导致建筑企业施工生产的流动性,所以建筑企业需要搭建临时设施以及一些必要的附属设施等,以供给现场施工人员居住、办公,在工程完工以后,这些临时设施必须拆除或做其他处理。

（2）非流动性。临时设施是施工企业其他资产的重要组成部分。从临时设施的性质来看,它属于劳动资料,但是它与固定资产不同,其结构简陋,只能用于某一项工程。所以企业会计制度规定,将临时设施作为其他流动资产进行核算和管理。

职业判断与岗位操作

一 周转材料领用与摊销的核算

1.账户设置

周转材料领用与摊销通过"周转材料"账户进行核算。

（1）核算内容

本账户核算企业周转材料的计划成本或实际成本,包括包装物、低值易耗品以及企业的钢模板、木模板、脚手架等,属于资产类账户。

本账户期末借方有余额,反映企业在库周转材料的计划成本或实际成本及在用周转材料的摊余价值。

（2）明细核算

本账户可按周转材料的种类,分别设置"在库""在用""摊销"进行明细核算。

（3）主要账务处理

①企业购入、自制或委托外单位加工完成并已验收入库的周转材料等,比照"原材料"账户的相关规定进行处理。

②采用一次转销法的,领用时应按其账面价值,借记"工程施工"账户,贷记本账户。

周转材料报废时,应按报废周转材料的残料价值,借记"原材料"等账户,贷记"工程施工"等账户。

③采用其他摊销法的,领用时应按其账面价值,借记本账户(在用),贷记本账户(在库);摊销时应按摊销额,借记"工程施工"等账户,贷记本账户(摊销)。

周转材料报废时应补提摊销额,借记"工程施工"等账户;同时,按报废周转材料的残料价值,借记"原材料"账户,贷记"工程施工"账户,并转销全部已提摊销额,借记本账户(摊销),贷记本账户(在用)。

④周转材料采用计划成本进行日常核算的,领用等发出周转材料时,还应同时结转应分摊的成本差异。

2. 核算方法

由于施工企业购买周转材料的核算与工业企业购买周转材料的核算方法相同,因此,这里只介绍施工企业周转材料领用与摊销的核算。

周转材料虽然在生产过程的实物形态不会改变,但其价值会随同其损耗程度逐渐地被转移到工程成本中,会计核算通过摊销计入工程成本或有关费用中去。周转材料价值的摊销方法,根据各类周转材料的不同情况,一般有以下几种:

(1)一次摊销法

一次摊销法是指在领用周转材料时,将其全部价值一次计入工程成本或有关费用。这种方法一般应用于易腐、易糟的周转材料,如安全网等。

【做中学】根据引例 2-1-(1)

①计算领用安全网的金额＝30 000×(1＋2％)＝30 600(元)

②编制领用安全网的会计分录:

借:工程施工——甲工程	30 600	
贷:周转材料——在库		30 000
材料成本差异		600

(2)分次摊销法

根据周转材料预计使用次数,将其价值分次计入工程成本或有关费用。其计算公式如下:

$$周转材料每次摊销额＝\frac{周转材料原价×(1－残值占原价的百分比)}{预计使用次数}$$

本期摊销额＝每次摊销额×本期使用次数

这种方法一般适用于预制钢筋混凝土构件时使用的定型模板、模板、挡板等能分清使用次数的周转材料。

【做中学】根据引例 2-1-(2)

①编制领用模板的会计分录:

借:周转材料——在用	60 000	
贷:周转材料——在库		60 000

②计算模板每次摊销额：

$$周转材料每次摊销额=\frac{60\,000\times(1-10\%)}{10}=5\,400（元）$$

当月摊销额＝5 400×2＝10 800（元）

③编制当月模板应提摊销额的会计分录：

借：工程施工——乙工程	10 800
贷：周转材料——摊销	10 800

（3）分期摊销法

根据周转材料的预期使用期限，将其价值分期计入工程成本或有关费用。其计算公式如下：

$$周转材料每月摊销额=\frac{周转材料原价\times(1-残值占原价的百分比)}{预计使用月数}$$

这种方法适用于脚手架、跳板、塔吊轻轨、枕木等磨损与使用期限有关的周转材料。

【做中学】根据引例2-1-(3)

①编制领用脚手架的会计分录：

借：周转材料——在用	20 000
贷：周转材料——在库	20 000

②计算脚手架每月摊销额：

$$脚手架每月摊销额=\frac{20\,000\times(1-5\%)}{15}=1\,267（元）$$

③编制当月计提脚手架摊销额的会计分录：

借：工程施工——甲工程	1 267
贷：周转材料——摊销	1 267

（4）定额摊销法

根据完成的实物工作量和预算定额规定的周转材料消耗定额，计算本期摊销额。其计算公式如下：

周转材料本期摊销额＝本期完成的实物工作量×单位工程周转材料消耗定额

这种方法一般适用于各种模板等周转材料。

【做中学】根据引例2-1-(4)

①编制木模板相应的会计分录：

借：周转材料——在用	20 000	
贷：周转材料——在库		20 000
借：工程施工——丁工程	400	
贷：材料成本差异		400

②计算木模板本月摊销额：

木模板本月的摊销额＝1 000÷10×70＝7 000（元）

③编制当月木模板计提摊销额的会计分录：

借：工程施工——丁工程   7 000

 贷：周转材料——摊销   7 000

二 周转材料清理报废、退回和转移的核算

施工企业的周转材料经常会根据需要退回仓库或转移至其他工地使用，有的周转材料经过多次使用后失去再使用价值，需要做清理报废处理，有时可能发生短缺毁损的情况。

1. 周转材料清理报废的核算

在实际工作中，周转材料无论采用哪种摊销方法，平时计算的摊销额一般都不可能与实际损耗价值完全一致。为了使周转材料的摊销额与实际损耗价值基本一致，以保证工程成本核算的准确性，不论采用何种摊销方法，年终或工程竣工时，施工企业必须对在用周转材料进行盘点清理，根据实际损耗情况调整已计提的摊销额。

【做中学】根据引例 2-1-(5)

①计算报废木模板应补提的摊销额：

应提摊销额＝5 000－5 000×10％＝4 500(元)

应补提的摊销额＝4 500－3 500＝1 000(元)

②编制报废木模板的相应会计分录：

借：工程施工——丙工程   1 000

 贷：周转材料——摊销   1 000

借：原材料   500

 贷：周转材料——在用   500

借：周转材料——摊销   4 500

 贷：周转材料——在用   4 500

2. 周转材料退回的核算

对于工程完工或不使用而退回仓库的周转材料，应及时办理退库手续，并核定其成色，对那些成色低于原先确定的，按下列方法补提摊销额。

退库降低成色的周转材料应补提的摊销额＝应提摊销额－已提摊销额

其中：应提摊销额＝退库周转材料的期初账面价值×(1－退库时确定的成色的百分比)

【做中学】根据引例 2-1-(6)

①计算收回入库挡板应补提摊销额：

应提摊销额＝6 000×(1－40％)＝3 600(元)

应补提的摊销额＝3 600－2 400＝1 200(元)

②编制收回入库挡板的相应会计分录：

借：工程施工——乙工程　　　　　　　　　　　1 200

　　贷：周转材料——摊销　　　　　　　　　　　　　　　1 200

借：周转材料——在库　　　　　　　　　　　　6 000

　　贷：周转材料——在用　　　　　　　　　　　　　　　6 000

3.周转材料转移的核算

对于从一个工程转移到另一个工程（不属于同一个成本核算对象）或从一个工地转移到另一个工地使用的周转材料，应及时办理转移手续，并确定转移时的成色，对降低成色的，应比照上述退库周转材料的方法补提摊销额，补提摊销额应计入转出前受益工程的成本。

应补提的摊销额及应提摊销额的计算公式同退回核算已提摊销额的计算公式：

$$已提摊销额 = \frac{转移周转材料}{的计划成本} \times \frac{周转材料账面已提摊销额}{周转材料账面计划成本}$$

【做中学】根据引例 2-1-(7)

①计算脚手架转移时应提摊销额：

应提摊销额 = 10 000 × (1 - 80%) = 2 000(元)

已提摊销额 = 10 000 × 1 267 / 20 000 = 633.5(元)

应补提的摊销额 = 2 000 - 633.5 = 1 366.5(元)

②编制上述计算结果的相应会计分录：

借：工程施工——甲工程　　　　　　　　　　　1 366.5

　　贷：周转材料——摊销　　　　　　　　　　　　　　　1 366.5

借：周转材料——在用（丙工程）　　　　　　　10 000

　　贷：周转材料——在用（甲工程）　　　　　　　　　　10 000

借：周转材料——摊销（甲工程）　　　　　　　2 000

　　贷：周转材料——摊销（丙工程）　　　　　　　　　　2 000

三　临时设施的会计核算

1.账户设置

（1）"临时设施"账户

①核算内容

本账户核算施工企业为保证施工和管理的正常进行而购建的各种临时设施的实际成本。本账户期末借方余额反映施工企业期末临时设施的账面原价，属于资产类账户。

②明细核算

本账户应按临时设施种类和使用部门设置明细账，进行明细核算。

③主要账务处理

施工企业购置临时设施发生的各项支出，借记本账户，贷记"银行存款"等账户。需要通过安装才能完成的临时设施，发生的各种有关费用先通过"在建工程"账户核算，待工程达到预定可使用状态时，再从"在建工程"账户转入本账户。

出售、拆除、报废和毁损不需用或者不能继续使用的临时设施通过"固定资产清理——临时设施清理"账户核算，清理净收益或损失转入"营业外收入"或"营业外支出"账户。

（2）"临时设施摊销"账户

①核算内容

本账户核算施工企业各种临时设施的累计摊销额。本账户期末贷方余额反映施工企业临时设施累计摊销额，属于资产类账户，是"临时设施"账户的备抵调整账户。

②明细核算

本账户只进行总分类核算，不进行明细分类核算。需要查明某项临时设施的累计摊销额，可以根据临时设施卡片上所记载的该项临时设施的原价、摊销率和实际使用年限等资料进行核算。

③主要账务处理

摊销时，按摊销额借记"工程施工"等账户，贷记本账户；报废或清理转出时，借记本账户，贷记"固定资产清理"等账户。

2. 核算方法

（1）临时设施购建业务的核算

【做中学】根据引例 2-2-（1）

①购建成本的归集：

借：在建工程——临时设施——临时简易棚　　　　　13 200
　　　　　　　　　　　　——临时办公室　　　　　47 000
　　贷：原材料　　　　　　　　　　　　　　　　　　　　10 000
　　　　材料成本差异　　　　　　　　　　　　　　　　　　 200
　　　　应付职工薪酬　　　　　　　　　　　　　　　　　 3 000
　　　　银行存款　　　　　　　　　　　　　　　　　　　 47 000

②购建完工交付使用：

借：临时设施——临时简易棚　　　　　　　　　　13 200
　　　　　　　——临时办公室　　　　　　　　　　47 000
　　贷：在建工程——临时设施——临时简易棚　　　　13 200
　　　　　　　　　　　　　　——临时办公室　　　　47 000

（2）临时设施摊销业务的核算

建筑施工企业的各种临时设施应当在工程建设期间内按月进行摊销，摊销方法可以采用工作量法，也可以采用工期法。当月增加的临时设施当月不摊销，从下月起开始摊销；当月减少的临时设施当月继续摊销，从下月起停止摊销。摊销时按摊销额借记"工程施工——合同成本"等账户，贷记"临时设施摊销"账户。计算公式如下：

临时设施每期（月）摊销额＝临时设施实际成本÷预计使用期限

【做中学】根据引例 2-2-(2)

①计算每月摊销额：

临时设施平均每月摊销额＝60 200÷24＝2 508.33(元)

②编制会计分录：

借：工程施工——甲工程　　　　　　　　　　　　　　　2 508.33

　　贷：临时设施摊销　　　　　　　　　　　　　　　　　　　2 508.33

(3)临时设施拆除报废业务的核算

建筑企业出售、拆除、报废不需用或不能使用的临时设施,应通过"固定资产清理——临时设施清理"账户核算。

【做中学】根据引例 2-2-(3)

①拆除报废,注销原值及累计已计提摊销额：

借：固定资产清理——临时设施清理　　　　　　　　　　　　0

　　临时设施摊销　　　　　　　　　　　　　　　　　　60 200

　　　贷：临时设施——临时简易棚　　　　　　　　　　　　　13 200

　　　　　临时设施——临时办公室　　　　　　　　　　　　　47 000

②临时设施本月摊销：

借：工程施工——甲工程　　　　　　　　　　　　　　　2 508.33

　　贷：临时设施摊销　　　　　　　　　　　　　　　　　　2 508.33

③支付清理费用：

借：固定资产清理——临时设施清理　　　　　　　　　　2 000

　　贷：银行存款　　　　　　　　　　　　　　　　　　　2 000

④收到残料变卖价款：

借：银行存款　　　　　　　　　　　　　　　　　　　　1 500

　　贷：固定资产清理——临时设施清理　　　　　　　　　　1 500

⑤结转清理净损失：

清理损失＝2 000－1 500＝500(元)

借：营业外支出　　　　　　　　　　　　　　　　　　　500

　　贷：固定资产清理——临时设施清理　　　　　　　　　　500

学习情境三　工程成本的核算

引例3

　　温州建筑工程公司下设两个项目部,实行公司与项目部两级成本核算体制。201×年第一项目部同时承建机械制造厂车间和职工宿舍两项施工任务。至201×年8月1日,厂房工程归集的相关成本费用见表3-2和表3-3,宿舍工程为当月新开工工程。

1.8月份发生的相关生产工人薪酬资料如下：

(1)应付计件工资总额250 000元，实际耗用4 000个工日，其中：厂房耗用3 000个工日，宿舍耗用1 000个工日。

(2)该施工队本月的计时工资总额200 000元，实际耗用2 000个工日，其中：厂房耗用1 200个工日，宿舍耗用800个工日。

(3)应付其他工资45 220元，其中：工资性津贴10 000元，奖金30 000元，其他工资5 220元，厂房和宿舍按劳动工日分配计算。

(4)工人社会保险费75 092元、住房公积金23 713元、工会经费和职工教育经费17 785元，厂房和宿舍按劳动工日分配计算。

(5)厂房和宿舍工日统计见表3-2。

表3-2　　　　　　　　　　　　工日统计表

201×年8月

受益工程名称	计时工日	计件工日	合计
厂房	1 200	3 000	4 200
宿舍	800	1 000	1 800
合计	2 000	4 000	6 000

2.201×年8月31日，根据审核无误的各种领料凭证、大堆材料耗用计算表、集中配料耗用计算单、周转材料摊销分配表等，汇总编制"工程施工材料费分配表"，见表3-3。

表3-3　　　　　　　　　　　工程施工材料费分配表

项目一部　　　　　　　　　　　　201×年8月　　　　　　　　　　　货币单位:元

材料类别 分配对象	主要材料					结构件	其他材料	周转材料	合计
	钢材	水泥	沙子	其他	合计				
厂房	300 000.00	100 000.00	1 695.00	8 000.00	409 695.00	21 000.00	6 790.00	3 120.00	440 605.00
宿舍	90 000.00	50 000.00	1 530.00	6 600.00	148 130.00	9 000.00	3 815.00	1 825.00	162 770.00
合计	390 000.00	150 000.00	3 225.00	14 600.00	557 825.00	30 000.00	10 605.00	4 945.00	603 375.00

3.201×年8月发生有关机械使用经济业务资料如下：

(1)以转账支付租用的塔式起重机，本月租费60 000元，总台班数50个，其中厂房使用台班30个，宿舍使用台班20个；挖掘机本月租费25 000元，总台班数25个，其中厂房使用台班15个，宿舍使用台班10个。

(2)施工队使用自有的砂浆搅拌机进行施工，本月发生的有关费用包括：应付工资5 000元；支付电费9 000元；领用润滑油1 200元；计提折旧7 000元；支付修理费3 500元；领用替换工具及部件500元。本月搅拌作业完成2 000立方米水泥的搅拌，其中：厂房1 200立方米、宿舍800立方米。

（3）其他自有机械本月发生有关费用共计 6 850 元，厂房和宿舍两工程预算其他自有机械使用费总额为 54 800 元，其中厂房工程预算使用费 34 800 元，宿舍工程预算使用费 20 000 元。

4.8 月份发生供水、供电有关费用资料见表 3-4。

表 3-4　　　　　　　　　辅助生产费用分配表（直接分配法）

201×年 8 月　　　　　　　　　　　　　　　　　　货币单位：元

辅助生产单位	计量单位	劳务供应量	应分配费用总额	单位成本	各受益对象应分配费用					
					工程施工部门				管理部门	
					机械车间厂房		职工宿舍			
					数量	金额	数量	金额	数量	金额
供水站	吨	15 000	2 700.00	0.18	8 000	1 440.00	6 000	1 080.00	1 000	180.00
供电站	度	60 000	13 800.00	0.23	31 000	7 130.00	25 000	5 750.00	4 000	920.00
合计			16 500.00			8 570.00		6 830.00		1 100.00

5.201×年 8 月第一项目部本月发生如下各项管理费用：

（1）以银行存款购入办公用品 5 500 元、支付工程管理办公室水电费 1 200 元；

（2）分配本月管理工作人员工资 30 000 元；

（3）计提行政管理部门固定资产折旧 6 500 元；

（4）报销差旅费 5 000 元，以现金支付；

（5）以银行存款购买防暑饮料 550 元。

假设 8 月份只有第一项目部机械车间厂房和职工宿舍两项工程的施工任务，没有发生对外销售产品、提供劳务等业务。间接费用按"直接费用"标准进行分配。

6.201×年 8 月，温州建筑工程公司机械车间厂房工程竣工。职工宿舍处于墙面抹灰工程，按规定，此项工程必须经过抹灰、找平、压光三道工序，到月末只完成找平工序的仅 8 000 平方米。墙面抹灰工程预算单价为 3.95 元/平方米（其中人工费 1.25 元，材料费 2.7 元），找平工序的折合率为 65%。

知识准备

一　施工企业工程成本核算特点

工程成本是指建筑企业为生产建筑产品，在施工生产经营过程中所消耗的人工费、材料费、机械使用费以及其他直接费用、间接费用等。

工程成本核算是指对建筑企业在一定时期内所发生的施工费用的归集、分配和工程成本形成的核算。施工企业工程成本的核算具有如下特点：

（一）一般按单位工程确定成本核算对象

工程成本应遵循与施工图纸预算相适应的原则，根据施工工程项目的地点、用途、结构、施工组织、工程价款结算办法等因素，确定成本计算对象。施工企业或建筑承包商承接每一建设施工项目都必须签订建造合同（或施工合同）。建造合同，是指为建造一项资产或者在设计、技术、功能、最终用途等方面密切相关的数项资产而订立合同。建造合同甲方——建设单位（或客户）通常总是事先按合同编制工程预算，建造合同乙方——施工单位（或建筑承包商）也总是按合同规定的工程价款、结算方式、工程进度与甲方结算工程价款，因而，建造合同与工程成本计算对象有着密切的关系。

1. 以单项合同为施工成本核算对象

一般情况下，施工企业应以所签订的单项合同为施工工程成本核算对象，通常也就是以每一独立编制施工图预算的单位工程为成本核算对象。这样，不仅有利于分析施工合同的完成情况，也有利于准确核算合同的成本与损益。

2. 对合同分立确定施工成本核算对象

如果一项施工合同包括建造数项资产，并同时具备下列条件，可将该项合同分解，建造每项资产分立为单项合同处理：（1）每项资产均有独立的建造计划，包括独立的施工图预算；（2）施工企业或建筑承包商与客户就每项资产单独进行谈判，双方能接受或拒绝与每项资产有关的合同条款；（3）建造每项资产的收入与成本均可单独辨认，如每项资产均有单独的造价和预算成本。

对该项施工合同做分立处理，也就是将每项资产作为一个成本核算对象，单独核算其成本与收入，有利于准确计算建造每项资产的损益。

3. 对合同合并确定施工成本核算对象

如果一组施工合同同时具备下列条件，可将该组合同合并作为一个成本核算对象：（1）该组合同按一揽子交易签订；（2）该组合同同时或依次履行；（3）该组合同中各项合同密切相关，每项合同的完工进度直接关系到整个建设项目的完工进度和价款结算。

由于在同一地点同时施工或依次施工，施工企业对工程施工队伍、工程用料、施工质量与进度实行统一管理。将符合上述条件的一组合同合并作为一个成本核算对象处理，有利于工程管理和简化核算。

（二）按完工进度分月或分期计算工程成本

施工企业的工程施工周期比较长，而且规模也较大，这就决定了施工企业不同于制造企业的成本计算期。如果要等到工程全部完工时再计算成本，就不能及时反映工程成本发生的情况，不利于企业的成本管理，所以，施工企业按月或按期计算工程成本。

按照权责发生制原则与配比原则，可采用完工百分比法，及时反映各年的合同收入、成本及利润。完工百分比法是根据合同完工进度确认合同收入和合同成本的方法，这种方法的关键在于如何确定合同完工进度。

(三)工程成本一般要在已完工程和未完工程之间进行分配

由于建筑安装的规模大,施工工期长,为能及时了解、分析和考核施工成本计划的执行情况,在实际工作中一般不能等到整个工程竣工以后才计算成本,必须按月或按期及时计算已完工程成本。"已完工程"是指已经完成预算定额规定的单位工程的组成部分,可视为产成品进行成本计算;而对于有些在报告期虽已投入人工费、材料费,但尚未达到预算定额规定的一定组成部分的工程,则应视为"未完工程"作为"在产品"进行成本核算。因此,在工程成本明细账中所归集的生产费用,还应在"已完工程"和"未完工程"之间进行分配。当工程竣工时进行工程决算,计算出竣工工程的实际成本。

二 施工企业工程成本核算基本内容

1.成本费用的归集与核算

(1)合同成本,是指建造承包商签订和实施建造合同中实际发生的成本。合同成本主要包括从合同签订开始至合同完成止所发生的、与执行合同有关的直接费用和间接费用。

这里所说的"直接费用"是指为完成合同所发生的、可以直接计入合同成本核算对象的各项费用支出。

这里所说的"间接费用"是指为完成合同所发生的、不宜直接归属于合同成本核算对象而应分配计入有关合同成本核算对象的各项费用支出。

(2)实际成本,是指在工程施工中实际发生的并按一定的成本核算对象和成本项目归集的生产费用支出。实际成本包括人工费、材料费、机械使用费及其他直接费用、间接费用、管理费用、财务费用等。

(3)生产费用的归集与分配,主要包括人工费、材料费、机械费及其他直接费用的归集与分配。

(4)成本与费用在报告期的结算:

①必须按照规定的成本在报告期期末计算未完施工、已完工程和竣工工程的实际成本;

②在报告期期末,应对未完工程进行盘点,确定未完施工和已完工程成本;

③未完施工的确定,要由项目经理主持,核算员提供依据,实行会审会签,填报"未完施工计算表",据以留存未完施工。各项目部不得多留或少留未完施工,调节成本盈亏;

④本期已完工程实际成本根据期初未完施工成本、本期实际发生的生产费用和期末未完施工成本进行计算;

⑤工程竣工后,应根据预算部门确定的工程结算书和合同总造价,计算工程竣工收入,根据成本记录汇集各项生产费用,核算自开工起至竣工止的全部工程实际成本,编制工程竣工决算。编制工程竣工决算时,土建施工单位应将水电、分包单位的竣工决算资料进行汇总上报。

（5）工程分包成本核算：

建筑企业将部分工程或者劳务作业依法分包给具有相应资质的建筑施工企业时，应对分包的工程或劳务成本进行核算。

2. 成本核算的台账、账册和报表

①建立项目成本核算的辅助记录台账，项目应根据"必需、适用、简便"的原则，建立有关记录台账。

项目财务人员台账，主要包括验工月报台账、提供材料台账、分包工作量台账、周转材料、机械使用费等成本费用结算台账等内容。

项目材料员台账，主要包括材料采购计划、材料收入、耗用台账、小型工器具借用记录等内容。

项目核算员台账，主要包括验工月报台账、工日台账、标底外工程结算资料汇编台账、分包工程结算台账等内容。

②项目核算应上报的报表，主要有资产负债表、利润表、工程成本表、单位工程成本明细表、费用收支表、工程款收取进度表等。

职业判断与岗位操作

行业成本会计比较

一 施工企业成本核算账户的设置

1. "工程施工"账户

（1）核算内容

本账户用于核算企业建造工程实际发生的合同成本和合同毛利。

本账户期末借方余额，反映企业尚未完工的建造合同成本和合同毛利。

（2）明细核算

本账户可按建造合同，分别以"合同成本""间接费用""合同毛利"进行明细核算。

（3）主要账务处理

企业进行合同建造时发生的人工费、材料费、机械使用费以及施工现场材料的二次搬运费、生产工具和用具使用费、检验试验费、临时设施折旧费等其他直接费用，借记本账户（合同成本），贷记"应付职工薪酬""原材料"等账户。发生的施工、生产单位管理人员职工薪酬、固定资产折旧费等间接费用，借记本账户（间接费用），贷记"累计折旧""银行存款"等账户。

期（月）末，将间接费用分配计入有关合同成本，借记本账户（合同成本）、贷记本账户（间接费用）。

确认合同收入、合同费用时，借记"主营业务成本"账户，贷记"主营业务收入"账户，按其差额，借记或贷记本账户（合同毛利）。

合同完工时,应将本账户余额与相关工程施工合同的"工程结算"账户对冲,借记"工程结算"账户,贷记本账户。

2."机械作业"账户

(1)核算内容

本账户用于核算企业(建造承包商)及其内部独立核算的施工单位、机械站和运输队使用自有施工机械和运输设备进行机械作业(包括机械化施工和运输作业等)所发生的各项费用。

本账户期末应无余额。

企业及其内部独立核算的施工单位,从外单位或本企业其他内部独立核算的机械站租入施工机械发生的机械租赁费,在"工程施工"账户核算。

(2)明细核算

本账户可按施工机械或运输设备的种类等进行明细核算。

施工企业内部独立核算的机械施工、运输单位使用自有施工机械或运输设备进行机械作业所发生的各项费用,可按成本核算对象和成本项目进行归集。

成本项目一般分为人工费、燃料及动力费、折旧及修理费、其他直接费用、间接费用(为组织和管理机械作业生产所发生的费用)。

(3)主要账务处理

企业发生的机械作业支出,借记本账户,贷记"应付职工薪酬""原材料""累计折旧"等账户。

期末,企业及其内部独立核算的施工单位、机械站和运输队为本单位承包的工程进行机械化施工和运输作业的成本,应转入承包工程的成本,借记"工程施工"账户,贷记本账户。

对外单位、专项工程等提供机械作业(包括运输设备)的成本,借记"劳务成本"账户,贷记本账户。

3."工程结算"账户

(1)核算内容

本账户用于核算企业(建造承包商)根据建造合同约定向业主办理结算的累计金额。

本账户期末贷方余额反映企业尚未完工建造合同已办理结算的累计金额。

(2)明细核算

本账户可按建造合同进行明细核算。

(3)主要账务处理

企业向业主办理工程价款结算,按应结算的金额,借记"应收账款"等账户,贷记本账户。合同完工时,应将本账户余额与相关工程施工合同的"工程施工"账户对冲,借记本账户,贷记"工程施工"账户。

二 施工企业成本核算程序

施工企业在进行工程成本的总分类核算时,必须按照规定正确使用上述账户,一般的核算程序如下：

(1)将本期发生的施工费用，按其发生地点和经济用途分别分配和归集到有关的施工费用账户。

(2)将归集在"工程施工——间接费用"账户的费用，按照一定的分配标准分配计入有关的工程成本。

(3)将归集在"生产成本——辅助生产"账户的费用，按各受益对象进行分配并转入"工程施工""机械作业"和"管理费用"等账户。

(4)将归集在"机械作业"账户中的费用，按各受益对象进行分配并转入"工程施工"等账户。

(5)期末，将已计算确定的已完工程实际成本从"工程施工"账户转入"工程结算"账户。

三　具体核算方法

建造企业一般设置直接人工、直接材料、机械使用费、其他直接费用和间接费用等成本项目。建造企业将部分工程分包的，还可以设置分包成本项目。

(一)直接人工的核算

工程成本中的直接人工，是指按照国家规定支付给施工过程中直接从事建筑安装工程施工的工人及在施工现场直接为工程制作结构件和运料、配料等工人的职工薪酬。包括工资、奖金、职工福利费、工资性津贴、劳动保护费、社会保险金等薪酬的总额。

每月终了，企业应将本月应付的工资按职工的工作部门和服务对象进行分配，并转入"工程施工""机械作业""生产成本——辅助生产""管理费用""应付职工薪酬——福利费"。在进行工程成本计算时，必须将已计入人工费的职工薪酬按照一定的方法在各个成本核算对象之间进行分配。其分配方法简述如下：

(1)在实行计件工资制度的情况下，应根据"施工任务单"和有关的工资结算凭证，直接将人工费计入有关的成本核算对象。

(2)在实行计时工资制度的情况下，对于无法直接计入有关成本核算对象的人工费，一般应以实际耗用的工日数进行分配，其计算公式如下：

$$建筑安装工人日平均工资 = 建筑安装工人工资总额 \div 实际耗用工日总额$$

$$\begin{matrix} 某受益对象应 \\ 分配的工资 \end{matrix} = \begin{matrix} 建筑安装工人 \\ 日平均工资 \end{matrix} \times \begin{matrix} 该受益对象 \\ 实际耗用工日数 \end{matrix}$$

【做中学】根据引例3-1

第一步，编制人工费分配表，见表3-5。

第二步，根据上述数据，做如下会计分录：

借：工程施工——厂房——合同成本（人工费）　　420 767.00
　　　　　　——宿舍——合同成本（人工费）　　191 043.00
　　贷：应付职工薪酬——工资　　　　　　　　　　　　495 220
　　　　　　　　　　——社会保险金　　　　　　　　　　75 092
　　　　　　　　　　——住房公积金　　　　　　　　　　23 713
　　　　　　　　　　——工会经费、职工教育经费　　　　17 785

表 3-5　　　　　　　　　建筑安装工人工资分配表

第一项目部　　　　　　　　　　　201×年8月　　　　　　　　　货币单位：元

| 项目 | 工日数 | 分配率 | 机械车间厂房 | | 职工宿舍 | | 合计 |
			工日	金额	工日	金额	
一、工资							
1.计件工资	4 000	62.50	3 000	187 500.00	1 000	62 500.00	250 000.00
2.计时工资	2 000	100.00	1 200	120 000.00	800	80 000.00	200 000.00
3.其他工资	6 000	7.536 7	4 200	31 654.00	1 800	13 566.00	45 220.00
小计				339 154.00		156 066.00	495 220.00
二、社会保险金	6 000	12.515 3	4 200	52 564.40	1 800	22 527.60	75 092.00
三、住房公积金	6 000	3.952 2	4 200	16 599.10	1 800	7 113.90	23 713.00
四、工会经费、职工教育经费	6 000	2.964 2	4 200	12 449.50	1 800	5 335.50	17 785.00
合计				420 767.00		191 043.00	611 810.00

（二）直接材料的核算

工程成本中的直接材料，是指在施工过程中所耗用的、构成工程实体的材料、结构件、机械配件以及有助于工程形成的其他材料、周转材料的租赁费和摊销等。

施工企业的材料按其在生产过程中所起的不同作用可分为下述几类，见表 3-6。

表 3-6

施工企业材料的分类	主要材料	构成建筑产品实体的各种材料，如钢材、木材、水泥、砖、瓦、灰、砂、石等
	结构件	经过吊装、拼砌和安装即能构成房屋及建筑物实体的、木质的、混凝土的、钢筋混凝土的结构件、构件、砌块等
	其他材料	虽不构成工程实体，但有助于工程形成或便于进行施工的各种材料，如油料、燃料、擦布、催化剂、速凝剂等
	机械配件	施工过程中使用的施工机械、运输设备等的替换与维修所需的各种零件和配件，如齿轮、轴承、阀门等
	周转材料	在施工过程中能够多次周转使用的工具性材料、材料型工具，如模板、挡板、架料等

建筑产品的形成过程，实际上主要是建筑材料的耗费过程。因此，施工企业必须切实加强对发出材料的管理与核算。在实际工作中，施工企业的材料可以采用计划成本核算，也可以采用实际成本核算，对于发出材料实际成本的确定，通常采用先进先出法、加权平均法、移动加权平均法、个别计价法等方法。发生材料收发业务时，有关部门和人员

必须根据具体情况分别填制"领料单""定额领料单"和"大堆材料耗用单"等领料凭证。

期末,企业应根据领用材料的各种原始凭证,汇总编制"工程施工材料费分配表",作为各工程材料费核算的依据。

> **【做中学】根据引例 3-2**
>
> 根据表 3-3 数据做如下会计分录:
>
> 借:工程施工——厂房——合同成本(材料费)　　　　440 605
>
> 　　　　　　　——宿舍——合同成本(材料费)　　　　162 770
>
> 　　贷:原材料——主要材料　　　　　　　　　　　　557 825
>
> 　　　　　　——结构件　　　　　　　　　　　　　　30 000
>
> 　　　　　　——其他材料　　　　　　　　　　　　　10 605
>
> 　　　周转材料——摊销　　　　　　　　　　　　　　4 945

(三)机械使用费的核算

机械使用费是指施工过程中使用自有施工机械所发生的机械使用费,使用外单位施工机械的租赁费,以及按照规定支付的施工机械进出场费等。

企业使用自有的施工机械和使用外单位租赁的机械,其机械使用费的核算也必然有所区别。

1.租用机械使用费的核算

施工企业从外部或企业内部独立核算的机械供应站租用的施工机械,应根据租用的台班数或完成工程数量,按规定的台班单价或结算价格支付租赁费。在这种情况下,财会部门可以根据"机械租赁结算单"直接将租赁费记入"工程施工"账户,不必通过"机械作业"账户进行核算。如果发生的租赁费应由两个或两个以上成本核算对象共同负担的,则根据所支付的租赁费总额和各个成本核算对象实际使用台班数分配计入相关成本核算对象。计算公式如下:

$$平均台班租赁费 = 支付的租赁费总额 \div 租入机械作业总台班数$$

$$某成本核算对象应负担的机械租赁费 = 该成本核算对象实际使用台班数 \times 平均台班租赁费$$

> **【做中学】根据引例 3-3-(1)**
>
> 第一步,根据厂房和宿舍的使用情况,编制"机械租赁费分配表",见表 3-7。

表 3-7　　　　　　　　　　　　　　机械租赁费分配表

受益对象	塔式起重机		挖掘机		合计
	台班单价:1 200		台班单价:1 000		
	台班	金额	台班	金额	
厂房	30	36 000.00	15	15 000.00	51 000.00
宿舍	20	24 000.00	10	10 000.00	34 000.00
合计	50	60 000.00	25	25 000.00	85 000.00

> 第二步,根据机械租赁费分配表,编制如下会计分录:
>
> 借:工程施工——厂房——合同成本(机械使用费)　　　　51 000
>
> 　　　　　　　——宿舍——合同成本(机械使用费)　　　　34 000
>
> 　　贷:银行存款　　　　　　　　　　　　　　　　　　85 000

2. 自有施工机械使用费的核算

(1) 自有施工机械使用费归集的核算

由施工队自行管理的施工机械或运输设备进行机械作业所发生的各项费用,应通过"机械作业"账户进行核算。费用发生时应先在该账户进行归集,到月终再按一定的标准分配到相关的对象上去。

自有机械使用费,一般划分以下几个项目,见表3-8。

表 3-8

机械使用费具体项目	人工费	司机、司炉等机械操作人员的工资薪酬
	燃料及动力费	机械运转所消耗的电力、固体燃料、液体燃料等费用
	材料费	机械耗用的润滑油、擦拭材料及各种替换工具、部件(如传动皮带、轮胎、胶皮管)等费用
	折旧及修理费	按照规定对机械计提的折旧及发生的机械修理费用
	其他直接费用	预算定额所规定的其他直接费,如养路费、机械搬运、安装、装卸及辅助设施费用
	间接费用	为管理和组织机械作业所发生的各种费用

为了正确计算各类施工机械的台班成本,"机械作业"账户应按施工机械的名称或类别设置明细账户,并按费用项目进行明细核算。一般来说,大型机械应按单机或机组分别进行核算,小型机械则可按类别进行综合计算。财会部门应及时根据有关的原始凭证将各项费用记入多栏式的"机械作业明细账"。

【做中学】根据引例 3-3-(2)

(1)计提人工费,做如下会计分录:

借:机械作业——砂浆搅拌机　　　　　　　　　　　　　　5 000

　　贷:应付职工薪酬——工资　　　　　　　　　　　　　　　　　　5 000

(2)支付电费,做如下会计分录:

借:机械作业——砂浆搅拌机　　　　　　　　　　　　　　9 000

　　贷:银行存款　　　　　　　　　　　　　　　　　　　　　　　　9 000

(3)领用材料,做如下会计分录:

借:机械作业——砂浆搅拌机　　　　　　　　　　　　　　1 700

　　贷:原材料——润滑油　　　　　　　　　　　　　　　　　　　　1 200

　　　　　　——机械配件　　　　　　　　　　　　　　　　　　　　　500

(4)计提折旧,做如下会计分录:

借:机械作业——砂浆搅拌机　　　　　　　　　　　　　7 000
　　贷:累计折旧　　　　　　　　　　　　　　　　　　　　　　7 000

(5)支付修理费,做如下会计分录:

借:机械作业——砂浆搅拌机　　　　　　　　　　　　　3 500
　　贷:银行存款　　　　　　　　　　　　　　　　　　　　　　3 500

同时,财会部门根据有关凭证登记"机械作业明细账",其一般格式见表3-9。

表3-9　　　　　　　　　　　　　机械作业明细表

机械名称:砂浆搅拌机　　　　　　　　　201×年8月　　　　　　　　　货币单位:元

| 201×年 | | 凭证号码 | 摘要 | 借方明细发生额 | | | | | | | 贷方 | 余额 |
月	日			人工费	燃料及动力	材料	折旧及修理费	其他直接费用	间接费用	合计		
略	略	略	支付工资	5 000.00						5 000.00		5 000.00
			支付电费		9 000.00					9 000.00		14 000.00
			领用润滑油			1 200.00				1 200.00		15 200.00
			计提折旧				7 000.00			7 000.00		22 200.00
			支付修理费				3 500.00			3 500.00		25 700.00
			领用替换材料			500.00				500.00		26 200.00
			分配转出								26 200.00	0.00
			合计	5 000.00	9 000.00	1 700.00	10 500.00	0.00	0.00	26 200.00	26 200.00	

(2)自有施工机械使用费分配的核算

施工企业各月发生的机械作业费用,应在月末进行分配。根据各种机械的不同使用特点,机械作业费用的分配方法一般有使用台班分配法、作业量分配法、预算成本分配法等。

使用台班分配法的核算方法与租赁机械核算方法相同。

①作业量分配法

作业量分配法是以各种机械所完成的作业量为基础进行分配的方法。计算公式如下:

$$\frac{某种机械单位作业}{量实际成本} = \frac{该种机械实际发生}{作业费用总额} \div \frac{该种机械实际}{完成作业量}$$

$$\frac{某受益成本核算对象应负担}{的该种机械使用费} = \frac{该种机械单位}{作业量实际成本} \times \frac{该种机械受益成本核}{算对象提供的作业量}$$

作业量分配法一般适用于易计算完成作业量的单台成本类机械。

【做中学】根据引例3-3-(2)

砂浆搅拌机分配计算如下:

砂浆搅拌机单位作业量实际成本=26 200÷2 000=13.10(元)

厂房工程应分配的机械使用费=1 200×13.10=15 720(元)

宿舍工程应分配的机械使用费=800×13.10=10 480(元)

②预算成本分配法

预算成本分配法是以各受益对象的机械使用费预算成本作为分配标准分配机械作业成本的一种方法。该方法适用于以机械类别为成本核算对象,不便于计算台班或完成作业量的机械作业费用的分配。其计算公式如下:

$$\text{当期机械使用费分配率} = \text{当期发生机械使用费总额} \div \text{当期各成本对象已完工预算机械使用费之和}$$

$$\text{某成本对象当期应负担机械使用费} = \text{该成本对象当期完工预算机械使用费} \times \text{当期机械使用费分配率}$$

【做中学】根据引例 3-3-(3)

其他自有机械使用费分配计算如下:

其他自有机械使用费分配率=6 850÷54 800=0.125

厂房工程应分配的机械使用费=34 800×0.125=4 350(元)

宿舍工程应分配的机械使用费=20 000×0.125=2 500(元)

月末,财会部门根据"机械作业明细账"及自有机械使用费的计算分配结果,编制"自有机械使用费分配表",其格式见表3-10。

表3-10

受益对象	砂浆搅拌机		其他机械		合计
	每立方米成本为13.10元		分配率12.5%		
	搅拌量	金额	定额成本	金额	
厂房	1 200	15 720.00	34 800	4 350.00	20 070.00
宿舍	800	10 480.00	20 000	2 500.00	12 980.00
合计	2 000	26 200.00	54 800	6 850.00	33 050.00

注:砂浆搅拌机每立方米搅拌量成本=26 200÷2 000=13.10(元)

其他机械分配率=6 850÷54 800×100%=12.5%

根据上表数据做如下会计分录:

借:工程施工——厂房——合同成本(机械使用费)　　　20 070

　　　——宿舍——合同成本(机械使用费)　　　12 980

　贷:机械作业——砂浆搅拌机　　　　　　　　　　　　　26 200

　　　——其他机械　　　　　　　　　　　　　　　　6 850

(四)其他直接费用的核算

工程成本中的其他直接费用,是指不包括上述直接人工、直接材料、机械使用费项目中的在施工过程中发生的材料搬运费、材料装卸保管费、燃料动力费、临时设施摊销、生产工具用具使用费、检验试验费、工程定位复测费、工程点交费、场地清理费,以及能够单独区分和可靠计量的为订立建造承包合同而发生的差旅费、投标费等费用。

必须指出的是,由于一般建筑安装施工所需用的水、电、气等都已包含在预算定额的材料费之内,因此,其他直接费用仅指在预算定额之外单独发生的费用。

工程施工中发生的其他直接费用,凡明确了受益对象的直接计入各受益对象的"其他直接费用"成本项目。凡不能明确受益对象,需要在几个受益对象之间进行分配的,可以采用生产工时(工日)法、工料机费用比例法进行费用的分配。

对于自行提供的水、电、气等的实际成本,应通过"生产成本——辅助生产"账户进行核算。费用发生时应记入该账户的借方,月末再按一定的方法将费用分配到有关工程成本或管理费用中去。在实际工作中,辅助生产分配一般可采用直接分配法、一次交互分配法、计划成本分配法、顺序分配法等。对于中小施工企业较多采用直接分配法进行分配。辅助生产费用分配表的一般格式见表3-4。

【做中学】根据引例 3-4

根据表 3-4 做如下会计分录:

借:工程施工——厂房——合同成本(其他直接费用)　　　　8 570
　　　　　　——宿舍——合同成本(其他直接费用)　　　　6 830
　　管理费用　　　　　　　　　　　　　　　　　　　　　1 100
　　贷:生产成本——辅助生产——供水站　　　　　　　　　　　　2 700
　　　　　　　　　　　——供电站　　　　　　　　　　　　　13 800

(五)间接费用的核算

1. 间接费用的内容

工程成本中的间接费用,是指企业各施工单位为组织和管理工程施工所发生的费用。主要包括施工单位发生的管理人员工资、奖金、职工福利费、劳动保护费、管理用固定资产折旧及修理费、物料消耗费、低值易耗品摊销、取暖费、水电费、办公费、差旅费、财产保险费、排污费及其他费用。

2. 间接费用的归集

间接费用是施工企业所属各施工单位为组织管理施工生产活动所发生的共同性费用,通常同时与若干工程有关。因此,该项费用在发生时无法直接计入某个对象,而必须采用一定的方法在相关对象之间进行分配。在费用发生时,应先通过"工程施工——合同成本(间接费用)"账户或"施工间接费用"账户进行归集。

【做中学】根据引例 3-5

编制如下会计分录:

(1)购买办公用品、支付办公室水电费。

借:工程施工——合同成本(间接费用)　　　　　　　　　5 500
　　　　　　——合同成本(间接费用)　　　　　　　　　1 200
　　贷:银行存款　　　　　　　　　　　　　　　　　　　　　　6 700

(2)分配本月管理人员工资。

借:工程施工——合同成本(间接费用)　　　　　　　　　30 000

   贷:应付职工薪酬   30 000

（3）计提本月行政管理用固定资产折旧。

  借:工程施工——合同成本（间接费用）   6 500

   贷:累计折旧   6 500

（4）报销差旅费，以现金支付。

  借:工程施工——合同成本（间接费用）   5 000

   贷:库存现金   5 000

（5）购买防暑饮料，以现金支付。

  借:工程施工——合同成本（间接费用）   550

   贷:库存现金   550

  同时，财会部门根据有关凭证登记"间接费用明细账"，其一般格式见表3-11。

表3-11   间接费用明细账

201×年8月   货币单位:元

| 201×年 | | 凭证号码 | 摘要 | 借方明细发生额 | | | | | | | 贷方 | 余额 |
月	日			工作人员工资	劳动保护费	办公费	差旅费	折旧费	水电费	合计		
略	略		购买办公用品			5 500.00				5 500.00		5 500.00
			支付水电费						1 200.00	1 200.00		6 700.00
			分配工资	30 000.00						30 000.00		36 700.00
			计提折旧					6 500.00		6 500.00		43 200.00
			差旅费报销				5 000.00			5 000.00		48 200.00
			购买防暑饮料		550.00					550.00		48 750.00
			分配转出								48 750.00	0.00
			合计	30 000.00	550.00	5 500.00	5 000.00	6 500.00	1 200.00	48 750.00	48 750.00	

3.间接费用的分配

  《企业产品成本核算制度（试行）》第四十二条规定:建造企业发生的有关费用，由某一成本核算对象负担的，应当直接计入成本核算对象成本，由几个成本核算对象共同负担的，应当选择直接费用比例、定额比例和职工薪酬比例等合理的分配标准，分配计入成本核算对象成本。在实际工作中，间接费用的分配方法通常与建筑安装工程管理费定额的计算基础保持一致。

  （1）对于一般建筑工程、打桩工程、木门窗安装工程、金属结构安装工程、筑炉工程等类工程，由于它们的管理费定额的计算基础一般是"直接费用"，因而在分配管理费用时原则上也应以"直接费用"作为分配标准。其计算公式如下:

  间接费用分配率＝当期发生的全部间接费用÷当期各合同发生的直接费用之和

  某工程应分配的间接费用＝该合同当期实际发生的直接费用×间接费用分配率

  （2）对于人工施工的大规模土石方工程、管道及机电设备安装工程等类工程，由于它们的管理费定额的计算基础一般是"人工费",因而在分配间接费用时原则上也应以"人工费"作为分配标准。其计算公式如下：

间接费用分配率＝当期发生的全部间接费用÷各成本对象发生的人工费之和

某工程应分配的间接费用＝该成本对象当期实际发生的人工费×间接费用分配率

(3)当实际成本与预算成本相近时,可采用"定额"作为分配标准。其计算公式如下：

间接费用分配率＝当期发生的全部间接费用÷各成本对象的定额之和

某工程应分配的间接费用＝该成本对象定额×间接费用分配率

【做中学】根据引例 3-5

温州建筑工程公司实际发生的全部间接费用采用"直接费用"作为分配标准,其计算分配如下：

间接费用分配率＝48 750÷(941 012＋407 623)＝0.036 147 7

机械车间厂房工程应分配的间接费用＝941 012×0.036 147 7＝34 015(元)

职工宿舍工程应分配的间接费用＝407 623×0.036 147 7＝14 735(元)

编制会计分录如下：

借:工程施工——厂房——合同成本(间接费用)　　　34 015

　　　　——宿舍——合同成本(间接费用)　　　14 735

　　贷:工程施工——合同成本(间接费用)　　　　　　　　48 750

为了详细地了解各个工程实际成本的发生和结转情况,上述各项费用应及时地记入按成本计算对象设置的"建筑安装工程成本明细账"。本例"机械车间厂房"和"职工宿舍"登记的工程成本明细见表 3-12 和表 3-13。

表 3-12　　　　　　　　　　　建筑安装工程成本明细账

工程名称:机械车间厂房　　　　　　　201×年 8 月　　　　　　　　　货币单位:元

| 201×年 | | 凭证号码 | 摘要 | 借方明细发生额 | | | | | 间接费用 | 工程成本合计 |
月	日			人工费	材料费	机械使用费	其他直接费用	合计		
	略	略	月初未完施工	25 000.00	120 000.00	15 000.00	5 320.00	165 320.00	18 560.00	183 880.00
			分配人工费	420 767.00				420 767.00		420 767.00
			分配材料费		440 605.00			440 605.00		440 605.00
			分配机械使用费			51 000.00		51 000.00		51 000.00
			分配机械使用费			20 070.00		20 070.00		20 070.00
			分配其他直接费用				8 570.00	8 570.00		8 570.00
			分配间接费用						34 015.00	34 015.00
			本月施工费用合计	420 767.00	440 605.00	71 070.00	8 570.00	941 012.00	34 015.00	975 027.00
			减:月末未完施工							0.00
			本月已完工程实际成本	445 767.00	560 605.00	86 070.00	13 890.00	1 106 332.00	52 575.00	1 158 907.00
			已完工程实际成本累计	628 825.00	2 298 750.00	377 868.00	63 681.00	3 369 124.00	150 000.00	3 519 124.00

表 3-13　　　　　　　　　　建筑安装工程成本明细账

工程名称:职工宿舍　　　　　　　　　　201×年 8 月　　　　　　　　　　货币单位:元

| 201×年 | | 凭证号码 | 摘要 | 借方明细发生额 | | | | | 间接费用 | 工程成本合计 |
月	日			人工费	材料费	机械使用费	其他直接费用	合计		
	略	略	月初未完施工							
			分配人工费	191 043.00				191 043.00		191 043.00
			分配材料费		162 770.00			162 770.00		162 770.00
			分配机械使用费			34 000.00		34 000.00		34 000.00
			分配机械使用费			12 980.00		12 980.00		12 980.00
			分配其他直接费用				6 830.00	6 830.00		6 830.00
			分配间接费用						14 735.00	14 735.00
			本月施工费用合计	191 043.00	162 770.00	46 980.00	6 830.00	407 623.00	14 735.00	422 358.00
			减:月末未完施工	6 500.00	14 040.00			20 540.00		20 540.00
			本月已完工程实际成本	184 543.00	148 730.00	46 980.00	6 830.00	387 083.00	14 735.00	401 818.00
			已完工程实际成本累计	184 543.00	148 730.00	46 980.00	6 830.00	387 083.00	14 735.00	401 818.00

当工程竣工时,要将实际发生的工程成本和毛利,与"工程结算"账户对冲,结平各账户。

【做中学】根据引例 3-6

机械车间厂房,本月已竣工,应结平"建筑安装工程成本",做如下会计分录:

借:工程结算——厂房——合同成本　　　　　　　1 158 907.00
　　贷:工程施工——厂房——合同成本　　　　　　　　　1 158 907.00

(六)工程成本结算

工程成本结算是指施工企业按工程合同按时计算和确认"已完工程"成本,向建设单位收取工程价款的过程。

1. 工程成本的结算方式

建筑安装工程的施工期较长,因此,在实际工作中一般不能等到整个工程竣工以后才计算其成本,而必须按月(或按季)及时地计算已完工程的成本。工程成本结算方式主要有定期结算、分段结算和竣工之后一次性结算等。

对于工程量小、造价低、工期短、合同约定竣工之后一次结算,其成本结算也应于竣工之后一次进行。工程竣工之前,"工程成本明细账"中归集的建造费用,均为该工程未完施工的实际成本。工程竣工后,"工程成本明细账"中归集的建造费用总额,就是竣工工程的实际成本。

对于工程量大、工期长、造价高、合同约定定期估算工程价款或分段结算工程价款的工程,其工程成本的结算一般也应采取定期结算或分段结算与竣工决算相结合的方式。

2.定期结算方式工程成本的结算

由于建筑安装施工是一个连续不断的过程,因而施工企业的成本计算周期与生产周期往往不一致。在报告期末,施工现场一般既有"已完工程",又有"未完施工"。在这种情况下,按成本计算对象所归集的施工费用还必须在这两者之间进行再次分配。

已完工程实际成本=期初未完施工成本+本期施工费用-期末未完施工成本

从上述公式可知,计算已完工程实际成本的关键是期末未完施工成本的确定。期末未完施工成本的计算方法,主要有按预算单价计算和按实际费用计算两种。

(1)按预算单价计算未完施工成本

在实际工作中,如果期末未完施工在当期施工的工程中所占比重较小,而且期初、期末未完施工的数量变化也不大,为了简化核算手续,一般都把未完施工的预算成本视同实际成本。期末未完施工预算成本的计算方法主要有下述两种,估价法(又称为工序成本法)和估量法(又称为约当产量法),估价法和估量法的实施步骤、计算公式及适用范围详见表3-14。

表3-14

| 期末未完施工预算成本的计算方法 | 估价法 | 这种方法的具体步骤是:将预算单价按分部分项工程内各个工序(可适当归并为扩大工序)的比重,确定各工序的单价;然后,将经过实地盘点所确定的未完施工的已完工序的数量乘以各工序的单价,便可求出期末未完施工的预算成本。其计算公式为:

期末未完施工预算成本=未完施工的已完工序数量×工序预算单价

这种方法一般适用于不均衡投料或各工序工料定额有显著不同的分部分项工程 |
| | 估量法 | 这种方法的具体步骤是:将已确定的未完施工的已完工序的数量按完成分部分项工程的程度折合为已完工程数量;然后,将这个折合量乘以分部分项工程的预算单价,便可求出期末未完施工预算成本。其计算公式为:

期末未完施工预算成本 = 未完施工的已完工序的数量 × 各工序折合率 × 分部分项工程预算单价

这种方法一般适用于均衡投料的分部分项工程 |

【做中学】根据引例3-6

根据引例3-6编制"未完施工盘点单",其一般格式见表3-15。

表3-15 未完施工盘点单

工程名称:机械厂职工宿舍　　　　201×年8月　　　　　　货币单位:元

分部分项工程名称	已完工序名称	单位	已完工序数量	折合为已完工程量		工程预算单价	已完工程预算成本			
				折合率%	数量		人工费	材料费	机械使用费	合计
墙面抹灰工程	找平	m²	8 000	65	5 200	3.95	6 500.00	14 040.00		20 540.00

将上述计算结果填入"建筑安装工程成本明细账"(见表3-13),便可求出本期已完工程实际成本。月末,财会部门应将已完工程实际成本进行结转,做如下会计分录:

借:工程结算　　　　　　　　　　　　　　　401 818.00

贷:工程施工　　　　　　　　　　　　　　　　　401 818.00

（2）按实际费用计算未完施工成本

当期未完施工占全部工程量的比重较大，同时预算成本与实际成本的差异又较大时，如果将未完施工的预算成本视同实际成本，就会影响已完工程实际成本的正确性。因此，就应按实际费用计算未完施工成本，即以工程实际已发生的生产费用占预算应发生的生产费用的比例为分配率，分配计算未完施工的实际成本。期末未完施工的实际成本计算公式如下：

$$\begin{pmatrix} 期末未完施 \\ 工实际成本 \end{pmatrix} = \begin{pmatrix} 期初累计未 \\ 完施工成本 \end{pmatrix} + \begin{pmatrix} 本期发生的 \\ 生产费用 \end{pmatrix} \div \begin{pmatrix} 累计已完工 \\ 程预算成本 \end{pmatrix} + \begin{pmatrix} 期末未完 \\ 施工预算成本 \end{pmatrix} \times \begin{pmatrix} 期末未完施 \\ 工预算成本 \end{pmatrix}$$

3. 竣工成本决算

施工企业承包建造工程合同之后，应该及时办理工程交验和工程竣工成本计算。

工程合同竣工决算程序与方法如下：

（1）根据工程合同确定的造价资料或施工图预算，结合工程设计变更、材料代用等有关签证资料，及时编制工程结算书。一方面作为向发包单位办理工程价款结算的依据，另一方面结算部门据此计算确定竣工工程预算成本并进行工、料、机分析，作为竣工成本分析的依据。

（2）财会部门首先根据"施工工程成本明细账"归集的竣工工程从开工至竣工累计的实际成本与结算部门计算确定的预算成本（如果企业编有成本计划的，还要与计划成本相比）比较，计算降低额和降低率；其次根据施工过程统计的工、料、机实际耗用数量与结算部门工、料、机分析表的预算用量比较，计算工、料、机节超数量及节超率。

（3）根据资料编制"竣工成本计算表"，并对其节超原因进行全面深入分析。最终，将"施工工程成本明细表""工程结算书""竣工成本计算表"及有关分析资料作为工程经济技术档案归档保存，以便日后查考。"竣工成本计算表"的格式见表 3-16。"工、料、机消耗分析表"见表 3-17。

表 3-16   竣工成本计算表

建设单位：   工程造价：   工程名称：

甲方造价：   工程结构：   建筑面积：

开工日期：   竣工日期：

年 月

成本项目	预算成本	实际成本	成本降低额	成本降低率%	简单分析说明
人工费					
材料费					
机械使用费					
其他直接费用					
间接费用					
合计					

表 3-17　　　　　　　　　　　　工、料、机消耗分析表

项目	单位	预算用量	实际用量	节(+)超(-)	节(+)超(-)	简要分析
一、人工	工日					
二、材料						
钢材	吨					
木材	立方米					
水泥	吨					
砂浆						
…						
三、机械						
塔吊	台班					
搅拌机	台班					
推土机	台班					
…						

4. 建造合同收入的确认与核算

建造合同是指为建造一项资产或者在设计、技术、功能、最终用途等方面密切相关的数项资产而订立的合同。其中,资产是指房屋、道路、桥梁、水坝等建筑物以及船舶、飞机、大型机构设备等。

《企业会计准则——建造合同》规定合同收入的构成内容包括:

(1)合同中规定的初始收入,即建造承包方与客户在双方签订的合同中最初商定的合同总金额,它构成合同收入的基本内容。

(2)因合同变更、索赔、奖励等形成的收入。这部分收入不构成合同双方在签订合同时在合同中商定的合同总金额,而是在执行合同过程中由于合同变更、索赔、奖励等原因形成的追加收入。

合同变更是指客户为改变合同规定的作业内容而提出的调整。

索赔是指由客户或第三方的原因造成的,由建造承包方向客户或第三方收取的用于补偿不包括在合同价款中的成本的款项。

合同收入包括合同规定的初始收入以及因合同变更、索赔、奖励等形成的收入两部分,在确认和计量合同收入时,首先应判断建造合同的结果能否可靠地估计。

如果建造合同的结果能够可靠地估计,应在资产负债表日根据完工百分比法确认当期合同收入;如果建造合同在一个会计年度内能完成,应在完成时确认合同收入。

如果建造合同的结果不能可靠地估计,则不能根据完工百分比法确认合同收入,而应区别两种情况进行处理:①合同成本能够收回的,合同收入根据能够收回的实际合同成本加以确认;②合同成本不可能收回的,应在发生时立即确认为费用,不确认收入。

完工百分比法是根据合同的完工进度确认合同收入费用的方法。完工百分比法的具体运用包括以下步骤:

首先,确定建造合同的完工进度,计算完工百分比。确定合同完工进度的方法有以下三种:

a.根据累计实际发生的合同成本占合同预计总成本的比例确定。其计算公式如下:

$$合同完工进度=\frac{累计实际发生的合同成本}{合同预计总成本}\times100\%$$

b. 根据已完成的合同工作量占合同预计总工作量的比例确定。其计算公式如下：

$$合同完工进度=\frac{已完成的合同工作量}{合同预计总工作量}\times100\%$$

c. 已完合同工作的测量。该方法是在无法根据上述两种方法确定合同完工进度时采用的一种特殊的技术测量方法,适用于一些水下施工等特殊的建造合同。

然后,根据完工百分比计量和确认合同收入和费用成本。当期收入和费用成本的计算公式如下：

当期确认的合同收入＝合同总收入×完工进度－以前会计年度累计已确认的收入

当期确认的合同毛利＝（合同总收入－合同预计总成本）×完工进度－以前会计年度累计已确认的毛利

当期确认的合同费用成本＝当期确认的合同收入－当期确认的合同毛利－以前会计年度预计损失准备

典型任务举例

某建筑公司签订一项总金额为920万元的建造合同,承建一栋高级公寓楼。工程已于2013年7月开工,预计2015年10月完工。最初,预计工程总成本为800万元,到2014年底,预计工程总成本已达820万元。建造该项工程的其他有关资料见表3-18。

表3-18 单位:元

项目	2013年	2014年	2015年	合计
合同总价款				9 200 000.00
实际发生成本	2 000 000.00	3 904 000.00	2 296 000.00	8 200 000.00
估计完工前还需发生成本	6 000 000.00	2 296 000.00		
开出账单结算工程价款	1 800 000.00	5 000 000.00	2 400 000.00	9 200 000.00
实际收到款项	1 500 000.00	3 600 000.00	4 000 000.00	9 100 000.00

①2013年的账务处理

实际发生合同成本：

借：工程施工——合同成本　　　　　2 000 000

　贷：原材料、应付职工薪酬等　　　　　　　2 000 000

开出账单结算工程价款：

借：应收账款　　　　　1 800 000

　贷：工程结算　　　　　　　　1 800 000

收到当期工程价款：

借：银行存款　　　　　1 500 000

　贷：应收账款　　　　　　　　1 500 000

103

确认和计量当年的合同收入、费用和毛利：

合同完工进度＝200/(200＋600)×100％＝25％

当年确认的合同收入＝920×25％＝230（万元）

当年确认的合同毛利＝(920－800)×25％＝30（万元）

当年确认的合同费用＝230－30＝200（万元）

借：工程施工——合同毛利   300 000

  主营业务成本   2 000 000

 贷：主营业务收入   2 300 000

②2014年的账务处理

实际发生的合同成本：

借：工程施工——合同成本   3 904 000

 贷：原材料、应付职工薪酬等   3 904 000

开出账单结算已完工程价款：

借：应收账款   5 000 000

 贷：工程结算   5 000 000

收到工程价款：

借：银行存款   3 600 000

 贷：应收账款   3 600 000

确认和计量当年的合同收入、费用成本和毛利：

合同完工进度＝590.40/(590.40＋229.60)×100％＝72％

当年确认的合同收入＝920×72％－230＝432.40（万元）

当年确认的合同毛利＝(920－820)×72％－30＝42（万元）

当年确认的合同费用＝432.40－42＝390.40（万元）

借：工程施工——毛利   420 000

  主营业务成本   3 904 000

 贷：主营业务收入   4 324 000

③2015年的账务处理

实际发生的合同成本：

借：工程施工——合同成本   2 296 000

 贷：原材料、应付职工薪酬等   2 296 000

开出账单结算已完工程价款：

借：应收账款   2 400 000

 贷：工程结算   2 400 000

收到工程价款：

借：银行存款   4 000 000

 贷：应收账款   4 000 000

确认和计量当年的合同收入、费用成本和毛利：

当年确认的合同收入＝920－230－432.40＝257.60（万元）

当年确认的合同毛利＝920－820－30－42＝28（万元）

当年确认的合同费用＝257.60－28＝229.60（万元）

借：工程施工——毛利	280 000	
主营业务成本	2 296 000	
贷：主营业务收入		2 576 000

工程完工时,将"工程施工"账户余额与"工程结算"账户余额对冲：

借：工程结算	9 200 000	
贷：工程施工——毛利		1 000 000
——合同成本		8 200 000

【实践任务】

工作任务 1

市城建公司 201×年 3 月承包市轻工机械厂办公楼和厂房两项工程,合同工期 8 个月,竣工后一次结算。为此,公司成立了机械厂项目经理部。该项目经理部在工程施工过程中,发生了下列业务：

(1)搭建临时职工宿舍和材料库等临时设施,领用材料 14 200 元,发生人工费 2 858 元,材料成本差异率为 1%。

(2)将搭建完工的临时设施交付使用。

(3)按合同工期对临时设施进行摊销(不考虑残值)。

(4)4 月份,厂房工程领用库存的新挡板一批,计划成本 8 500 元。按规定的摊销法计算挡板应提摊销额为 600 元。

(5)5 月份,建设单位预付工程款 500 000 元。

(6)6 月份发生的业务如下：

①厂房工程发生人工费 67 000 元,其中内包人工费 41 000 元,外包人工费 26 000 元。办公楼工程发生人工费 58 000 元,其中内包人工费 39 000 元,外包人工费 19 000 元。

②工程耗用材料,经料具员汇总见表 3-19。

表 3-19　　　　　　　　　材料耗用汇总表

201×年 6 月 30 日

成本核算对象	主要材料						小计		结构件		合计		周转材料摊销
	硅酸盐		黑色金属		其他主要材料								
	计划成本	成本差异(2.5%)	计划成本	成本差异(-1.5%)	计划成本	成本差异(1%)	计划成本	成本差异	计划成本	成本差异(-1%)	计划成本	成本差异	
厂房工程	48 200.00	1 205.00	86 000.00	-1 290.00	7 900.00	790.00	213 200.00	705.00	34 000.00	-340.00	247 200.00	365.00	3 700.00
办公楼工程	31 000.00	775.00	54 000.00	-810.00	60 000.00	600.00	145 000.00	565.00	29 000.00	-290.00	174 000.00	275.00	2 100.00
合计	79 200.00	1 980.00	140 000.00	-2 100.00	67 900.00	1 390.00	358 200.00	1 270.00	63 000.00	-630.00	421 200.00	640.00	5 800.00

③厂房工程发生内部机械租赁费 3 300 元,办公楼工程发生内部机械租赁费 2 600 元。

④厂房工程发生生产工具用具使用费 1 700 元,办公楼工程发生材料二次搬运费 1 000 元。

⑤项目经理部本月发生工资支出 18 000 元,职工福利 2 520 元,报销差旅费 5 620 元。

(7)7 个月后,工程完工,将临时设施拆除,在拆除中支出费用 1 320 元,残料作价 3 100 元入库。

(8)办公楼竣工盘点,发现报废跳板一批,计划成本 6 000 元,残值 800 元,已验收入库,材料的成本差异率为—1%,跳板计划成本 46 000 元,已计提摊销额 41 400 元。

(9)工程竣工,向发包单位提交"工程价款结算单",见表 3-20。

表 3-20　　　　　　　　　　　　　　工程价款结算单

发包单位名称:轻工机械厂　　　　201×年 10 月 31 日　　　　　　　　　　　　　单位:元

工程名称	合同造价	本期应收工程款	应扣款项			本期实收工程款	累计已收工程款	备注
			合计	预收工程款	预收备料款			
厂房工程	2 700 000.00	2 700 000.00	2 000 000.00	2 000 000.00		700 000.00		
办公楼工程	1 900 000.00	1 900 000.00	1 500 000.00	1 500 000.00		400 000.00		
合计	4 600 000.00	4 600 000.00	3 500 000.00	3 500 000.00		1 100 000.00		

施工单位:市城建公司

该结算单经发包单位认可,两项工程的施工合同成本为 3 750 000 元。12 月发包单位用银行存款支付了剩余工程款。

如果你是该项目经理聘任的会计,将如何处理上述业务、进行工程成本核算?

工作任务 2

佳宇建筑公司沈阳项目经理部本月发生的经济业务如下:

(1)领用一次摊销的安全网一批,计划成本 3 000 元,材料成本差异率为—2%。领用时一次性将周转材料价值摊销。

(2)领用全新定型模板一批,具体信息如下:

①该模板的计划成本为 50 000 元。

②该模板采用分次摊销法摊销,预计残值率为 10%,预计使用次数为 10 次,本月实际使用 2 次。

③模板的材料成本差异率为 2%。

(3)本期发生的盘亏和毁损的经济事项如下:

①盘亏甲材料一批,实际成本 400 元,原因不明。

②经查,甲材料盘亏属于定额内合理损耗,批准作为管理费用列支。

③因发生火灾,对财产进行清查,发现损毁乙材料一批,实际成本5 000元。

④上述火灾造成的损失中,保险公司赔偿4 300元,其余由企业负担。

作为公司会计,请你对上述业务进行账务处理。

学习情境小结

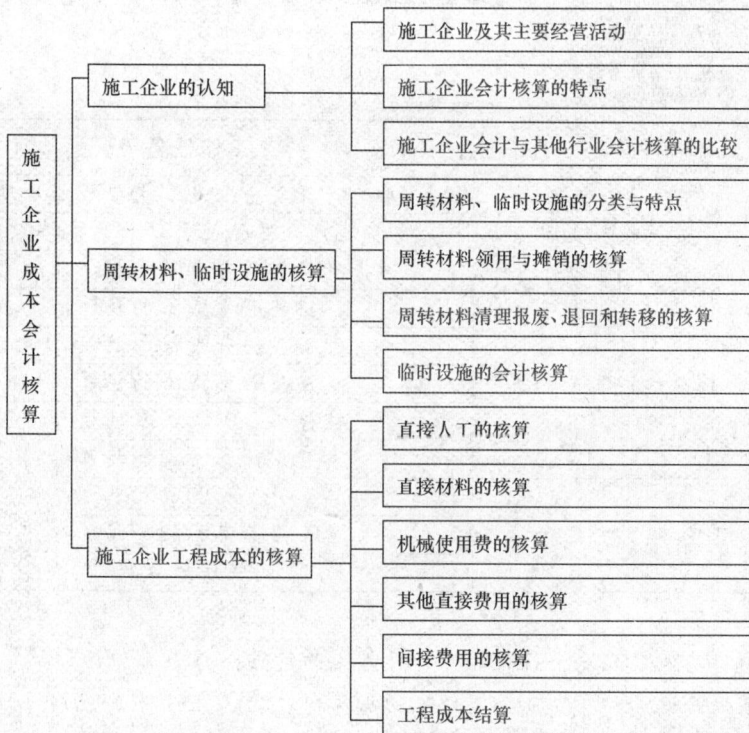

施工企业成本会计核算
- 施工企业的认知
  - 施工企业及其主要经营活动
  - 施工企业会计核算的特点
  - 施工企业会计与其他行业会计核算的比较
- 周转材料、临时设施的核算
  - 周转材料、临时设施的分类与特点
  - 周转材料领用与摊销的核算
  - 周转材料清理报废、退回和转移的核算
  - 临时设施的会计核算
- 施工企业工程成本的核算
  - 直接人工的核算
  - 直接材料的核算
  - 机械使用费的核算
  - 其他直接费用的核算
  - 间接费用的核算
  - 工程成本结算

学习情境思考

张明是一名即将毕业的高职会计专业的大学生,他拟去参加一家建造施工企业会计人员的招聘面试。就有关专业问题,他的指导老师给他拟定了如下问题,让他做个准备,你能帮他解决吗?

1.施工企业的周转材料内容与制造业相比,有何异同?

2.施工企业怎样进行临时设施的核算?

3.工程成本核算对象如何确定,与制造业成本核算相比较有哪些异同?

4.施工企业的机械使用费怎样核算?

5.施工企业的成本核算与其他行业会计是否相同?为什么?

房地产开发企业成本会计核算

学习情境	工作任务
房地产开发企业的认识	房地产开发企业及其主要经营活动
	房地产开发企业会计的主要特点
	房地产开发企业与工业企业会计的比较
房地产开发成本的核算	土地开发成本的核算
	配套设施开发成本的核算
	房屋开发成本的核算
	代建工程开发成本的核算
	开发间接费用的核算
开发产品的核算	开发产品的核算
	开发产品出租的核算
	周转房的核算

知识目标

1.明确房地产开发企业及其会计核算上的特点；

2.掌握房地产开发企业开发成本的核算内容及账户；

3.掌握房地产开发企业开发产品的核算内容及账户；

4.熟悉房地产开发企业典型的工作任务类型与业务流程；

5.掌握房地产开发企业与其他行业在会计核算上的异同。

能力目标

1.能根据业务资料正确核算房地产开发企业的开发成本；

2.能根据业务资料正确进行房地产开发企业的开发产品的取得、销售、出租、周转等会计核算；

3.能根据业务资料正确填制相关的原始凭证、记账凭证,编制会计报表；

4.能胜任房地产开发企业财务会计岗位的工作。

学习情境一　房地产开发企业的认知

引例1

温州冶金房地产开发有限公司成立于一九九九年十一月九日,公司注册资本两千万元,为国有法人独资公司,公司地址:温州市黎明东路 17 号;公司经营范围:房地产开发经营。下设分公司一家——温州冶金房地产开发有限公司洞头分公司;营业场所:洞头县北岙镇新城区望海山庄望月楼营业房 1 号。

知识准备

一　房地产开发企业及其主要经营活动

房地产开发企业是指从事房地产开发、经营、管理和服务活动,并以营利为目的进行自主经营、独立核算的经济组织,其生产经营的范围包括:规划设计、土地开发、工程施工、经营销售和物业管理等各方面。

从物质形态角度来划分,房地产主要可分为土地、建成后的物业和在建工程三种类型。

1. 土地

土地是房地产开发企业重要的资产。土地可分为未开发的土地和已开发的土地两种类型,前者基本属于乡村集体土地,而后者通常属于城市国有土地。在一定条件下前者可以向后者转化。从投资的角度来说,城市国有土地或规划中可以转化为城市国有土地的乡村集体土地,是投资者关注的重点。

依土地所处的状态不同,城市土地又可分为具备开发建设条件、立即可以开始建设的熟地和必须经过土地的再开发过程才能用于建设的毛地。毛地和熟地之间的价格差异并不仅仅是土地再开发的费用。购买熟地进行建设时,虽然土地费用会比购买毛地自行完成土地开发(拆迁、安置、补偿)后再建设的方式要高,但由于缩短了开发投资的周期,减少了投资风险,成为许多投资者愿意优先选择的方式。

2. 建成后的物业

所谓建成后的物业,即我们通常所说的已通过竣工验收、可投入正常使用的建筑物及其附属物。按其当前的使用状态,可分为空置和已入住(允许部分空置)两种情况。按照建筑物的用途不同,这类房地产可分为下述几种形式:

(1)居住物业

居住物业是指供人们生活居住的建筑,包括普通住宅、公寓、别墅等。这类物业的购买者大都是以满足自用为目的,也有少量作为投资,出租给租客使用。

（2）商业物业

商业物业有时也称经营性物业或投资性物业，包括酒店、写字楼、商场、出租商住楼等。由于入住商业物业内的经营者的效益在很大程度上取决于其与社会接近的程度，所以位置对于这类物业有着特殊的重要性。

（3）工业物业

工业物业通常为人类的生产活动提供入住空间，包括重工业厂房、轻工业厂房和近年来逐渐发展起来的高新技术产业用房、研究和发展用房等。目前，在我国各工业开发区流行的标准厂房，多为轻工业用户，有出售和出租两种经营形式。

（4）特殊物业

对于赛马场、高尔夫球场、汽车加油站、飞机场、车站、码头、高速公路、桥梁、隧道等物业，我们常称之为特殊物业。特殊物业经营的内容通常要得到政府的特殊许可。特殊物业的市场交易很少，因此，对这类物业的投资多属于长期投资，投资者靠日常经营活动的收益来回收投资、赚取投资收益。

3.在建工程

在建工程是指已经开始工程建设但尚未竣工投入使用的房地产，是房地产开发建设过程中的一种中间形态。受原有投资融资能力、管理能力、投资策略以及市场环境因素变化的影响，房地产市场上总存在一些在建工程交易行为，如将在建工程转让、抵押等，因此针对在建工程的投资分析，也是房地产投资分析的重要内容。

二　房地产开发企业的会计核算

（一）房地产开发企业的经营特点

房地产开发企业的经营特点主要有以下几点：

1.开发经营的计划性

房地产经营都是根据城市总体规划进行的。其征用的土地、建设的房屋和基础设施等都必须严格控制在国家计划范围之内，按照开发建设计划和销售计划进行开发经营。

2.开发产品的商品性

房地产开发企业的产品随着市场经济体制的确立而进入流通领域。房地产产品与其他经济产品相比较，既有一般商品的属性，又有其特殊性，是一种特殊商品。一般按供需双方合同或协议规定的价格、市场价格或双方议定的价格作价销售。

3.开发经营业务的复杂性和多样性

所谓复杂性包括两个方面：一是业务内容复杂。除了土地开发和房屋建设以外，还有相应的基础设施，如供水、供电、供气、供暖、交通道路、通讯及排污排洪等；还需有公共配套设施，如学校、医院、商店、幼儿园、粮店、派出所、居委会等。这就囊括了从征地、拆迁、勘察、设计、施工、销售到售后服务等复杂的业务内容。二是涉及面广。涉及规划、设计、土地、供水、供电、城建、防空、工商、税务、购房单位、施工单位、质量监督、公安消防等诸多部门。

所谓多样性也包括两个方面：一是建筑产品的多样性。根据不同的购买者需求，房屋建设是多种多样的,如房屋的式样、结构形式、层高、户型、装修及设备等都不相同。这与工业产品是有很大区别的。二是企业经营目的的多样性。开发建筑产品,有的为了销售,有的从事有偿转让,有的作为周转房使用,此外还有其他目的的多种经营。

4. 开发建设周期长、投资数额大

房地产开发产品的建设,从开发总规划的可行性研究开始,需要经过征地补偿、拆迁安置、建筑安装工程、配套设施工程、绿化环卫工程等多个建设阶段,建设周期较长,有的需要几年甚至十几年才能完成。而且开发的产品造价较高,一个小区、一项大的建设项目,少则投资几百万元,多则投资几亿元,这就决定了房地产开发建设需要大量的资金投入。所以,如何筹集资金,以及如何加速资金的周转、提高资金利用率,就成为提高企业经济效益的关键所在。

5. 经营风险大

房地产开发企业多为高额负债经营,开发产品单位价值极高,一旦决策机构失误,销路不畅,将造成大量开发产品积压,使企业资金周转不灵,从而使企业陷入困境。另外,房地产开发企业受国家宏观调控影响较大,如果盲目投资,会给企业带来巨大的风险。

(二)房地产开发企业会计核算的主要内容

一般来说,房地产开发企业会计核算的内容主要有:(1)筹措开发项目所需资金;(2)及时、正确地计算土地开发和各种房屋建设的工程成本,加强成本管理,降低成本;(3)正确核算开发经营收支,加强经营管理,提高经济效益;(4)强化商品房销售管理工作,及时收回价款;(5)按照国家有关政策,正确地对房地产企业利润进行分配。

由于房地产开发企业的各个阶段特点不同,其会计核算的侧重点也有所不同。具体来说,房地产开发阶段可分为房地产开发企业设立阶段、开发项目准备阶段、项目开发阶段、房地产销售阶段及利润分配阶段。

1. 房地产开发企业设立阶段会计核算的主要内容

成立新的房地产开发企业必须按规定办理有关登记注册手续,包括办理房地产企业名称登记、验资、制定公司章程、办理营业执照、银行开户和纳税登记。因此,这一阶段的会计核算重点是注册资本金及筹建费用的核算,核算的难点是对投资方投入的非现金资产(包括存货、固定资产、无形资产)的计价。

2. 开发项目准备阶段会计核算的主要内容

(1)取得土地使用权的核算

取得土地使用权是房地产开发企业进行房地产开发的前提,也是开发产品成本的主要组成部分,因此加强土地使用权的核算显得尤为重要,在会计核算中要注重对不同方式下取得土地的核算。

(2)取得项目借款

由于房地产开发项目所用资金量很大,项目借款一般期限较长,在会计上作为"长期借款"进行核算。核算的难点与重点是对借款利息费用的核算,包括利息费用化与资本化的计算与处理。

(3)开发前物资准备

包括为开发商品房而购置原材料、固定资产等,会计核算要点是对购入物资的计价以及领用发出时的成本核算。

3. 项目开发阶段会计核算的主要内容

房地产开发企业在这一阶段的会计核算重点：一是房地产开发成本的核算；二是房地产开发产品的核算。

（1）房地产开发成本的核算

房地产开发成本的核算是指房地产企业将开发一定数量的商品房所支出的全部费用按成本项目进行归集和分配，最终计算出开发项目总成本和单位建筑面积成本的过程。房地产开发成本的核算主要包括土地开发成本、房屋开发成本、配套设施开发成本及代建工程开发成本的核算。为加强房地产开发成本的核算，必须建立和完善成本核算基础工作，正确归集和分配开发成本及费用，准确、完整地提供成本核算资料，及时发现成本管理中存在的问题。

（2）房地产开发产品的核算

开发产品是指房地产企业已经完成全部开发建设过程，并已验收合格，符合国家建设标准和设计要求，可以按照合同规定的条件移交订购单位，或者作为对外销售、出租的产品，包括土地（建设场地）、房屋、配套设施和代建工程。

4. 房地产销售阶段及利润分配阶段会计核算的主要内容

（1）房地产企业销售业务的核算

销售业务核算主要包括主营业务收入和其他业务收入的核算。房地产销售收入是指房地产开发企业自行开发的房地产在市场上进行销售获得的收入，包括土地转让收入、商品房（包括周转房）销售收入、配套设施销售收入等。

（2）利润分配阶段的会计核算

利润分配是指房地产企业根据国家有关规定和公司章程、投资者协议等，对房地产企业当年可供分配的利润进行分配。

（三）房地产开发企业会计核算的特点

房地产开发企业生产经营及其商品的特殊性决定了其会计核算的特殊性。同其他行业相比，房地产开发企业的会计核算具有以下几方面的特殊性：

1. 营业收入核算的特殊性

（1）营业收入具有多样性

房地产开发企业的特点是要对一定的地区或地段进行总体规划，统一开发和建设，因而开发的内容具有综合性和多样性。因此，房地产开发企业的营业收入一般包括土地转让收入、商品房销售收入、配套设施转让收入、其他业务收入等。

（2）营业收入的坏账风险较小

由于房地产销售一般采用一次性付款或银行按揭付款，产品一旦预售成功，则房地产企业基本可以实现销售收入，因此坏账的风险较小。

2. 开发产品成本核算的特殊性

（1）成本构成核算难度大

房地产开发企业主要从事房地产开发建设活动，其生产成本主要指开发产品的成本，包括土地征用及拆迁补偿费、前期工程费、建筑安装工程费、基础设施建设费、公共配套设施费、开发间接费及其他开发费用等。这些成本具备不同的特性、涉及不同的专业领域，从而导致成本的核算难度较大。

（2）核算时间跨度长

房地产项目开发的周期长，少则 1～2 年，多则超过 5 年，使房地产成本费用核算的时间跨度很大。

（3）不同项目核算差异性较大

不同的房地产项目受地域、项目定位、产品功能、用途、规模等各方面因素的影响很大，导致不同项目之间的差异性很大，每个项目都或多或少有自己的特点。

（4）流动开发核算难度大

房地产开发活动中，多个项目同时开发，一个项目分多期开发等现象较为常见，而且不同项目、不同期开发的项目成本差异大，使房地产企业按项目、按楼盘等进行成本核算难度增大。

3.利润分配形式的特殊性

房地产开发企业的投资主体具有相当的广泛性，而且参与方式也具有一定的特殊性，最为常见的是进行项目投资合作（房地产企业并不在工商管理部门进行注册资本变更登记），项目完成后投资合作也即完成，合作双方根据项目的盈利情况进行利润分配，而且利润分配的形式也不尽相同，既有按现金分配的，也有按产品分成的。较其他企业而言，参与利润分配的方式有其显著的特点。

三　房地产开发企业与工业企业会计的比较

由于房地产开发行业的特殊性，其发生的经济业务与工业企业不同，所以其生产经营特点与工业企业也有所区别，见表 4-1 所示。

表 4-1　　　　房地产开发企业与工业企业的生产经营特点比较

房地产开发企业的生产经营特点	工业企业的生产经营特点
在进行房地产开发前必须取得土地使用权，然后才可兴建建筑物	在营业执照范围内，有厂房、机器、人员、材料等必备资源就可进行产品生产
经营范围涉及房地产开发，经营、物业管理等	经营范围涉及产品的生产和销售、提供加工修理修配劳务等
房地产开发企业产品销售后位置不变	产品销售后位置会发生转移、实物消耗
房地产完工后，根据用途不同，分别作为开发产品、出租开发产品、周转房使用	产品生产完成后，作为产品成品入库，一般用于对外销售
房屋销售后，购房者取得房屋的所有权以及国有土地使用权	产品销售后，购买人取得产品所有权
土地使用权期限较长，居住用地 70 年，工业用地 50 年，商业、旅游、娱乐用地 40 年等	寿命期限因具体产品而有所不同

学习情境二　房地产开发成本的核算

引例2

1.温州冶金房地产开发有限公司在某月份内,共发生了下列有关土地开发支出:

表4-2　　　　　温州冶金房地产开发有限公司土地开发成本　　　　货币单位:元

支出项目	商品性土地(甲场地)	自用土地(乙场地)	合计
支付土地征用及拆迁补偿费	1 370 000	750 000	2 120 000
支付承包设计单位前期工程款	60 000	36 000	96 000
支付承包施工单位基础设施款	56 000	50 000	106 000
分配开发间接费用	460 000	300 000	760 000
合计	1 946 000	1 136 000	3 082 000

要求:根据相关支出分别核算商品性土地和自用土地的开发成本,并结转土地开发成本。

2.温州冶金房地产开发有限公司根据建设规划要求,在开发小区内负责建设一间商店和一座水塔,一所幼儿园。上述设施均发包给施工企业施工,其中:商店建成后,有偿转让给某公司经营超市;水塔和幼儿园的开发支出按规定计入有关开发产品的成本。水塔与商品房等同步开发,幼儿园与商品房等不同步开发,其支出经批准采用预提办法。上述各配套设施共发生了下列有关支出:

表4-3　　　　　温州冶金房地产开发有限公司配套设施开发支出　　　　货币单位:元

支出项目	商店	水塔	幼儿园	合计
支付征地拆迁费	180 000	9 000	180 000	369 000
支付承包设计单位前期工程款	65 000	20 000	45 000	130 000
应付承包施工企业基础设施工程款	85 000	22 000	95 000	202 000
应付承包施工企业建筑安装工程款	620 000	530 000	400 000	1 550 000
分配水塔设施配套施工费	75 000			75 000
分配开发间接费用	95 000			95 000
预提幼儿园配套设施费	80 000			80 000
合计	1 200 000	581 000	720 000	2 501 000

3.温州冶金房地产开发有限公司开发的商品房甲工程和出租房乙工程,本月开发过程中发生下列经济业务:

(1)征用13#土地8 000m²,发生土地征用及拆迁补偿费4 800 000元,前期工程费1 200 000元,基础设施费2 400 000元,建筑安装费3 600 000元,均以银行存款支付。

（2）现13#土地已开发完工，其中4 000m²用于商品房甲工程建设。采用分项结转法结转土地开发成本。

（3）用银行存款支付乙工程建设场地的补偿费280 000元。

（4）委托设计部门对甲、乙工程进行设计，应付设计费186 000元，其中甲工程设计费88 000元，乙工程设计费98 000元。

（5）第一建筑公司提供"工程价款结算账单"，要求支付工程进度款1 740 000元，其中甲工程940 000元，乙工程800 000元。

（6）用银行存款支付道路、绿化等基础设施费1 264 000元，其中甲工程应负担764 000元，乙工程应负担500 000元。

（7）分配公共设施配套费570 000元，其中甲工程应负担340 000元，乙工程应负担230 000元。

（8）分配开发间接费用504 250元，其中甲工程应负担302 150元，乙工程应负担202 100元。

（9）乙工程已竣工，经验收合格，投入使用。结转其实际开发成本2 194 100元。

4.温州冶金房地产开发有限公司接受市政建设指挥部委托，代为建设某风景区，发生了下列经济业务：

（1）用银行存款支付土地征用及拆迁补偿费3 000 000元，前期工程费300 000元，基础设施费400 000元，结算应付建筑安装工程费8 700 000元，应负担的开发间接费用100 000元。

（2）某风景区已完工，验收合格，结转其实际成本12 500 000元。

5.温州冶金房地产开发有限公司某月份发生了直接成本680 000元，其中：商品房200 000元、出租房80 000元、周转房60 000元、大型配套设施110 000元、公共配套设施80 000元、商品性土地150 000元。本月发生的开发间接费用60 000元，按实际发生的直接成本分配本月开发间接费用。

知识准备

一 成本核算的内容

房地产的开发建设和经营，是房地产开发企业的基本经济行为。在开发经营的过程中，企业一方面要建成并且向社会提供可供使用的房屋、建设场地、基础设施以及配套设施，另一方面还要发生人、财、物等物化劳动和生活劳动的耗费。企业在开发经营过程中发生的各种耗费，称为开发经营费用，而其中为某个特定开发项目所发生的各种费用，应该计入各开发项目的成本,称为开发成本。因此,房地产开发企业的成本费用核算由开发经营费用的归集、分配、结转和开发项目成本的计算两部分组成。它是房地产开发企业会计核算的中心环节。

(一)成本核算对象的确定

房地产开发企业的任何一项开发建设费用都是为特定的开发项目而发生的,都应由该开发产品来承担。房地产企业一般按照开发项目、综合开发期数并兼顾产品类型等确定成本核算对象。

根据综合开发工程的特点和管理要求,各类业务一般按下列原则确定房地产开发企业的成本计算对象。

1.一般的开发项目,以每一独立编制的设计概(预)算,或每一独立的施工图预算所列的单项开发工程为成本核算对象,便于分析工程概(预)算和施工合同的完成情况。

2.同一开发地点、结构类型相同的群体开发建设项目,如果竣工、开工时间相近,由同一施工单位施工,可以合并为一个成本核算对象,以简化核算手续。

3.对于个别规模较大、工期较长的开发项目,可以结合经济责任制的需要,按开发项目的一定区域或部分,划分成本核算对象,便于及时反映开发成本。

(二)成本核算的内容

房地产开发企业的开发成本,按其开发项目种类可分为如下四类:

1.土地开发成本,是指房地产开发企业开发土地(即建设场地)所发生的各项费用支出。

2.房屋开发成本,是指房地产开发企业开发各种房屋(包括商品房、出租房、周转房、代建房等)所发生的各项费用支出。

3.配套设施开发成本,是指房地产开发企业根据城市建设规划的要求或项目建设设计规划的要求,为满足居住的需要而为开发项目配套建设各种服务性设施所发生的各项费用支出。

4.代建工程开发成本,是指房地产开发企业接受有关单位的委托,代为开发建设的工程,或参加委托单位招标,经过投标中标后承建的开发项目所发生的各项费用支出。

房地产开发的生产经营成本,按照费用发生时能否直接计入成本核算对象,划分为"开发成本"和"开发间接费用"。费用发生时能够确定成本核算对象的,直接计入"开发成本",如土地征用及拆迁补偿费、前期工程费、建筑安装工程费、基础设施建设费及公共配套设施费;费用发生时不能直接确定某一成本核算对象的,先归入"开发间接费用",期末采用一定的标准再分配计入各成本核算对象。

二 成本构成项目

房地产开发企业的成本费用分为开发产品成本和期间费用两大类。针对房地产开发企业的生产经营特点和成本管理要求,《企业产品成本核算制度(试行)》第三章第二十六条规定,房地产企业一般应设置土地征用及拆迁补偿费、前期工程费、建筑安装工程费、基础设施建设费、公共配套设施费、开发间接费用、借款费用等成本项目。

1. 土地征用及拆迁补偿费,是指为取得土地开发使用权(或开发权)而发生的各项费用,包括土地买价或出让金、大市政配套费、契税、耕地占用税、土地使用费、土地闲置费、农作物补偿费、危房补偿费、土地变更用途和超面积补交的地价及相关税费、拆迁补偿费用、安置及动迁费用、回迁房建造费用等。

2. 前期工程费,是指项目开发前期发生的政府许可费、招标代理费、临时设施费以及水文地质勘察、测绘、规划、设计、可行性研究、咨询论证费、筹建、场地通平等前期费用。

3. 建筑安装工程费,是指开发项目开发过程中发生的各项主体建筑的建筑工程费、安装工程费及精装修费等。

4. 基础设施建设费,是指开发项目在开发过程中发生的道路、供水、供电、供气、供暖、排污、排洪、消防、通讯、照明、有线电视、宽带网络、智能化等社区管网工程费和环境卫生、园林绿化等园林、景观环境工程费用等。

5. 公共配套设施费,是指开发项目内发生的、独立的、非营利性的且产权属于全体业主的,或无偿赠与地方政府、政府公共事业单位的公共配套设施费用等。如锅炉房、水塔、居委会、派出所、幼儿园、自行车棚、公厕等设施支出。

6. 开发间接费用,指企业为直接组织和管理开发项目所发生的,且不能将其直接归属于成本核算对象的工程监理费、造价审核费、结算审核费、工程保险费等。开发间接费用包括现场管理机构人员工资、福利费、折旧费、修理费、办公费、水电费、劳动保护费、周转房摊销等。为业主代扣代缴的公共维修基金等不得计入产品成本。

7. 借款费用,是指符合资本化条件的借款费用。

房地产企业自行进行基础设施、建筑安装等工程建设的,可以比照建筑企业设置有关成本项目。

三 开发产品在成本中补提公共配套设施费用处理

一个住宅小区的开发建设,除了建设住宅主体工程外,还有许多配套设施工程。所以,经常会出现住宅已建成或已销售,而配套设施工程如道路、绿化等工程尚未完工或尚未投入使用的情况。这就使得那些已具有使用条件,并已出售的开发产品应负担的配套设施建设费用,无法按照配套设施的实际建设成本进行分摊和计算。为此,房地产开发企业一般只好按未完成配套设施概(预)算为基础,计算出已售住宅应负担的数额。但采用这种预提配套设施费用方式计算各开发产品成本,对出售的开发产品成本来讲,是不够准确的。但对整个开发小区的成本来讲,只要在小区正式竣工之后,对预提费用进行调整,就可保证整个开发小区成本的正确性。因此,房地产开发企业应对配套设施进行详细的测算,考虑各项因素后,再进行预提,尽量做到准确。

职业判断与岗位操作

一 会计账户的设置

为核算房地产开发企业的开发成本,企业可根据其自身经营开发的业务要求,设置下列账户。

1."开发成本"账户

"开发成本"账户是用来核算企业在土地、房屋、配套和代建工程的开发建设过程中发生的土地征用及拆迁补偿费、前期工程费、建筑安装工程费、基础设施建设费等各项费用的。它属于成本类账户。

借方登记企业在土地、房屋、配套设施和代建工程的开发过程中所发生的各项费用,贷方登记结转开发完成已竣工验收的开发产品的实际成本。

期末借方余额反映在建开发项目的实际成本。

该账户应按开发成本的种类,如"土地开发""房屋开发""配套设施开发"和"代建工程开发"等设置明细账,分别核算各类开发项目发生的各项费用。

2."开发间接费用"账户

"开发间接费用"账户是用来核算房地产开发企业内部独立核算单位为开发产品而发生的各项间接费用,包括工资、福利费、折旧费、修理费、办公费、水电费、劳动保护费、周转房摊销等。它属于成本类账户。

借方登记企业发生的各项间接费用,贷方登记期末分配结转的间接费用。

期末无余额。

该账户按企业内部不同的单位开设明细账,核算各独立单位发生的开发间接费用。

房地产开发企业还可以根据企业管理的要求,将成本类账户合并或分解。例如对间接费用较少的单位,可以将"开发成本"和"开发间接费用"账户合并为"开发费用"账户。对规模较大、开发项目类型较多的单位,可将"开发成本"分解为"土地开发""房屋开发""配套设施开发""代建工程开发"四个账户。

二 开发成本的具体核算

(一)土地开发成本的核算

土地开发也称建设场地开发,按其开发的用途分为两种情况:一种是为了销售或有偿转让而开发商品性建设场地;另一种是为了建造商品房、出租房或周转房等建筑产品而开发的自用建设场地。前者是企业的最终开发产品,而后者则是企业的中间开发产品。在进行成本核算时应区别对待。

根据土地开发支出的一般情况,企业对土地开发成本的核算,可设置土地征用及拆迁补偿费、前期工程费、基础设施建设费等几个成本项目。土地开发成本的核算包括费用的归集和成本的结转。

1. 商业性建设场地

土地开发的直接费用,在费用发生时,根据有关凭证记入"开发成本——土地开发"账户的借方。

发生的开发间接费用先记入"开发间接费用"账户的借方,期末按一定分配标准结转应由土地开发成本负担的开发间接费用,借记"开发成本——土地开发"账户,贷记"开发间接费用"账户。

结转开发完工的建设场地成本,借记"开发产品——土地"账户,贷记"开发成本——土地开发"账户。

2. 自用建设场地

企业开发自用建设场地,其直接费用和间接费用的核算原理与商品性建设场地相同,另外需注意的是,如果其开发成本能够分清负担对象,应直接计入有关房屋的开发成本,在"开发成本——房屋开发"账户的借方核算。如果其开发的自用土地,分不清负担对象的,或应由两个或两个以上成本核算对象负担的,其费用先通过"开发成本——土地开发"账户的借方进行归集,待土地开发完成投入使用时,再按一定的标准(如房屋占地面积或房屋建筑面积等)将其分配计入有关房屋的开发成本,借记"开发成本——房屋开发"账户,贷记"开发成本——土地开发"账户。

【做中学】根据引例 2-1

(1)用银行存款支付土地征用费 1 600 000 元,其中甲场地 850 000 元,乙场地 750 000 元;支付甲场地征地拆迁费 250 000 元,安置费 270 000 元。

借:开发成本——土地开发——甲场地(土地征用及征地拆迁费) 1 370 000
　　　　　　　　　　　　——乙场地(土地征用及征地拆迁费)　750 000
　　贷:银行存款　　　　　　　　　　　　　　　　　　　　　　2 120 000

(2)用银行存款支付设计单位前期工程款。

借:开发成本——土地开发——甲场地(前期工程费)　　　　　　60 000
　　　　　　　　　　　　——乙场地(前期工程费)　　　　　　36 000
　　贷:银行存款　　　　　　　　　　　　　　　　　　　　　　　96 000

(3)应付施工企业基础设施工程款。

借:开发成本——土地开发——甲场地(基础设施费)　　　　　　56 000
　　　　　　　　　　　　——乙场地(基础设施费)　　　　　　50 000
　　贷:银行存款　　　　　　　　　　　　　　　　　　　　　　106 000

(4)分配应计入甲、乙场地的开发间接费用。

借:开发成本——土地开发——甲场地(开发间接费用)　　　　460 000
　　　　　　　　　　　　——乙场地(开发间接费用)　　　　300 000
　　贷:开发间接费用　　　　　　　　　　　　　　　　　　　760 000

(5)结转土地开发成本。

借:开发产品——土地   1 946 000

  开发成本——房屋开发   1 136 000

  贷:开发成本——土地开发——甲场地   1 946 000

            ——乙场地   1 136 000

同时应将各项土地开发支出分别记入甲场地、乙场地开发成本明细账,登记结果见表4-4和表4-5。

表4-4   开发成本明细账

明细账户:土地开发——甲场地   ××年×月   货币单位:元

××年		凭证号码	摘要	借方明细发生额						贷方	余额
月	日			土地征用及拆迁补偿费	前期工程费	基础设施建设费	借款利息	开发间接费用	合计		
略	略		支付土地征用及拆迁补偿费	1 370 000.00					1 370 000.00		1 370 000.00
			支付前期工程款		60 000.00				60 000.00		1 430 000.00
			支付基础设施款			56 000.00			56 000.00		1 486 000.00
			分配开发间接费用					460 000.00	460 000.00		1 946 000.00
			结转土地开发成本							1 946 000.00	
			合计	1 370 000.00	60 000.00	56 000.00	0.00	460 000.00	1 946 000.00	1 946 000.00	

表4-5   开发成本明细账

明细账户:土地开发——乙场地   ××年×月   货币单位:元

××年		凭证号码	摘要	借方明细发生额						贷方	余额
月	日			土地征用及拆迁补偿费	前期工程费	基础设施建设费	借款利息	开发间接费用	合计		
略	略		支付土地征用及拆迁补偿费	750 000.00					750 000.00		750 000.00
			支付前期工程款		36 000.00				36 000.00		786 000.00
			支付基础设施款			50 000.00			50 000.00		836 000.00
			分配开发间接费用					300 000.00	300 000.00		1 136 000.00
			结转土地开发成本						0.00	1 136 000.00	
			合计	750 000.00	36 000.00	50 000.00	0.00	300 000.00	1 136 000.00	1 136 000.00	

(二)配套设施开发成本的核算

1.配套设施的种类

房地产开发企业开发的配套设施,可以分为如下两类:一类是开发小区内不能有偿转让的公共配套设施,如水塔、锅炉房、居委会、派出所、幼儿园、自行车棚、公厕等,其发生的成本应计入房屋开发成本;另一类是能有偿转让的城市规划中规定的大型设施项目,包括:

(1)开发小区内营业性公共配套设施,如商店、银行、邮局等;

(2)开发小区内非营业性公共配套设施,如中小学、文化站、医院等;

（3）开发小区外居民服务的给排水、供电、供气的增容增压、交通道路等。

这类配套设施，发生的成本应单独核算，完工后转入"开发产品"账户。如果没有投资来源，不能有偿转让，也将它归入第一类中，其发生的成本计入房屋开发成本。

2. 配套设施支出的具体归集方法

（1）对能分清并直接计入某个成本核算对象的第一类配套设施支出，可直接计入有关房屋等开发成本，并在"开发成本——房屋开发"账户中归集其发生的支出。

（2）对不能直接计入有关房屋开发成本的第一类配套设施支出，应先在"开发成本——配套设施开发"账户进行归集，等到开发完成后再按一定标准分配计入房屋等开发项目成本及能有偿转让的公共配套设施产品成本中。

（3）对能有偿转让的第二类大型配套设施支出，应在"开发成本——配套设施开发"账户进行归集，开发完成后按其实际成本转为"开发产品"处理。

（4）配套设施与房屋等开发产品同步开发，则配套设施费用在实际发生时记入"开发成本——房屋开发或配套设施开发"账户；如果配套设施与房屋等不是同步开发，经批准后可按配套设施的预算或计划成本，预提配套设施费，将其记入房屋等开发成本明细分类账的"配套设施费"项目，并记入"开发成本——房屋开发"等账户的借方和"其他应付款——预提费用"等账户的贷方。

【做中学】根据引例 2-2

（1）用银行存款支付征地拆迁费用。

借：开发成本——配套设施开发——商店	180 000
——水塔	9 000
——幼儿园	180 000
贷：银行存款	369 000

（2）用银行存款支付设计单位前期工程款。

借：开发成本——配套设施开发——商店	65 000
——水塔	20 000
——幼儿园	45 000
贷：银行存款	130 000

（3）应付施工企业基础设施工程款和建筑安装工程款。

借：开发成本——配套设施开发——商店	85 000
——水塔	22 000
——幼儿园	95 000
贷：应付账款——应付工程款	202 000
借：开发成本——配套设施开发——商店	620 000
——水塔	530 000
——幼儿园	400 000
贷：应付账款——应付工程款	1 550 000

（4）分配应记入商店配套设施开发成本的水塔设施支出。

借：开发成本——配套设施——商店　　　　　75 000

　　贷：开发成本——配套设施——水塔　　　　　　　　75 000

（5）分配应记入商店配套设施开发成本的开发间接费用。

借：开发成本——配套设施开发——商店　　　　95 000

　　贷：开发间接费用　　　　　　　　　　　　　　　95 000

（6）预提应由商店配套设施开发成本负担的幼儿园设施支出。

借：开发成本——配套设施开发——商店　　　　80 000

　　贷：其他应付款——预提配套设施费　　　　　　　80 000

（7）同时应将各项配套设施支出分别记入各项配套设施开发成本明细账,详见表4-6、表4-7和表4-8。

表4-6　　　　　　　　　　　开发成本明细账

明细账户:配套设施开发——商店　　　××年×月　　　　　　货币单位:元

××年		凭证号码	摘要	借方明细发生额							贷方	余额
月	日			土地征用及拆迁补偿费	前期工程费	基础设施费	建筑安装工程费	公共配套设施费	开发间接费用	合计		
		略	略	支付土地征用及拆迁补偿费	180 000.00						180 000.00		180 000.00
				支付前期工程款		65 000.00					65 000.00		245 000.00
				支付基础设施款			85 000.00				85 000.00		330 000.00
				应付建筑安装工程费				620 000.00			620 000.00		950 000.00
				公共配套设施费					75 000.00		75 000.00		1 025 000.00
				分配开发间接费用						95 000.00	95 000.00		1 120 000.00
				公共配套设施费					80 000.00		80 000.00		1 200 000.00
				本月合计	180 000.00	65 000.00	85 000.00	620 000.00	155 000.00	95 000.00	1 200 000.00		

表4-7　　　　　　　　　　　开发成本明细账

明细账户:配套设施开发——水塔　　　××年×月　　　　　　货币单位:元

××年		凭证号码	摘要	借方明细发生额					贷方	余额
月	日			土地征用及拆迁补偿费	前期工程费	基础设施费	建筑安装工程费	合计		
		略	略	支付土地征用及拆迁补偿费	9 000.00				9 000.00		9 000.00
				支付前期工程款		20 000.00			20 000.00		29 000.00
				支付基础设施款			22 000.00		22 000.00		51 000.00
				应付建筑安装工程费				530 000.00	530 000.00		581 000.00
				分配转出					0.00	75 000.00	506 000.00
				本月合计	9 000.00	20 000.00	22 000.00	530 000.00	581 000.00	75 000.00	

表4-8　　　　　　　　　　　开发成本明细账

明细账户:配套设施开发——幼儿园　　　××年×月　　　　　　货币单位:元

××年		凭证号码	摘要	借方明细发生额					贷方	余额
月	日			土地征用及拆迁补偿费	前期工程费	基础设施费	建筑安装工程费	合计		
		略	略	支付土地征用及拆迁补偿费	180 000.00				180 000.00		180 000.00
				支付前期工程款		45 000.00			45 000.00		225 000.00
				支付基础设施款			95 000.00		95 000.00		320 000.00
				应付建筑安装工程费				400 000.00	400 000.00		720 000.00
				分配转出							
				本月合计	180 000.00	45 000.00	95 000.00	400 000.00	720 000.00		

(三)房屋开发成本的核算

房屋开发是房地产开发企业的主要经济业务。开发建设的房屋,按其用途可分为四种类型:面向社会销售而开发的商品房、本企业经营出租业务而开发建设的出租房、安置拆迁居民周转使用而开发的周转房、接受其他单位委托而代为开发建设的代建房。

以上四种类型的房屋,开发建设的目的、用途不同,但它们的开发过程、内容、特点和所发生的各项开发费用却完全相同,其核算方法也完全相同。

1. 土地征用及拆迁补偿费的归集

土地征用及拆迁补偿费,凡是能分清负担对象的,可直接计入房屋开发成本;凡是不能分清负担对象,或开发综合性建设场地即为建造商品房之用,又对外销售或有偿转让的,先记入"开发成本——土地开发"账户,待土地开发完成投入使用时,再按占用土地面积比例等方法分配转入"开发成本——房屋开发"账户。

2. 前期工程费和基础设施费的归集

前期工程费和基础设施费,凡是能分清负担对象的,直接计入房屋开发成本;应由两个或两个以上房屋开发项目负担,且发生时分不清负担对象的,应按各房屋开发项目的预算或计划开发成本标准分配后,分别计入各房屋开发项目的成本。

3. 建筑安装工程费的归集

计入房屋开发成本的建筑安装工程费,应根据不同施工方式,采用不同的核算方法。采用承包方式的,应根据承包企业提供的"工程价款结算单"所列承付工程款记入"开发成本——房屋开发"账户。采用自营方式的,发生的各项建筑安装工程费直接记入"开发成本——房屋开发"账户。如果企业自营施工大型建筑安装工程,可以根据需要,增设"工程施工""施工间接费用"等账户,用来核算和归集自营工程的建筑安装费用,月末按实际成本转入"开发成本——房屋开发"账户。开发过程中领用的设备,附属于工程实际实体的,应根据附属对象,按其实际成本记入"开发成本——房屋开发"账户。

4. 公共配套设施费的归集

计入房屋开发成本的公共配套设施费,应根据配套设施建设的不同情况,采用不同的核算方法。

若配套设施与房屋同步建设,发生的公共配套设施费,凡是能分清负担对象的,按房屋开发项目应负担的数额直接记入"开发成本——房屋开发"账户;凡应由两个或两个以上开发项目共同负担的,先通过"开发成本——配套设施开发"账户归集,待配套设施完成后,再按各开发项目的预算成本比例进行分配,其中应由房屋开发项目负担的数额记入"开发成本——房屋开发"账户。

若配套设施后于房屋建设,其账务处理与土地开发项目预提公共配套设施费的方法类似。

5. 开发间接费用的归集

计入房屋开发成本的开发间接费用在发生时归集在"开发间接费用"账户,月末再按一定的分配标准,分配计入各有关开发项目的成本,其中应计入房屋开发成本的开发间接费用,转入"开发成本——房屋开发"账户。

(四)房屋开发成本的结转

房屋开发项目竣工验收后,应按各种房屋的用途,将房屋的实际开发成本分别结转有关开发产品账户。竣工商品房、代建房的开发成本应转入"开发产品——房屋"账户。

竣工后直接投入使用的出租房、周转房的开发成本,应分别转入"投资性房地产"和"周转房"账户。若竣工后暂不使用,应记入"开发产品——房屋"账户,待投入使用后再转入"投资性房地产"和"周转房"账户。

【做中学】根据引例 2-3

(1)支付征地费等。

借:开发成本——土地开发——13#   12 000 000

 贷:银行存款   12 000 000

(2)结转已完工土地开发成本。

借:开发成本——房屋开发——甲工程(土地征用及拆迁补偿费)

                2 400 000

      ——甲工程(前期工程费)   600 000

      ——甲工程(基础设施建设费) 1 200 000

      ——甲工程(建筑安装工程费) 1 800 000

 贷:开发成本——土地开发——13#   6 000 000

(3)支付补偿费。

借:开发成本——房屋开发——乙工程   280 000

 贷:银行存款   280 000

(4)应付设计费。

借:开发成本——房屋开发——甲工程   88 000

      ——乙工程   98 000

 贷:应付账款   186 000

(5)支付工程进度款。

借:开发成本——房屋开发——甲工程   940 000

      ——乙工程   800 000

 贷:应付账款——第一建筑公司   1 740 000

(6)支付道路、绿化等基础设施费。

借:开发成本——房屋开发——甲工程   764 000

      ——乙工程   500 000

 贷:银行存款   1 264 000

(7)分配公共设施配套费。

借:开发成本——房屋开发——甲工程   340 000

      ——乙工程   230 000

 贷:开发成本——配套设施费   570 000

(8)分配开发间接费用。

借:开发成本——房屋开发——甲工程   302 150

      ——乙工程   202 100

 贷:开发间接费用   504 250

（9）乙工程竣工结转开发成本。

借：投资性房地产　　　　　　　　　　　　　　　　2 194 100

　　贷：开发成本——房屋开发——乙工程　　　　　　　　　2 194 100

根据以上账务处理登记房屋开发成本明细账见表4-9和表4-10。

表4-9 　　　　　　　　　　　　　　**开发成本明细账**

明细账户：房屋开发——甲工程　　　　　　××年×月　　　　　　　　货币单位：元

年		凭证号码	摘要	土地征用及拆迁补偿费	前期工程费	建筑安装工程费	基础设施费	公共配套工程费	开发间接费用	合计
月	日									
略	略		结转土地开发成本	24 000 000.00	600 000.00	1 800 000.00	1 200 000.00			27 600 000.00
			应付设计费		88 000.00					88 000.00
			支付基础设施费				764 000.00			764 000.00
			应付工程款			940 000.00				940 000.00
			分配转入公共设施费					340 000.00		340 000.00
			分配转入开发间接费用						302 150.00	302 150.00
			本月发生额小计	24 000 000.00	688 000.00	2 740 000.00	1 964 000.00	340 000.00	302 150.00	30 034 150.00
			本月累计金额	24 000 000.00	688 000.00	2 740 000.00	1 964 000.00	340 000.00	302 150.00	30 034 150.00
			转出完工工程成本							
			月末余额	24 000 000.00	688 000.00	2 740 000.00	1 964 000.00	340 000.00	302 150.00	30 034 150.00

表4-10 　　　　　　　　　　　　　　**开发成本明细账**

明细账户：房屋开发——乙工程　　　　　　××年×月　　　　　　　　货币单位：元

年		凭证号码	摘要	土地征用及拆迁补偿费	前期工程费	建筑安装工程费	基础设施费	公共配套工程费	开发间接费用	合计
月	日									
略	略		期初余额		22 000.00	50 000.00	12 000.00			84 000.00
			支付拆迁补偿费	280 000.00						280 000.00
			应付设计费		98 000.00					98 000.00
			支付基础设施费				500 000.00			500 000.00
			应付工程款			800 000.00				800 000.00
			分配转入公共设施费					230 000.00		230 000.00
			分配转入开发间接费用						202 100.00	202 100.00
			本月发生额小计	280 000.00	98 000.00	800 000.00	500 000.00	230 000.00	202 100.00	2 110 100.00
			本月累计金额	280 000.00	120 000.00	850 000.00	512 000.00	230 000.00	202 100.00	2 194 100.00
			转出完工工程成本	(280 000.00)	(120 000.00)	(850 000.00)	(512 000.00)	(230 000.00)	(202 100.00)	(2 194 100.00)
			月末余额							

（五）代建工程开发成本的核算

代建工程开发成本是指开发企业接受有关单位的委托，代为开发建设的工程（或参加委托单位招标,经过投标中标后承建的开发项目)所发生的费用支出。其具体内容包括土地开发、房屋开发、市政工程开发(城市道路、基础设施、园林绿化、旅游风景区开发)等开发项目支出。

开发企业接受委托代为开发的建设场地和房屋,其建设内容和特点与企业的土地开发和房屋开发基本相同,所以可比照土地开发和房屋开发的核算方法进行核算,其开发费用分别在"开发成本——土地开发"和"开发成本——房屋开发"两个明细账户核算,开发工程完工验收合格时,转入"开发产品——代建工程"账户。

其他代建工程开发项目应在"开发成本——代建工程开发"账户核算。发生各项开发直接费用时,记入该账户的借方;期末分配结转开发间接费用时,记入该账户的借方,贷记"开发间接费用"账户;代建开发工程竣工验收合格后,结转其开发成本,借记"开发产品——代建工程"账户,贷记该账户;期末"开发成本——代建工程开发"账户的余额,表示正在开发的代建工程的成本。

【做中学】根据引例 2-4

(1)用银行存款支付拆迁补偿费等。

借:开发成本——代建工程开发(土地征用及拆迁补偿费)3 000 000
　　　　　　——代建工程开发(前期工程费)　　　　　　300 000
　　　　　　——代建工程开发(基础设施建设费)　　　　400 000
　　贷:银行存款　　　　　　　　　　　　　　　　　　　　　　3 700 000

(2)结转应付建筑安装工程费。

借:开发成本——代建工程开发(建筑安装工程费)　　8 700 000
　　贷:应付账款　　　　　　　　　　　　　　　　　　　　　　8 700 000

(3)分配结转开发间接费用。

借:开发成本——代建工程开发(开发间接费用)　　　　100 000
　　贷:开发间接费用　　　　　　　　　　　　　　　　　　　　100 000

(4)结转完工实际成本。

借:开发产品——代建工程　　　　　　　　　　　　　　12 500 000
　　贷:开发成本——代建工程开发　　　　　　　　　　　　12 500 000

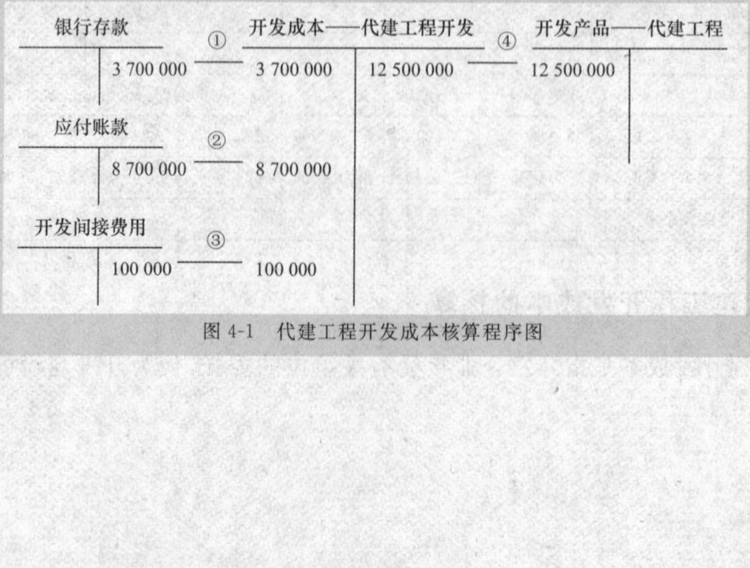

图 4-1　代建工程开发成本核算程序图

(六)开发间接费用的核算

1. 开发间接费用的组成和核算

开发间接费用是指房地产开发企业为直接组织和管理开发项目所发生的,且不能将其直接归属于成本核算对象的工程监理费、造价审核费、结算审核费、工程保险费及开发企业内部独立核算单位人员工资、福利费、设备的折旧费、修理费、办公费、水电费、劳保费、周转房摊销等费用。这些费用虽也属于为房地产开发而发生的费用,但它不能确定被某项开发产品所负担,因而无法将它直接计入各项开发产品成本。

企业行政管理部门(总部)为组织和管理生产经营活动而发生的管理费用,应作为期间费用,记入"管理费用"账户,不在本账户核算。为业主代扣代缴的公共维修基金等不得计入产品成本,应记入"其他应付款"账户。

为了简化核算手续,开发间接费用发生时先记入"开发间接费用"账户,然后按照适当分配标准,将它分配计入各项开发产品成本。

2. 开发间接费用的分配

每月终了,应对开发间接费用进行分配,按实际发生数计入有关开发产品的成本。开发间接费用的分配方法,企业可以根据开发经营的特点自行确定,不论土地开发、房屋开发、配套设施和代建工程,均应分配开发间接费用,为了简化核算手续并防止重复分配,对应计入房屋等开发成本的自用土地和不能有偿转让的配套设施的开发成本,均不分配开发间接费用。这部分开发产品应负担的开发间接费用,可直接分配计入有关房屋开发成本,也就是说,企业内部独立核算各单位发生的开发间接费用,只需对有关开发房屋、商品性土地,能有偿转让的配套设施及代建工程进行分配。开发间接费用的分配标准,可按月份内各项开发产品实际发生的直接成本(包括土地征用及拆迁补偿费、前期工程费、基础设施费、建筑安装工程费、配套设施费)进行,即:

某项开发产品成本分配的开发间接费用=月份内该项开发产品实际发生的直接成本×本月实际发生的开发间接费用÷应分配开发间接费用的各开发产品实际发生的直接成本总额

根据《企业产品成本核算制度(试行)》第四十三条规定,房地产企业发生有关费用,由某一成本核算对象负担的,应当直接计入成本核算对象成本;由几个成本核算对象共同负担的,应当选择占地面积比例、预算造价比例、建筑面积比例等合理的分配标准,分配计入成本核算对象成本。

【做中学】根据引例 2-5

1. 计算各项目本月应分配的开发间接费用,见表 4-11 所示。

表 4-11　　　　　　　　　　　开发间接费用分配表

开发项目编号名称	直接成本	间接费用分配率	分配开发间接费用
商品房	200 000		20 000
出租房	80 000		8 000
周转房	60 000		6 000
大型配套设施	110 000		11 000

（续表）

开发项目编号名称	直接成本	间接费用分配率	分配开发间接费用
公共配套设施	80 000		
商品性土地	150 000		15 000
合计	680 000	0.1	60 000

间接费用分配率＝60 000÷(680 000－80 000)＝0.1

2.应编制的会计分录如下：

借：开发成本——房屋开发成本（商品房）   20 000

          ——房屋开发成本（出租房）   8 000

          ——房屋开发成本（周转房）   6 000

          ——房屋开发成本（大型配套设施） 11 000

          ——房屋开发成本（商品性土地） 15 000

  贷：开发间接费用   60 000

学习情境三　开发产品的核算

引例3

1.温州冶金房地产开发有限公司以分期付款的方式销售一套商品房，售价为3 000 000元，销售合同规定，价款分两次支付：房屋交付使用时支付60%，共计1 800 000元；3个月后支付余款，共计1 200 000元。该商品房的开发成本为2 100 000元。

2.温州冶金房地产开发有限公司开发的A项目，于2009年开始动工，至2012年主体工程开发完工，并对外销售，但其配套设施工程至2014年12月才完工结算，全部开发成本为24 474万元，至2014年12月公司已暂估结转销售成本23 455万元，其中2014年结转319万元。有关销售情况见表4-12。

表4-12　　　　　　　A项目销售情况表

2014年12月31日

序号	项目	开发总面积(m²)	未售面积(m²)	当年销售面积(m²)	平均售价(元/m²)
1	住宅	52 053.27	114.4	565.6	4 815.89
2	商铺	3 968.26	406.49		14 990.4
3	办公楼	711.69	711.69		4 777.36
5	车位	4 717.6	2 531.07	362.81	4 209.26
6	其他	13 920	13 920		1 060.95
	合计	75 370.82	17 683.65	928.41	

请计算温州冶金房地产开发有限公司销售成本调整数及开发产品成本。

3.温州冶金房地产开发有限公司将竣工的一栋公寓楼出租给甲公司,该公寓的总成本为 7 200 000 元,临时出租,租期为三个月,月租金为 15 000 元。假设该公寓摊销期限为 50 年,净残值率为 4%。在出租后两个月,公寓的顶楼出现了漏水现象,房地产开发公司对其进行了维修,发生修理费 5 500 元,已用银行存款支付。租赁结束后对外销售,售价为 9 000 000 元,收到转账支票一张,房屋已交付给买主。

4.温州冶金房地产开发有限公司于 2012 年 2 月初开始开发建造一栋商品性写字楼。2012 年 10 月,公司预计写字楼即将完工,与甲公司签订了经营租赁合同,约定该写字楼完工并达到预定可使用状态后立即租赁给甲公司,租期为 5 年。2012 年 11 月 1 日,该写字楼完工达到预定可使用状态,工程全部造价为 7 500 000 元。2012 年 11 月 1 日正式起租。

(1)公司与甲公司合同规定每年租金为 78 万元,租金按月支付,每月末支付 6.5 万元。

(2)假定公司采用成本模式计量,房屋使用年限 20 年,残值率为 5%。

(3)公司出租的写字楼发生维修费用 12 000 元,以银行存款支付。

(4)五年后,租赁合同到期,温州冶金房地产开发有限公司将写字楼出售给某公司,合同价款 1 000 万元,某公司已用银行存款付清。

5.引用第 4 题数据,假设该写字楼所在地存在活跃的房地产交易市场,而且能够从房地产交易市场取得同类房地产的市场报价,温州冶金房地产开发有限公司决定采用公允价值模式对该项出租的房地产进行后续计量。

(1)2012 年 12 月 31 日,该写字楼的公允价值为 950 万元。

(2)2013 年 6 月 30 日,该写字楼的公允价值为 920 万元。

(3)2014 年 12 月 31 日,该写字楼的公允价值为 820 万元。

6.温州冶金房地产开发有限公司为安置被拆迁的居民,将其建造的 1 号楼作为周转房,实际成本为 6 000 000 元,已经竣工验收,并办理了交付手续。该周转房预计的净残值率为 5%,预计摊销年限为 50 年。1 号楼周转房在使用过程中发生修理费支出 8 000 元。两年后,将其对外销售,销售收入为 8 000 000 元,款项已经收存银行。

知识准备

开发产品是指企业已经完成全部开发建设过程,并已验收合格,符合国家建设标准和设计要求,可以按照合同规定的条件移交订购单位,或者作为商品对外销售的产品,包括土地(建设场地)、房屋、配套设施和代建工程等。

对于企业开发完工形成的开发产品,通常有三种不同的用途,一是直接用于销售,二是出租,三是安置拆迁居民周转使用。在不同的用途下,企业需要进行不同的账务处理。当然房地产企业开发的产品也可用于自用的办公场所等构成企业的固定资产,由于房地产企业的固定资产与一般企业的核算完全一样,所以不在这里介绍。

一　开发的用于销售的产品

销售房地产企业开发的产品是房地产企业主要的经营业务之一,其会计处理和一般工业企业销售产品很相似,都要确认收入并结转成本。但它与一般生产企业的产品有以下两点不同:一是由于其开发产品的价值一般较高,所以很多时候,房地产企业并不能一次性收回销售收入,而需要分次收回,即采用分期付款方式销售开发产品比较常见;二是由于房地产企业开发产品的同时,要建造基础设施和公共配套设施,工期较长,往往主体工程项目已完工,并实现对外销售,而基础设施和公共配套设施却还没有完工,这样使得房地产企业无法正确计算已完工并对外销售产品的销售成本。

二　开发的用于出租的产品

出租开发产品是指房地产企业开发完成、用于出租经营的土地和房屋等开发产品。它们的盈利是以收取租金的方式逐步实现的。出租的开发产品是企业资产的一部分,但不同于企业的固定资产,也不同于企业的一般劳动产品。房地产企业开发产品租赁业务分为临时租赁、经营性租赁和融资租赁三种方式,对于临时租赁的开发产品可作为"出租开发产品"核算。企业会计准则对出租性房地产进行了统一规范,将对外出租的房产、对外出租的土地使用权以及持有并准备增值后转让的土地使用权,统一划分为投资性房地产,在"投资性房地产"账户中核算。

三　开发的用于安置拆迁居民的周转房

房地产企业的周转房是指企业用于安置拆迁居民周转使用,产权归企业所有的各种房屋,包括:(1)在开发建设过程中已明确为安置被拆迁居民周转使用的房屋;(2)企业开发完成的商品房,在尚未销售之前用于安置被拆迁居民周转使用的部分;(3)搭建的用于安置被拆迁居民周转使用的临时性简易房屋。

职业判断与岗位操作

一　开发产品销售的核算

1.结转产品销售成本

在房地产销售中,房地产法定所有权的转移,通常表明其所有权上的主要风险和报酬转移给买方,企业应确认销售商品收入,同时结转商品成本。

企业销售商品,有时会采取分期付款的方式,如分期付款发出商品,即商品已经交付,货款分期收回。在这种销售方式下,企业将商品交付给购货方,通常表明与商品所有权有关的风险和报酬已经转移给购货方,在满足收入确认的其他条件时,应当根据应收款项的公允价值(或现行售价)一次性确认收入。按照合同约定的收款日期分期收回货款,强调的只是一个结算时点,与风险和报酬的转移没有关系,因此,企业不应当按照合同约定的收款日期确认收入。

【做中学】根据引例 3-1

(1)签订合同,交付房屋。

借:应收账款	3 000 000	
贷:主营业务收入		3 000 000
借:主营业务成本	2 100 000	
贷:开发产品		2 100 000

(2)收到第一笔房款。

借:银行存款	1 800 000	
贷:应收账款		1 800 000

(3)3 个月后,收到余款。

借:银行存款	1 200 000	
贷:应收账款		1 200 000

2. 产品销售成本的调整

在实务操作过程中,房地产开发企业对外销售产品时,由于基础设施、公共配套设施的建造尚未完工,使得其开发产品的成本不能按实际发生的成本正确计算,开发产品的实际成本的核算往往滞后于开发产品交付时间。为了遵循收入成本配比原则,企业销售成本结转,通常采用按收入的一定比例暂估结转已售产品的销售成本,或者采取预提应由主体项目负担的基础设施、公共配套设施的配套成本,计算已完工开发产品的成本。待开发的所有项目完工结算后,计算出正确的实际产品成本,再调整已售产品的销售成本。

同时开发的项目,由于其用途不同,往往收入差异很大,如同一幢楼的一层是商铺,楼上是住宅等,由于其销售的价格相差极远,对单位成本的核算往往采用平均售价或预售价格在不同类型的产品之间进行分配。

企业销售成本调整计算步骤如下:

(1)计算分摊权数,即预计的销售收入;

(2)计算分配率(分摊系数):

$$分配率(分摊系数)=\frac{某项产品预计收入总额}{预计的总收入}$$

（3）计算应分摊的开发成本：

某项产品应分摊开发成本＝开发产品总成本×该项产品分配率

（4）计算单位成本：

$$某项产品单位成本＝\frac{某项产品分摊的总成本}{某项产品开发的面积}$$

（5）计算未售开发产品成本：

某项未售开发产品成本＝该项产品单位成本×该项产品未售面积

（6）计算销售成本调整数：

销售成本调整数＝开发产品成本－未售产品成本－已暂估结转的销售成本

【做中学】根据引例 3-2

（1）根据上述步骤计算结果见表 4-13。

表 4-13

序号	项目	开发总面积(m²)	未售面积(m²)	平均售价	分摊权数(预计总收入)	分摊系数	分摊成本	单位成本	未售产品成本
栏数		3	4	5	6	7	8	9	10
计算公式					③×⑤	⑥/∑⑥	⑦×∑⑧	⑧/③	④×⑨
1	住宅	52 053.27	114.4	4 815.89	250 682 822.46	0.719 950 23	176 200 619.41	3 385.01	387 244.66
2	商铺	3 968.26	406.49	14 990.4	59 485 804.70	0.170 840 66	41 811 543.10	10 536.49	4 282 978.98
3	办公楼	711.69	711.69	4 777.36	3 399 999.34	0.009 764 651	2 389 800.72	3 357.92	2 389 800.72
4	车位	4 717.6	2 531.07	4 209.26	19 857 604.98	0.057 030 183	13 957 567.03	2 958.62	7 488 464.30
5	其他	13 920	13 920	1 060.95	14 768 424.00	0.042 414 275	10 380 469.75	745.72	10 380 469.75
	合计	75 370.82	17 683.65		348 194 655.48	1	244 740 000.00		24 928 958.41

（2）结转开发产品实际成本。

借：开发产品——A 项目　　　　　　　　　　　　244 740 000

　贷：开发成本——A 项目　　　　　　　　　　　　　　244 740 000

（3）调整已售产品的销售成本。

已销产品应结转的销售成本＝244 740 000－24 928 958.41＝219 811 041.59（元）

应调整的已售产品销售成本＝219 811 041.59－234 550 000＝－14 738 958.41（元）

其中：2009 年应调整的产品成本＝565.6×3 385.01＋362.81×2 958.62－3 190 000＝－202 021.42（元）

以前年度损益调整＝－14 738 958.41－（－202 021.42）＝－14 536 936.99（元）

借：开发产品——A 项目　　　　　　　　　　　　14 738 958.41

　主营业务成本　　　　　　　　　　　　　　　202 021.42

　贷：以前年度损益调整　　　　　　　　　　　　　14 536 936.99

（4）A 项目开发成本、开发产品明细详见表 4-14 和表 4-15。

表 4-14 　　　　　　　　　开发成本明细账

明细账户：A 项目　　　　　　2014 年 12 月 31 日　　　　　　货币单位：万元

2014 年		凭证号码	摘要	借方明细发生额								余额
月	日			土地征用及拆迁补偿费	前期工程费	建筑安装工程费	基础设施费	公共配套设施费	借款利息	开发间接费用	合计	
略	略		期初结转	7 012	333	12 442	1 827	350	581	330	22 875	22 875
			建筑安装工程费	806							806	23 681
			基础设施款结算				185				185	23 866
			公共配套设施费结算					573			573	24 439
			分配开发间接费用							35	35	24 474
			结转开发产品成本	−7 818	−333	−12 442	−2 012	−923	−581	−365	−24 474	
			本年工程发生合计	806	0		185	573	0	35	1 599	
			累计工程发生合计	7 818	333	12 442	2 012	923	581	365	24 474	

表 4-15 　　　　　　　　　开发产品明细账

明细账户：A 项目　　　　　　2014 年 12 月 31 日　　　　　　货币单位：万元

2014 年		凭证号码	摘要	借方发生额	贷方发生额	余额
月	日					
略	略		期初结转			−23 136
			暂估结转销售成本		319	−23 455
			结转开发成本	24 474		1 019
			调整销售成本	1 473.895 841		2 492.895 841
			合计	25 947.895 84	319	

二 开发产品出租的核算

（一）临时出租的核算

对于临时出租的开发产品，可视作存货。企业可设置"出租开发产品"账户，并在其下设置"出租产品"和"出租产品摊销"两个明细账户。同时，应根据出租经营的实际情况，建立"出租产品"卡片，按出租产品的类别、土地（或房屋）的编号、承租单位等进行明细核算，详细记录出租产品的地点、结构、层次、面积、租金、单位等情况。

"出租产品"明细账主要用于核算出租开发产品的原始价值，其借方登记出租的土地及房屋的原始价值，贷方登记改变出租开发产品用途对外销售的出租开发产品的原始价值。借方余额反映实际出租的土地、房屋的原始价值。

"出租产品摊销"明细账主要用于核算实际出租的开发产品的摊销价值，其贷方登记按月计提出租产品的摊销价值，借方登记改变出租产品用途，对外销售出租产品时冲销的出租开发产品的已摊销价值。贷方余额反映实际出租的土地、房屋等出租开发产品累计摊销价值。出租产品摊销方法通常按直线法按月摊销。

(1)房屋竣工,临时出租。

借:开发产品——房屋　　　　　　　　　　　　　　　7 200 000

　　贷:开发成本　　　　　　　　　　　　　　　　　　　　　　　7 200 000

借:出租开发产品——出租产品　　　　　　　　　　　7 200 000

　　贷:开发产品——房屋　　　　　　　　　　　　　　　　　　　7 200 000

(2)每月收到租金。

借:银行存款　　　　　　　　　　　　　　　　　　　15 000

　　贷:主营业务收入(或其他业务收入)　　　　　　　　　　　　　15 000

(3)每月摊销。

月摊销额=7 200 000×(1-4%)/50/12=11 520(元)

借:主营业务成本(或其他业务成本)　　　　　　　　11 520

　　贷:出租开发产品——出租产品摊销　　　　　　　　　　　　　11 520

(4)发生修理费。

借:管理费用　　　　　　　　　　　　　　　　　　　5 000

　　贷:银行存款　　　　　　　　　　　　　　　　　　　　　　　5 000

(5)出售收到房屋销售款。

借:银行存款　　　　　　　　　　　　　　　　　　　9 000 000

　　贷:主营业务收入　　　　　　　　　　　　　　　　　　　　　9 000 000

(6)结转其销售成本。

借:主营业务成本　　　　　　　　　　　　　　　　　7 165 440

　　出租开发产品——出租产品摊销(11 520×3)　　　34 560

　　贷:出租开发产品——出租产品　　　　　　　　　　　　　　　7 200 000

(二)经营出租的核算

　　企业会计准则对出租性房地产进行了统一规范,将对外出租的房产、对外出租的土地使用权以及持有并准备增值后转让的土地使用权,统一划分为投资性房地产。因此,房地产开发企业经营出租的开发产品,应按《企业会计准则第3号——投资性房地产》的规定进行核算。

1.账户设置

　　为了核算企业经营出租的产品,企业应当设置"投资性房地产""投资性房地产累计折旧(摊销)""公允价值变动损益"等账户进行核算。

　　按会计准则的规定,投资性房地产的后续计量可采用成本和公允价值两种模式,通常应当采用成本模式计量,满足特定条件的可以采用公允价值模式计量。但是,同一企业只能采用一种模式,不能同时采用两种模式。

2. 采用成本模式计量投资性房地产的主要账务处理

(1)企业将开发产品出租时,按开发产品成本借记"投资性房地产"账户,贷记"开发产品"或"开发成本"账户。

(2)按月对出租的产品计提折旧或进行摊销,借记"主营业务成本"或"其他业务成本"账户,贷记"投资性房地产累计折旧(摊销)"账户。

(3)取得租金收入,借记"银行存款"账户,贷记"主营业务收入"或"其他业务收入"账户。

(4)出售出租开发产品时,按实际收到的金额,借记"银行存款"等账户,贷记"主营业务收入"账户。同时,借记"主营业务成本""投资性房地产累计折旧(摊销)"账户,贷记"投资性房地产"账户。

【做中学】根据引例 3-4

(1)2012 年 11 月,交付房屋。

借:投资性房地产——写字楼   7 500 000
    贷:开发成本——房屋开发(写字楼)   7 500 000

(2)每月收取租金。

借:银行存款   65 000
    贷:其他业务收入   65 000

(3)每月末摊销写字楼成本。

月摊销额＝7 500 000×(1－5％)÷20÷12＝29 687.50(元)

借:其他业务成本   29 687.50
    贷:投资性房地产累计折旧(摊销)   29 687.50

(4)发生维修费支出。

借:管理费用——修理费   12 000
    贷:银行存款   12 000

(5)出租产品取得转让收入。

借:银行存款   10 000 000
    贷:主营业务收入   10 000 000

(6)结转写字楼成本。

借:主营业务成本   5 718 750
   投资性房地产累计折旧(摊销)(29 687.50×12×5)   1 781 250
    贷:投资性房地产——写字楼   7 500 000

3. 采用公允价值模式计量投资性房地产的主要账务处理

当企业采用公允价值模式对投资性房地产进行后续计量,应同时满足下列条件:

(1)投资性房地产所在地有活跃的房地产交易市场。

(2)企业能够从活跃的房地产交易市场上取得同类或类似房地产的市场价格及其他

相关信息,从而对投资性房地产的公允价值做出合理的估计。

采用公允价值模式计量的账务处理步骤如下:

(1)企业直接将开发产品出租时,按开发产品成本借记"投资性房地产——成本"账户,贷记"开发成本"账户。

(2)将作为存货的开发产品转作投资性房地产的,应按其转化日的公允价值,借记"投资性房地产"账户,贷记"开发产品"账户,按其差额,贷记"其他综合收益"或借记"公允价值变动损益"账户。

(3)每月末不对投资性房地产计提折旧或摊销。资产负债表日,出租产品的公允价值高于其账面余额的差额,借记"投资性房地产——公允价值变动"账户,贷记"公允价值变动损益"账户;公允价值低于其账面余额的差额做相反的会计分录。

(4)取得租金收入,借记"银行存款"等账户,贷记"其他业务收入"账户。

(5)租赁结束,转回开发产品时,应按其在转换日的公允价值,借记"开发产品"账户,按其账面余额,贷记"投资性房地产(成本、公允价值变动)"账户,按其差额,贷记或借记"公允价值变动损益"账户。

(6)出售开发产品时,按实际收到的金额,借记"银行存款"等账户,贷记"主营业务收入"账户。按该项投资性房地产的账面余额,借记"主营业务成本"账户,贷记"投资性房地产——成本"、贷记或借记"投资性房地产——公允价值变动"账户;同时,按该项投资性房地产的公允价值变动,借记或贷记"公允价值变动损益"账户,贷记或借记"主营业务成本"账户。按该项投资性房地产在转换日计入资本公积的金额,借记"其他综合收益"账户,贷记"主营业务成本"账户。

【做中学】根据引例 3-5

(1)2012 年 11 月,交付房屋。

借:投资性房地产——写字楼(成本)	7 500 000	
贷:开发成本——房屋开发(写字楼)		7 500 000

(2)每月收取租金。

借:银行存款	65 000	
贷:其他业务收入		65 000

(3)2012 年 12 月 31 日,该写字楼公允价值为 950 万元,高于账面价值 200 万元。

借:投资性房地产——写字楼(公允价值变动)	2 000 000	
贷:公允价值变动损益		2 000 000

(4)2013 年 6 月 30 日,该写字楼公允价值为 920 万元,低于账面价值 30 万元(此时的账面价值为 950 万元)。

借:公允价值变动损益	300 000	
贷:投资性房地产——写字楼(公允价值变动)		300 000

(5)2014 年 12 月 31 日,该写字楼公允价值为 820 万元,低于账面价值 100 万元(此时的账面价值为 920 万元)。

借:公允价值变动损益   1 000 000

    贷:投资性房地产——写字楼(公允价值变动)   1 000 000

(6)发生维修费支出。

借:管理费用——修理费   12 000

    贷:银行存款   12 000

(7)取得转让收入。

借:银行存款   10 000 000

    贷:主营业务收入   10 000 000

(8)结转写字楼成本。

借:主营业务成本   8 200 000

    贷:投资性房地产——写字楼(成本)   7 500 000

               ——写字楼(公允价值变动)   700 000

(9)将累计形成的公允价值变动损益转入其他业务成本。

借:公允价值变动损益   700 000

    贷:主营业务成本   700 000

三 周转房的核算

1. 账户设置

为了核算周转房的使用、摊销及其增减变动情况,企业应设置"周转房"账户。

(1)账户核算的内容

本账户核算企业用于安置拆迁居民周转使用房的实际成本。期末借方余额反映企业安置房的实际成本及在用安置房的摊余价值,属于资产类账户。

(2)明细核算

"周转房"账户下设"在用周转房"和"周转房摊销"两个明细账户,用于核算在用周转房的使用情况。

(3)主要账务处理

"在用周转房"明细账主要用于核算在用周转房实际成本,其借方登记增加的在用周转房实际成本,贷方登记减少的在用周转房实际成本。借方余额反映在用周转房的原始价值。

"周转房摊销"明细账主要用于核算周转房的摊销价值,其贷方登记按月提取的在用周转房摊销价值,借方登记改变周转房用途,对外销售应冲减的已计提摊销价值。贷方余额反映在用周转房的累计已计提摊销价值。

2. 周转房的核算

企业开发建成的周转房,应在其竣工验收后,按其实际成本,借记"开发产品"账户,贷记"开发成本"账户。转作周转房时,借记"周转房——在用周转房"账户,贷记"开发产品"账户。

周转房在使用过程中,其损耗的价值应转移到受益对象的成本中。由于周转房并非以营利为目的,因而其每期的摊销额应由入住的拆迁居民原所在地正在开发的工程来承担。

周转房摊销价值一般应按月计提,其计算原理类似于出租开发产品摊销额的计算,基本计算公式如下:

周转房年摊销率=(1-净残值率)÷预计摊销年限×100%

周转房月摊销率=周转房年摊销率÷12

周转房月摊销额=应计提摊销的周转房原值×该周转房月摊销率

周转房损耗价值的摊销额,应在"周转房——周转房摊销"账户中核算。每月计提的周转房摊销额,若能确定其为某项土地或房屋开发项目承担,应直接计入该土地或房屋的开发成本,即借记"开发成本——土地开发"或"开发成本——房屋开发"账户,贷记"周转房——周转房摊销"账户;若不能确定其为某项土地或房屋开发项目承担,则应借记"开发间接费用"账户,贷记"周转房——周转房摊销"账户。

周转房在使用过程中,如果发生修理费用,应作为有关开发项目的成本。需要注意的是,企业根据实际情况经常会改变周转房的用途,将其作价对外销售,在销售前,企业往往会对周转房进行恢复性修缮,此时所支付的修缮费如果金额较少,可作为"销售费用"处理,金额较大则构成该周转房的成本。

企业将周转房改变用途,对外销售时,应视同商品房销售处理。取得销售收入时,借记"银行存款""应收账款"等账户,贷记"主营业务收入"账户;同时,结转销售成本,按周转房的摊余价值借记"主营业务成本"账户,按累计已计提摊销价值借记"周转房——周转房摊销"账户,按周转房的原始价值贷记"周转房——在用周转房"账户。

【做中学】根据引例 3-6

(1)结转开发产品。

借:开发产品——房屋　　　　　　　　　　　　　　　　6 000 000

　　贷:开发成本　　　　　　　　　　　　　　　　　　　　　　6 000 000

借:周转房——在用周转房　　　　　　　　　　　　　　6 000 000

　　贷:开发产品——房屋　　　　　　　　　　　　　　　　　　6 000 000

(2)计提 1 号楼周转房的摊销额。

每月应摊销额=6 000 000×(1-5%)÷50÷12=9 500(元)

借:开发成本(或开发间接费用)　　　　　　　　　　　　9 500

　　贷:周转房——周转房摊销　　　　　　　　　　　　　　　9 500

(3)发生修理费支出。

借:开发成本(或开发间接费用)　　　　　　　　　　　　8 000

　　贷:银行存款　　　　　　　　　　　　　　　　　　　　8 000

(4)收到出售的房款。

借:银行存款　　　　　　　　　　　　　　　　　　　8 000 000

　　贷:主营业务收入　　　　　　　　　　　　　　　　　　8 000 000

(5)结转周转房成本。

借:主营业务成本　　　　　　　　　　　　　　　　　5 772 000

　　周转房——周转房摊销(9 500×12×2)　　　　　　　228 000

　　贷:周转房——在用周转房　　　　　　　　　　　　　6 000 000

【实践任务】

工作任务 1

鸿达房地产开发公司以拍卖方式取得一块土地的使用权,按规划可建 10 幢总面积为 28 100 平方米的建筑物。其中:1#楼建筑面积为 2 400 平方米,2#楼建筑面积为 1 800 平方米,锅炉房、收发室等公共配套设施建筑面积为 100 平方米。该公司在开发过程中发生了下列经济业务:

1. 以银行存款支付土地出让金 4 250 万元、拆迁安置补偿费 1 000 万元。

2. 以银行存款支付前期工程费 250 万元、基础设施费 700 万元。

3. 土地开发完成后,将 1#楼及锅炉房、收发室等工程发包给市建一公司,1#楼合同价款 1 000 万元,工程完工结算前,以银行存款预付工程款共计 600 万元。

4. 锅炉房、收发室工程完工,结算工程价款 364 万元。

5. 1#楼工程完工,对市建一公司提交的"工程价款结算单"审查后支付余款。

6. 公司将 1#楼一套 108 平方米的住房出售,收到房款 120 万元并存入银行。

7. 公司以分期付款的方式销售 1#楼一套 120 平方米的住房,房款 150 万元,签订合同时收取房款 75 万元现金,余款半年后收取。

8. 2#楼工程发包给房建公司,现已完工,合同价款 900 万元,原已预付工程款 630 万元,对"工程价款结算单"审查后支付余款。

9. 2#楼完工后,签订合同整体出租给华厦公司。

10. 按华厦公司的要求对 2#楼进行装修,共发生费用 80 万元,以银行存款支付。

11. 收到华厦公司支付的半年房租 60 万元。

12. 半年后,收到上述分期付款销售住房款 75 万元。

13. 五年后,2#楼的租赁合同到期,公司以每平方米 12 500 元的价格将其出售,假设该公司对投资性房地产采用成本模式计量,2#楼的月摊销率为 0.4%。

要求:为上述经济事项编制会计分录。

工作任务 2

安达房屋开发公司征地一处,拟建商品房两栋:甲座、乙座以及锅炉房等配套设施,其建筑面积如下:甲座 10 000 平方米、乙座 15 000 平方米、锅炉房等配套设施 200 平方米。

开发过程中发生业务如下:

1. 以银行存款支付土地出让金 10 000 000 元,拆迁安置补偿费 13 000 000 元。

2. 以银行存款支付前期工程费 1 000 000 元,基础设施费 3 000 000 元。土地开发完成后,结转土地开发成本。

3. 将商品楼甲座及锅炉房等配套设施发包给第一建筑公司。甲座合同价款 10 000 000 元。开工后,以银行存款预付工程款 60%,计 6 000 000 元。

4. 锅炉房等配套设施完工，结算应付工程款 500 000 元，并按受益面积（甲座 10 000 平方米、乙座 15 000 平方米）结转配套设施费。

5. 商品楼甲座工程完工，经审查第一建筑公司的"工程价款结算单"后，同意支付剩余工程款 4 000 000 元。

6. 销售商品楼甲座中的 10 套房屋，建筑面积合计 1 200 平方米，单价每平方米 3 000 元，收入合计 3 600 000 元，存入银行。

7. 商品楼乙座发包给第二建筑公司，合同价款 13 500 000 元，已预付 8 100 000 元，审查"工程价款结算单"后，同意支付剩余工程款。

8. 商品楼乙座竣工，结转开发产品成本。为安置动迁居民，将其转为周转房。

9. 月末，计提周转房乙座的摊销额，月摊销率为 0.2%。

10. 2 年后，公司将周转房乙座作为商品房对外销售，收入 45 000 000 元，存入银行。

请你以该公司会计的身份，处理上述经济业务。

说明：按单项工程确定核算对象。土地开发费和配套设施费可按建筑面积分配。

学习情境小结

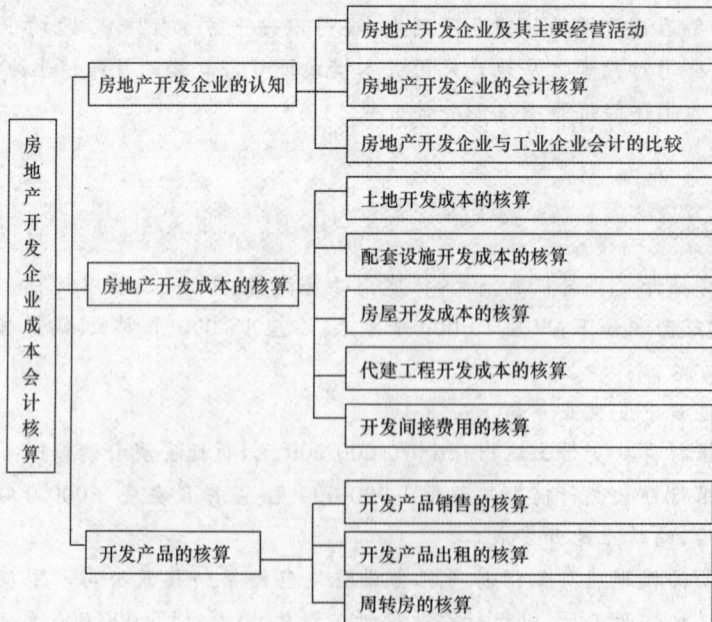

学习情境思考

　　张三厚是一家工业企业的会计，刚刚应聘进入一家房地产开发企业，继续从事会计工作，他在工作中遇到一些问题，你能帮他解决吗？

　　1. 房地产开发企业的开发成本主要包括哪些？如何设置账户？

　　2. 什么是周转房？周转房的核算主要涉及哪些业务？

　　3. 房地产开发企业开发产品的增加和出售如何核算？

　　4. 房地产开发企业"开发间接费用"与工业企业哪个账户的用法相似？如何使用？

　　5. 房地产开发企业的成本核算与其他行业会计是否相同？为什么？

　　6. 房地产开发企业出租开发产品如何核算？后续计量模式有哪几种？改变用途对外出售时如何进行账户处理？

模块五

运输企业
成本会计核算

cosT

学习情境	工作任务
运输企业的认知	运输企业的概念及其分类
	运输企业的业务特点
	运输企业会计核算与其他行业会计核算的比较
公路营运成本的核算	营运成本的内容及成本项目
	营运成本的计算方法
水运营运成本的核算	船舶运输企业成本核算内容
	港口企业成本核算内容
铁路营运成本的核算	铁路运输成本会计核算特点
	铁路运输企业成本的构成
航空营运成本的核算	航空公司成本费用的种类
	航空运输企业成本核算账户的设置

知识目标

1.了解运输企业生产经营管理的特点;

2.熟悉运输企业成本核算对象、内容和会计科目;

3.掌握运输企业成本的构成项目与核算方法;

4.掌握运输企业成本费用的确认、计量和账务处理。

能力目标

1.能够独立承担公路运输企业营运成本的核算工作;

2.能够独立承担海洋运输企业营运成本的核算工作;

3.能够独立承担铁路运输企业营运成本的核算工作;

4.能够独立承担航空运输企业营运成本的核算工作;

5.具备一定的会计职业判断能力,能对行业基本经济业务进行综合设计与核算。

学习情境一　运输企业的认知

知识准备

一　运输企业的概念及其分类

1.运输企业的概念

运输企业是指利用运输工具专门从事运输生产或直接为运输生产服务的企业,其生产活动或服务的结果是使劳动对象发生空间位置上的转移,从而使旅客到达目的地、货物到达经销商或消费者手中。

2.运输企业的分类

按照运输方式的不同,常见的客货运输企业一般可分为公路运输企业、水路运输企业、铁路运输企业、航空运输企业等。

(1)公路运输企业是以汽车为主要运输工具的运输企业,一般分为长途运输业和短途运输业两种,其运输对象为货物或旅客。

(2)水路运输企业是以船舶为主要运输工具的运输企业。根据运输对象的不同,一般分为客运和货运;根据运输路线的不同,一般分为内河运输业和海洋运输业,海洋运输业又可分为沿海运输业和远洋运输业。

(3)铁路运输企业是以火车、动车为运输工具对外提供运输劳务以获得经营收入的生产部门,一般分为货运和客运。

(4)航空运输企业是以飞机为运输工具对外提供运输劳务以获得经营收入的生产部门,包括货运业和客运业两种。

除此之外,管道运输业也属于运输企业,但它只从事特殊货物的运输,如石油、天然气等。

二　运输企业的业务特点

公路、水路、铁路及航空等各个运输企业都各具特点,但与一般的工商企业相比,它们又具有业务上的共性特征,并足以使运输企业与一般工商企业区别开来。归纳起来,运输企业的特征主要包括:

(1)运输生产过程比较特殊。运输过程通常也被称为运输的生产经营过程,在运输的生产经营过程中,只能消耗劳动工具,不能像工业企业一样消耗劳动对象,也不能改变劳动对象(旅客和货物)的属性和形态,如果运输生产过程中消耗了劳动对象,则意味着交通事故的发生。在特殊的运输生产过程中，不会产生任何有形产品，运输企业的唯一功能就是改变旅客和货物的空间位置，是一种纯粹的运送服务。

（2）运输生产的产品非常特殊。运输业的产品表现为运输服务的完成，这种产品的特殊性在于它是无形的，而且不能保存和积累。运输过程既是生产过程，同时也是销售和消费过程。运输业务的开始意味着营业收入赚取过程和消费过程的开始，运输业务的结束意味着营业收入的实现和消费过程的结束。因此，运输业对于产品质量的要求比其他任何行业都更加细致和严格，因为运输产品无法退换，一旦运输质量出现了问题，就可能造成无法挽回的损失。

（3）运输生产的形式比较特殊。一般工商企业的生产经营活动都是在某一固定地点进行的，如生产企业的生产一般在车间进行、商品销售活动一般在商场进行等。而运输企业则具有极强的流动性，它不可能在室内某一固定的场所进行，而是在户外广阔的空间进行。因此，运输生产受自然条件及外界环境的影响较大，安全问题比较突出。与一般工商企业相比，运输生产收入的实现过程更加复杂。比如，铁路运输就需要通过铁路运输部门以及运输沿线各单位、各部门、各工作人员，在不同空间和时间内密切配合和分工协作才能完成。

三　运输企业会计核算与其他行业会计核算的比较

运输企业会计与其他行业会计之间具有一定的共性。一般的会计理论、会计原则、会计制度和会计方法，对于运输企业和其他行业都普遍适用。与此同时，运输企业在经营和管理上，与其他行业又存在明显的差别，在具体的会计核算上也有所不同。

下面主要从计量单位、成本费用构成、计算对象和基本业务核算等方面，对运输企业会计与其他行业会计进行比较，见表5-1。

表 5-1

比较项目	共性	特性
计量单位	价值计量单位基本上是一致的，均以人民币或外币为基本计量单位	货物与旅客周转量的计量取决于两个因素：一是数量，二是距离。其计量单位为人公里（海里）、吨公里（海里）等
成本费用构成	在生产过程中也会发生各项运营成本和费用，如原材料、工资、福利费、燃料、折旧、修理费、办公费等	没有像工业产品成本那样具有构成产品实体并占相当高比重的原材料和主要材料，而多是与运输工具使用有关的费用，一定时期内的运输生产成本可视为这一期间的产品销售成本
计算对象	核算对象是确定归集和分配生产费用的具体对象，即生产费用承担的客体。商品经过运输，所追加的交换价值和其他商品的交换价值一样，都要有生产过程，也就是在运输过程中消耗的生产要素的价值所决定的	交通运输企业的劳动对象，不是对原材料加工制造，而是它所运输的商品，不是物资形态的变化，而是空间位置的变化。成本和利润的计算对象不是对原材料加工完成的各批产品，而是对货物、船舶、车辆、航线、航次等不同对象的计算
基本业务核算	工业企业与运输企业都是从国家或银行或向社会集资获得货币资金，购买材料、支付工资和其他费用，供应过程是相同的，在生产过程中，都要消耗各种生产要素	没有与生产过程相分离的产品销售过程，企业进行运输生产过程，经过核收费用和装卸费等的结算，即可获得资金。运输企业在基本业务中不需要组织产成品和销售的核算

学习情境二　公路营运成本的核算

引例1

温州市交通运输集团有限公司所属的长运公司经营客、货两类运输业务,下设一个修理辅助车间。本月营运车日总计为 3 200 日,其中客车 800 日,货车 2 400 日,本月发生的营运间接费用和辅助费用均按照营运车日进行分配。本月发生如下营运费用:

(1)计提及分配薪酬费用(表5-2)。

表5-2　　　　　　　　　　工资及职工福利费汇总表　　　　　　　　　　单位:元

借方科目		工资总额	职工福利费
二级明细科目	三级明细科目	(1)	(1)×14%
运输支出	客车	20 000	2 800
	货车	25 000	3 500
	小计	45 000	6 300
辅助营运费用	修理车间	3 500	490
营运间接费用	修理车间	3 200	448
	车站	2 500	350
	车队	1 000	140
	小计	6 700	938
管理费用	工资	700	98
合计		55 900	7 826

(2)计算公司耗用的燃料(见表5-3)。

表5-3　　　　　　　　　　燃料耗用计算汇总表　　　　　　　　　　单位:元

领用单位	本月领用	期初存油	期末存油	本月耗油
客车领用	27 000	5 000	4 000	28 000
货车领用	25 600	8 000	9 000	24 600
车站领用	400	500		900
车队领用	650			650
管理部门	1 000			1 000
合计	54 650	13 500	13 000	55 150

（3）分配摊提轮胎费用（见表5-4）。

表 5-4　　　　　　　　　　　　　轮胎摊提费用分配表　　　　　　　　　　　　单位：元

借方科目			贷方
一级科目	二级科目	三级科目	
主营业务成本	运输支出	客车	50 000
		货车	47 000
		小计	97 000
劳务成本	营运间接费用	车站	1 000
合计			98 000

（4）计提折旧（见表5-5）。

表 5-5　　　　　　　　　　　　　折旧费用的分配表　　　　　　　　　　　　单位：元

借方明细科目	车间部门	本月计提折旧					合计
		客车	货车	非营运车	机器设备	房屋建筑物	
运输支出	客车	25 000					25 000
	货车		2 000				2 000
	小计	25 000	2 000				27 000
营运间接费用	修理车间				4 500		4 500
	车站			1 600			1 600
	车队			800			800
	小计			2 400	4 500		6 900
管理费用	管理部门			2 000		5 000	7 000
合计		25 000	2 000	4 400	4 500	5 000	40 900

（5）分配营运间接费用（见表5-6）。

表 5-6　　　　　　　　　　　　　营运间接费用分配表　　　　　　　　　　　　单位：元

成本核算对象	分配标准（日）	分配率	分配额（元）
客车运输队	800	1/4	3 885
货车运输队	2 400	3/4	11 653
合计	3 200	1	15 538

（6）分配辅助营运费用（见表5-7）。

表 5-7　　　　　　　　　　　　　辅助营运费用分配表　　　　　　　　　　　　单位：元

成本核算对象	分配标准（日）	分配率	分配额（元）
客车运输队	800	1/4	1 385
货车运输队	2 400	3/4	4 155
合计	3 200	1	5 540

要求：

（1）编制相应的会计分录；

（2）计算当月客货车队的成本并编制结转运输成本的分录。

知识准备

一 营运成本的内容及成本项目

(1)工资:是指按规定支付给营运车辆司机的基本工资、工资性津贴、生产性奖励金。

(2)职工福利费:是指按规定的工资总额和比例计提的职工福利费。

(3)燃料:是指营运车辆运行中所消耗的各种燃料,比如汽油、柴油等。

(4)轮胎:是指营运车辆运行中所耗用的外胎、内胎、垫带的费用支出以及轮胎翻新费和零星修补费。

(5)修理费:是指营运车辆进行各级维护和小修所发生的工料费、修复旧件费用和行车耗用的机油费用以及车辆大修费用。

(6)车辆折旧:是指营运车辆按规定方法计提的折旧费。

(7)车辆保险费:是指向保险公司缴纳的营运车辆的保险费用。

(8)事故费:是指营运车辆在运行过程中,因行车肇事所发生的事故损失,扣除保险公司赔偿后的事故费用。

(9)税金:是指按规定缴纳的车船使用费、燃油税。

(10)其他费用:是指不属于以上各项的车辆运输营运费用。

二 营运成本的计算方法

(1)满油箱制车存燃料管理法

在实行满油箱制车存燃料管理办法下,车辆投产后即按油箱容积加满燃料作为车存燃料,车存燃料只是燃料保管地点的转移,它仍属于库存燃料的一部分,而不能作为燃料消耗。在车辆调出、停用、进厂大修和改装时必须办理车存燃料退料手续。每次加油时加满油箱为止,以补足车存燃料的原领数。每次加油数绝大部分情况都不是整数。这种办法下,车辆当月加油数就是消耗数。

(2)盘存制车存燃料管理法

车辆投产后也需领用车存燃料数,它一般是按整数添加的。由于车存燃料数经常变动,因此,每月必须对实际的车存燃料数进行盘点,并按如下公式确定实际消耗数:

当月实际耗用数＝月初车存数＋本月领用数－月末车存数

(3)工作量法计提折旧

汽车运输企业车辆折旧一般按工作量计提,即按实际行驶千车公里计算折旧额。其计算公式如下:

$$千车公里折旧费 = \frac{车辆原价 - (预计残值 - 预计清理费) - 轮胎价值}{预计行驶总里程} \times 1\,000$$

折旧提取额 ＝ 千车公里折旧费 × 实际行驶千车公里

一 **营运成本的核算**

1.账户设置

公路运输企业进行成本核算时,需要在"主营业务成本"科目和"劳务成本"一级科目下设置明细科目,并且还要通过"其他业务支出"一级科目核算。

(1)"主营业务成本"科目

公路运输企业具体核算成本时往往在"主营业务成本"科目下设置"运输支出""装卸支出""堆存支出""代理业务支出"等若干明细科目。

①"运输支出"明细科目。该科目用于核算汽车运输企业经营旅客、货物运输业务所发生的各项费用支出。借方登记经营运输业务所发生的各项费用,贷方登记期末转入"本年利润"科目的本期运输支出实际发生额,结转后,本科目一般无余额。本科目一般按运输工具类型或单车设置明细账进行明细核算。

②"装卸支出"明细科目。该科目用于核算汽车运输企业经营装卸业务所发生的各项费用支出。借方登记装卸支出的全部发生额,贷方登记月终转入"本年利润"科目的全部装卸支出,经过上述结转,本科目月终一般无余额。该明细科目一般按专业区域或货种以及规定的成本项目设置三级明细账。

③"堆存支出"明细科目。该科目用于核算企业经营仓库和堆场业务所发生的费用支出。借方登记堆存支出全部发生额,贷方登记月终转入"本年利润"科目的全部堆存支出,经过上述结转,本科目月终一般无余额。该明细科目一般按装卸作业区、仓库、堆卸种类设置三级明细账,进行明细分类核算。

④"代理业务支出"明细科目。该科目用于核算企业经营各种代理业务所发生的各项费用,借方登记各项代理业务发生的各项费用支出,包括工资、材料、低值易耗品摊销、折旧费、水电费、修理费、租赁费、差旅费、取暖费、劳动保护费等,贷方登记月终转入"本年利润"科目的数额,经过上述结转,本科目一般无余额。该明细科目按代理业务种类和规定的成本项目设置三级明细科目,进行明细分类核算。

(2)"劳务成本"科目

公路运输企业核算待分配费用和辅助费用可在"劳务成本"下设置"营运间接费用""辅助营运费用"明细科目,这些明细科目主要的核算内容如下:

①"营运间接费用"明细科目。该科目用于核算企业在营运期间所发生的不能直接计入成本核算对象的各种间接费用(但不包括企业管理费用),包括人事费用和营运费用两部分。借方登记实际发生的营运间接费用,贷方登记月终按一定分配标准分配转入"主营业务成本"科目下的"运输支出""装卸支出""堆存支出""代理支出"等明细科目或"其他业务支出"科目的数额,该科目分配后无余额。

②"辅助营运费用"明细科目。该科目用于核算运输港口企业发生的辅助船舶费用

和企业辅助生产部门生产产品和供应劳务发生的辅助生产费用,包括工资、福利费支出、燃料、折旧费用、劳动保护费、事故损失、其他支出等。借方登记辅助营运费用发生额,贷方登记月终按一定的分配标准分配转入"主营业务成本"下的"运输支出""装卸支出""堆存支出""代理业务支出"等明细科目的数额,结转后本科目无余额。

此外,公路运输企业还应设置"其他业务支出"一级科目。该科目用于核算营运业务以外的其他业务所发生的各项支出,包括相关的成本、费用、营业税金及附加。借方登记发生额,贷方登记月终转入"本年利润"科目的数额,结转后该科目无余额。该科目应按其他业务的种类和规定的成本项目设置明细账,进行明细核算。

2. 核算实务

(1)工资及福利费的归集和分配

汽车运输企业每月发生的工资支出应先在"应付职工薪酬"科目归集,每月再按人员分类分别计入相关的成本中去。工资分配时应编制工资分配汇总表,同时,按工资总额的14%提取福利费。

【做中学】根据引例 1-(1)

分配工资费用时:

借:主营业务成本——运输支出(客车)	20 000
——运输支出(货车)	25 000
劳务成本——辅助营运费用(修理车间)	3 500
——营运间接费用(修理车间)	3 200
——营运间接费用(车站)	2 500
——营运间接费用(车队)	1 000
管理费用	700
贷:应付职工薪酬——工资	55 900

提取工资福利费时:

借:主营业务成本——运输支出(客车)	2 800
——运输支出(货车)	3 500
劳务成本——辅助营运费用(修理车间)	490
——营运间接费用(修理车间)	448
——营运间接费用(车站)	350
——营运间接费用(车队)	140
管理费用	98
贷:应付职工薪酬——职工福利	7 826

(2)计算公司耗用的燃料

【做中学】根据引例 1-(2)

根据燃料耗用汇总表,编制如下会计分录:

借:主营业务成本——运输支出(客车)	28 000

——运输支出（货车）	24 600
劳务成本——辅助营运费用	1 550
管理费用	1 000
贷：原材料——燃料	55 150

（3）轮胎费用的分配

汽车轮胎分为外胎、内胎和垫带三部分。内胎和垫带价值较小，领用内胎和垫带以及发生轮胎零星修补费用时，一般按实际数直接计入各分类成本。领用轮胎可以在领用时（指投入周转使用）一次记入成本"运输支出"账户。一次更换轮胎影响成本较大时，可在一年内分摊计入成本，可以按行驶公里摊销额记入"运输支出"账户。

【做中学】根据引例1-(3)

根据轮胎摊提费用分配表，编制如下会计分录：

借：主营业务成本——运输支出（客车）	50 000
——运输支出（货车）	47 000
贷：其他应付款	97 000
借：劳务成本——营运间接费用	1 000
贷：原材料——轮胎	1 000

（4）折旧的归集和分配

【做中学】根据引例1-(4)

根据折旧费用分配表，编制如下会计分录：

借：主营业务成本——运输支出（客车）	25 000
——运输支出（货车）	2 000
劳务成本——营运间接费用（折旧费）	6 900
管理费用	7 000
贷：累计折旧	40 900

（5）营运间接费用的归集和分配

月末要将实际发生的费用按客车、货车日比例（或客车、货车工资比例）在成本对象之间分摊。计算公式为：

每车日间接费用分配率＝营运间接费用总额÷营运车日总数

客（货）运间接费用分配额＝客（货）车日数×每车日间接费用分配率

【做中学】根据引例1-(5)

根据以上营运间接费用分配表，编制如下会计分录：

借：主营业务成本——运输支出（客车）	3 885
——运输支出（货车）	11 653
贷：劳务成本——营运间接费用	15 538

(6)辅助营运费用的归集和分配

辅助营运费用主要是企业不进行独立核算的辅助生产部门为车队等生产部门提供保养、修理等辅助劳务而发生的辅助生产费用。其核算方法可参照制造业成本的辅助生产费用分配方法。

【做中学】根据引例1-(6)

根据以上辅助营运费用分配表,编制如下会计分录:

借:主营业务成本——运输支出(客车)   1 385

           ——运输支出(货车)   4 155

贷:劳务成本——辅助营运费用   5 540

(7)汽车运输总成本和单位成本的计算

汽车运输总成本分为客车运输总成本、货车运输总成本和客货车运输综合总成本。汽车运输总成本除以运输周转量得出单位成本。

【做中学】根据引例1

本月客车队及货车队的总成本分别为:

客车队运输成本=20 000+2 800+28 000+50 000+25 000+3 885+1 385=131 070(元)

货车队运输成本=25 000+3 500+24 600+47 000+2 000+11 653+4 155=117 908(元)

月末,结转运输成本,编制如下会计分录:

借:本年利润   248 978

贷:主营业务成本——运输支出(客车)   131 070

           ——运输支出(货车)   117 908

学习情境三　水运营运成本的核算

温州市交通运输集团有限公司所属的环球货运公司是一家从事沿海、远洋货运业务的船务公司。该公司拥有"顺利""和平"和"希望"三艘船舶。"顺利"轮:净登记吨28 193.70G/T,系杂货船,经营温州至欧洲航线的货运业务;"和平"轮:净登记吨3 629.00G/T,系全集装箱船(156Teu),经营温州至香港的货运业务;"希望"轮:净登记吨4 633.60G/T,系全集装箱船(264Teu),经营温州至国内沿海各港口的货运业务。

引例2

该公司"希望"轮2月份发生如下营运成本:

(1)支付宁波北仑港口集装箱货物费86 655.90元;港务费、引航费及停泊费22 836.86元;船舶检验费636.00元;物料费23 092.66元;邮电交通费3 038.00元,其他费用1 628.36元。

(2)消耗重油 320 吨、柴油 96 吨,共计人民币 365 156.88 元。

(3)月末,"希望"轮船长报账:支付船员工资、航贴和伙食费共 141 579.96 元;船舶招待费 7 199.21 元。

(4)提取本月职工福利费 5 314.00 元。

(5)分摊本月保险费 34 870.00 元。

(6)提取本月折旧费 73 047.68 元。

引例3

该公司发生集装箱固定费用业务如下:

(1)支付 2 月份集装箱租赁费 112 418.80 元。

(2)本月发生自行采购集装箱修理费 42 498.26 元。

(3)支付集装箱保管费 19 486.36 元、底盘车费用 8 736.56 元。

(4)提取自有集装箱折旧费 36 937.72 元。

(5)分摊集装箱保险费 17 200.00 元。

(6)按集装箱箱位(Teu)分配集装箱固定费用。

引例4

该公司 2 月份,"顺利"轮承载出口花生 37 000 吨,从温州经苏伊士运河至汉堡,耗时 30 天,该航次为"顺利"轮本年第二航次,在这期间发生的相关业务如下:

(1)支付温州外轮代理公司装卸费 335 000 元、引航费 10 149.72 元、港务费 11 841.34 元、停泊费 845.80 元、燃料费 1 259 356.72 元。

(2)收到温州船务代理公司发来的账单,应付该公司 525 280.02 元,具体包括:代理费 33 751.56 元、拖轮费 4 800 元、船舶检验费 812 元、垫舱物料 37 387.78 元、雷达修理费 35 495.44 元、供应物料 56 359.14 元、邮电交通费 1 038 元、佣金 574.10 元、船长借支人民币(RMB)60 000 元、美元(USD)34 000 美元(折合人民币 227 062 元)。

(3)在苏伊士运河,由中欣公司代付运河费 USD3 578.28、淡水费 USD3 317.46、杂费 USD 163.34、佣金 USD 17.64,共计折合人民币 47 260.46 元。

(4)在汉堡港,由中欣公司代付下列支出:装卸费 USD105 625.00,引航费 USD2 556.14,港务费 USD2 440.50,停泊费 USD 317.18,交通船费 USD1 160,船检费 USD326,代理费 USD320.58,医药费 USD1 545.24,更新零配件 USD4 541.20,清理垃圾费 USD775.88,电报通信费 USD2 731.58,佣金 USD305.84,共计折合人民币 819 061.04 元。

(5)由于货物发生短缺,日顺公司索赔人民币 47 294.34 元。经核查后予以确认。

引例5

假设该公司"顺利"轮在本核算年度发生船舶固定费用总计 12 790 847.68 元。"顺利"轮上年末有一航次跨入本年度完成,共占时 16 天,上年每营运天固定成本为 30 692.00 元。该船本年因修理中断营运 10 天,本年年末有一航次跨入下年度完成,共占时 20 天。

要求:

(1)计算单船每营运天固定成本;

(2)计算航次成本。

知识准备

一 船舶运输企业成本核算内容

船舶运输主要包括沿海运输、远洋运输和内河运输。沿海运输是指海运企业船舶在我国近海航线上航行,经营国内沿海各港之间的客、货运输业务。沿海运输同内河运输相比,船舶吨位较大,运输距离较长;与远洋运输企业相比,则运输距离较短,一个单程航次一般数天即可完成。远洋运输企业的运输船舶在国际航线上航行,经营国内外港口之间的客、货运输业务。内河运输企业的运输船舶在内河航线上航行,经营江河港口的客货运输业务。较沿海、远洋运输而言,内河运输具有以下特点:内河运输的船舶较小,并且主要以拖驳运输为主;航线较短,航次时间不长;内河运输有的航道可以终年通航,有的由于季节性枯水、冬季封冻而断航。正因为如此,内河运输的成本核算呈现不同于沿海、远洋运输成本的核算特点。

1. 成本核算对象

航运企业均以客运、货运业务作为成本核算对象,由于经营管理的需要,航运企业还分别以单船、船舶类型(客轮、货轮、客货轮、油轮、拖轮、驳船等)、航次、航线作为成本核算对象。其中,单船成本是基础,可以据以计算船舶类型成本、客运成本、货运成本等。

沿海运输一般先计算单船成本,然后在此基础上定期或不定期计算客运、货运综合成本、客运成本、船舶类型成本。沿海运输一般不计算航次成本和航线成本。

远洋运输以单船的航次为成本核算对象,计算单船的航次成本。原因是远洋运输船舶航次时间长,吨位较大,报告期终了未完成航次运输量和运输费用较大,且期初跨进与期末跨出的运输量和运费极为悬殊。所以,为保证运输成本的正确核算,必须按航次计算成本。

由于内河运输企业的船舶类型较多,除计算客运、货运成本、客货运综合成本外,内河运输企业还应以运输种类为成本计算对象计算运输种类成本。计算成本的种类一般规定如下：①客运，包括客轮客运、客货轮客运、拖驳客运；②货运，包括货轮货运、客货轮货运、拖驳货运；③油运，包括油轮油运、拖驳油运；④排运，指拖驳排运。

2. 成本计算单位

航船运输企业综合成本计算单位为元/千换算吨海里；客运成本计算单位为元/千人海里；货运成本计算单位为元/千吨海里。客运、货运周转量换算比例为一个铺位人海里或三个座位人海里等于一个吨海里。

3. 成本计算期

沿海运输企业由于航次时间不长，各月末未完成航次数相差不多，且未完成航次的运输量和运输费用较少，所以其成本计算期以月、季、年划分。

远洋运输企业核算航次成本的计算期为航次时间。船舶的航次时间，应以上一航次最终港卸空所载货物、旅客时起，至本航次最终港卸空所载货物、旅客时止。航次有单航次和往返航次。单航次是指船舶在两港或多港间进行单程运输；往返航次是指船舶在两港或多港间进行往返运输。远洋运输企业通常按船舶载货（客）单航程航次计算运输成本；单程空航时，以往返航次计算运输成本。

在计算航次成本的基础上，远洋运输企业应计算报告期（月、季、年）全部船舶已完成航次的成本，作为企业该月的运输成本。各船舶在报告期的未完成航次成本转入下期核算。

4. 会计科目设置

船舶运输企业营运成本应在"主营业务成本"科目下设置二级明细科目，即"运输支出"明细科目，在"劳务成本"科目下设置"辅助营运费用""营运间接费用""集装箱固定费用""船舶固定费用""船舶维护费用"等明细科目，其中大部分已在汽车运输企业成本费用的计算中介绍过，此处仅介绍以下几个明细科目。

（1）"集装箱固定费用"明细科目

"集装箱固定费用"明细科目核算运输企业发生的集装箱固定费用。集装箱固定费用主要包括：集装箱保管费，是指空箱存放堆场所支付的堆存费用，以及空箱在港口之间调运所发生的运送费；集装箱折旧费，是指自有集装箱按集装箱价值和规定的折旧率按月计提的折旧费；集装箱修理费，是指修理集装箱所耗用的修理用配件、材料和其他修理费用；保险费，是指向保险公司投保集装箱安全险所支付的保险费用；底盘车费，是指企业自有或租入的集装箱底盘车发生的保险费、折旧费、租金、保管费、修理费等；其他费用。

发生的集装箱固定费用，借记"劳务成本——集装箱固定费用"科目，贷记"银行存款""其他应付款"等科目。月终，按规定的分配标准由单船或航次负担时，借记"主营业务成本——运输支出"科目，贷记"劳务成本——集装箱固定费用"科目。

集装箱固定费用应按集装箱类型设置明细账，并按规定的费用项目进行明细核算。

（2）"船舶固定费用"明细科目

"船舶固定费用"明细科目用来核算计算航次成本的远洋运输企业为保持船舶正常运行状态所发生的费用。船舶固定费用主要包括：工资，是指船员的标准工资、船岸差、副食品价格补贴、回民伙食津贴、航行津贴、油轮津贴、运危险品津贴、船员伙食以及其他按规定支付的工资性津贴；润料费，是指船舶耗用的各项润滑油脂的支出；物料费，是指船舶在运输生产和日常维护保养中耗用、劳动保护以及事务耗用的各种材料，低值易耗品等的费用；船舶折旧费和修理费支出；船舶保险费和车船使用税；船舶共同费用，是指应由船舶共同负担、需经过分配由各船负担的船员费用和船舶业务费；其他船舶固定费用，是指不属于以上各项的其他船舶固定费用，如船舶牌照税、船舶证书费、船舶检验费等。

发生船舶固定费用时，应借记"劳务成本——船舶固定费用"科目，贷记"应付职工薪酬""材料""银行存款"等科目。月末按规定的分配标准，将船舶固定费用分配给各航次成本时，借记"主营业务成本——运输支出"科目，贷记"劳务成本——船舶固定费用"科目。

（3）"船舶维护费用"明细科目

"船舶维护费用"明细科目核算有封冻、枯水等非通航期的内河运输企业所发生的、应由通航期成本负担的船舶维护费用。企业在非通航期从事其他业务所发生的费用，应记入"其他业务支出"等科目，不通过这一科目核算。

船舶维护费用主要包括：职工薪酬，是指应计入船舶维护费的留船人员的职工薪酬；燃料，是指非通航期船舶照明用燃料；材料，指非通航期领用的维护用材料及低值易耗品；保卫费及破冰费；车船使用税；其他费用。

发生船舶维护费时，借记"劳务成本——船舶维护费用"科目，贷记"应付职工薪酬""原材料""银行存款"等科目。月末，将所归集的船舶维护费用采用适当的分配方法，计算通航期每月各成本计算对象应负担的船舶维护费用，借记"主营业务成本——运输支出"科目，贷记"劳务成本——船舶维护费用"科目。在分配船舶维护费用时，也可按计划费用分配数进行分配。但实际发生的船舶维护费用与计划分配数额相差较大的，应及时调整标准。年度终了，船舶维护费用全年实际发生与分配数的差额，应在本年内调整运输成本，借记"主营业务成本——运输支出"科目，贷记"劳务成本——船舶维护费用"科目（实际发生数大于分配数的差额用蓝字，实际发生数小于分配数的差额用红字）。

二 港口企业成本核算内容

港口企业包括海港企业、河港企业，经营货物装运、堆存业务以及代理业务和其他业务。港口业务成本的核算包括装卸业务成本、堆存业务成本、代理业务成本的核算。

1. 成本核算对象

成本核算对象因港口企业营运业务的不同而不同，装卸业务的成本核算对象为港口的货物装卸业务。有条件的企业，还应分别以煤炭、石油、矿石、木材、粮食、集装箱、杂货等主要装卸业务为成本核算对象；堆存业务的核算对象为港口仓库、堆场、油罐、筒仓等的货物堆存业务；代理业务的成本核算对象为各种代理业务；港口企业的其他业务以其他业务的种类为成本核算的对象。

2. 会计科目设置

（1）"装卸支出"明细科目。这个明细科目用于核算海、河港口企业和汽车运输企业因经营装卸业务所发生的费用。借方登记经营装卸业务所发生的各项费用,贷方登记期末转入"本年利润"科目的本科目借方余额,结转后无余额。本科目按专业作业区域或货种设置三级明细科目,进行明细分类核算。

企业经营的装卸业务所发生的各项费用,应按成本核算对象和规定的成本项目予以汇集:能直接计入成本项目的费用,借记本科目,贷记有关科目;不能直接计入的费用可以先在"劳务成本——营运间接费用"等科目核算,月份终了,再将这些费用按规定的分配标准,分配计入有关的成本核算对象,借记本科目,贷记"劳务成本——营运间接费用"等科目。

(2)"堆存支出"明细科目。"堆存支出"明细科目,用来核算企业因经营仓库和堆场业务所发生的费用。借方登记企业经营堆存业务所发生的各项费用,贷方登记期末转入"本年利润"科目的本科目借方余额,结转后本科目无余额。本科目可以按装卸作业区域、仓库、堆场设备种类设置三级明细科目,进行明细分类核算。

企业经营的堆存业务所发生的各项费用,应按成本核算对象和规定的成本项目予以汇集:能直接计入成本项目的费用,借记本科目,贷记各类有关科目;不能直接计入成本项目的,可先在"劳务成本——营运间接费用"等科目核算,月份终了,再将这些费用按规定的分配标准,分配计入有关的成本核算对象中去,借记本科目,贷记"劳务成本——营运间接成本"等科目。

(3)"代理业务支出"明细科目。"代理业务支出"明细科目,用来核算企业经营各种代理业务所发生的各项费用,包括工资、福利费、材料、业务票据、低值易耗品摊销、折旧费、水电费、修理费、租赁费、差旅费、取暖费、劳动保护费等。借方登记企业经营代理业务所发生的各项费用,贷方登记期末转入"本年利润"科目的本科目借方余额,结转后本科目无余额。本科目应按照代理业务种类设置明细账科目,进行明细分类核算。

企业经营代理业务所发生的各项费用,应按成本核算对象和规定的成本项目予以汇集:能直接计入本科目的费用,借记本科目,贷记相关科目;不能直接计入的费用,先在"劳务成本——营运间接费用"等科目核算,月份终了,再将这些费用按规定的分配标准,分配计入有关的成本核算对象,借记本科目,贷记"劳务成本——营运间接成本"等科目。

(4)"港务管理支出"明细科目。"港务管理支出"明细科目,用来核算河海港口企业所发生的各项港务管理支出。借方登记发生的各种港务管理支出,贷方登记期末转入"本年利润"科目的本科目借方余额,结转后本科目无余额。

此外,还设置了"其他业务支出"科目,用来核算企业除营运业务以外的其他业务所发生的各项支出,包括相关的成本、费用、营业税金及附加等。借方登记企业经营其他业务所发生的各项支出,贷方登记期末转入"本年利润"科目的本科目借方余额,结转后无余额。本科目应按其他业务种类设置明细科目,进行明细分类核算。

企业经营其他业务所发生的各项支出,应按成本核算对象和规定的成本项目予以汇集:能直接计入支出的,借记本科目,贷记"应付职工薪酬""累计折旧""原材料""银行存款""应交税费"等科目;不能直接计入支出的,可先在"劳务成本——营运间接费用"等科目核算,月份终了,再将这些费用按规定的标准,分配计入有关的成本核算对象,借记本科目,贷记"劳务成本——营运间接成本""劳务成本——辅助营运费用"等科目。

职业判断与岗位操作

一　沿海运输企业费用的核算

沿海运输企业费用的归集和分配按船舶费用、集装箱固定费用、船队费用分别核算，还要独立考虑包括计算公式的沿海运输企业的成本计算方式。

1. 船舶费用的归集和分配

在沿海运输成本核算中，船舶航行费用、船舶固定费用、船舶租费统称为船舶费用。沿海运输企业通常计算单船成本，按单船设置"船舶费用明细账"（见表5-8），财会部门应按有关原始凭证或费用分配表编制会计分录：借记"主营业务成本——运输支出"账户，贷记"应付职工薪酬""劳务成本——营运间接费用"账户，同时将其记入明细账中。

表 5-8　　　　　　　　　　　　　船舶费用明细账

船名：　　　　　　　　　　　　　　　　　　　　　　　　　　　　　单位：元

2013 年		凭证	摘要	工资	福利费	…	其他	合计
月	日							

为计算客运或货运成本，按单船归集的船舶费用，月末应根据成本计算的要求，将其分配到客运、货运成本中。客轮费用应全部由客运成本负担；货运费用应全部由货运成本负担；客货轮的费用则应分别由客运成本和货运成本负担。客货轮船舶航行费用中可以直接由客运和货运负担的费用，应分别计入客运、货运成本，不能直接计入客运、货运成本的共同性费用，以及客货轮的船舶租费，可以采用一定的分配方法计入客运成本和货运成本。分配方法通常有如下几种：①按客货轮核定的客位人天和载货定额吨天的比例分配。按一个铺位人天或三个铺位人天等于一个吨天计算。②按客位和货运所占船舱容积的比例分配。③按客货轮实际完成的客货运换算周转量的比例分配。④按客货轮核定的客货定额收入的比例分配等。

值得注意的是，沿海运输企业的船舶有时从事不属于运输业务的工作，这些非运输业务的收入往往与运输生产量无关，这些业务被称为其他业务，其费用支出应在"其他业务成本"中核算，但沿海运输企业的船舶费用通常在"主营业务成本——运输支出"科目中完整登记，所以在归集费用时，应将其扣除。沿海运输企业所从事的其他业务主要有以下两类：一类是客货轮的旅客服务业务。如旅客伙食、饮料、餐具、卧具、小卖部进货等。这些费用可直接列入"其他业务成本"。但有些费用很难与运输费用划清，如旅客餐务耗用的燃料、旅客服务人员的工资等。这些费用可先在"主营业务成本——运输支出"

科目中归集,月终按规定的方法从"主营业务成本——运输支出"科目中扣除,转入"其他业务成本"科目。另一类是运输船舶从事的非运输工作。船舶长期出租(一个月以上)的费用,可单独划分,直接在"其他业务成本"科目核算。但船舶短期出租、临时征用、援助遇难船舶所发生的船舶费用,仍在有关的船舶费用明细账中记录,并记入"主营业务成本——运输支出"科目,不另行单独划出。月终应按一定的方法从运输成本中扣除,将其从"主营业务成本——运输支出"科目转入"其他业务成本"科目。

【做中学】根据引例2-(1)

借:主营业务成本——运输支出——希望——集装箱费　86 655.90
　　　　　　　　　　　　　　　　　　——港口费　　22 836.86
　　　　　　　　　　　　　　　　　　——物料　　　23 092.66
　　　　　　　　　　　　　　　　　　——其他　　　 5 302.36
　　贷:银行存款　　　　　　　　　　　　　　　　　　137 887.78

【做中学】根据引例2-(2)

借:主营业务成本——运输支出——希望——燃润料　365 156.88
　　贷:原材料——燃料　　　　　　　　　　　　　　　365 156.88

【做中学】根据引例2-(3)

借:主营业务成本——运输支出——希望——工资　　141 579.96
　　　　　　　　　　　　　　　　　——招待费　　 7 199.21
　　贷:其他应付款——希望——人民币　　　　　　　　148 779.17

【做中学】根据引例2-(4)

借:主营业务成本——运输支出——希望——职工薪酬　5 314
　　贷:应付职工薪酬——福利费　　　　　　　　　　　 5 314

【做中学】根据引例2-(5)

借:主营业务成本——运输支出——希望——保险费　34 870
　　贷:其他应付款——保险费　　　　　　　　　　　 34 870

【做中学】根据引例2-(6)

借:主营业务成本——运输支出——希望——折旧费　73 047.68
　　贷:累计折旧　　　　　　　　　　　　　　　　　73 047.68

2. 集装箱固定费用的归集和分配

沿海运输企业应为发生的集装箱固定费用设置"集装箱固定费用明细账"(见表5-9),并按规定的项目设置专栏。根据有关原始凭证和费用计算表,借记"劳务成本——集装箱固定费用"科目,贷记"累计折旧""银行存款"等科目,同时登记费用明细账。

表 5-9　　　　　　　　　　　　集装箱固定费用明细账

船名：　　　　　　　　　　　　　　　　　　　　　　　　　　　　　　　　　　单位:元

2013年		凭证	摘要	累计折旧	保管费	…	其他	合计
月	日							

月终,应编制"集装箱固定费用分配计算表",根据集装箱固定费用明细账归集的集装箱固定费用总额和全部船舶装运集装箱的天数,求出每一箱集装箱固定费用,作为船舶的集装箱固定费用分摊的基础。

集装箱固定费用分摊后,应按各船分摊的集装箱固定费用,计入各船的月份运输成本,借记"主营业务成本——运输支出"科目,贷记"劳务成本——集装箱固定费用"科目。

【做中学】根据引例 3-(1)

借:劳务成本——集装箱固定费用——租赁费　　　112 418.80

　　贷:银行存款　　　　　　　　　　　　　　　　　　　112 418.80

【做中学】根据引例 3-(2)

借:劳务成本——集装箱固定费用——修理费　　　42 498.26

　　贷:银行存款　　　　　　　　　　　　　　　　　　　42 498.26

【做中学】根据引例 3-(3)

借:劳务成本——集装箱固定费用——保管费　　　19 486.36

　　　　　　　　　　　　　　　　——底盘车费　　　8 736.56

　　贷:银行存款　　　　　　　　　　　　　　　　　　　28 222.92

【做中学】根据引例 3-(4)

借:劳务成本——集装箱固定费用——折旧费　　　36 937.72

　　贷:累计折旧　　　　　　　　　　　　　　　　　　　36 937.72

【做中学】根据引例 3-(5)

借:劳务成本——集装箱固定费用——保险费　　　17 200.00

　　贷:预付账款　　　　　　　　　　　　　　　　　　　17 200.00

159

【做中学】根据引例 3-(6)

船名	集装箱箱位(Teu)	分配率	分配额
希望	264		149 145.98
和平	156		88 131.72
合计	420	564.946 9	237 277.70

借：主营业务成本——运输支出——希望——集装箱共同费用 149 145.98

　　　　　　　　　　　　——和平——集装箱共同费用 88 131.72

　贷：劳务成本——集装箱固定费用　　　　　　　　　　　 237 277.70

3. 船队费用的归集和分配

设有船队的沿海运输企业应按船队设置船队费用明细账,并按规定的项目设置专栏,用以归集各船队为管理运输船舶和组织经营活动所发生的费用。应根据原始凭证或费用分配表,将船队费用序时登记入账,归集船队费用。船队费用发生时,借记"劳务成本——营运间接费用"科目,贷记"应付职工薪酬""银行存款"等科目。

月终,设有船队的沿海运输企业应编制"船队费用分配表",对船队费用进行分配。

4. 沿海运输企业的成本计算

根据上述各种费用的归集和分配,月终,沿海运输企业便可按规定的成本项目和费用类别编制各运输船舶的"单船成本计算表",并据以计算单船成本。在此基础上,应根据需要编制"沿海运输成本计算表""船舶类型成本计算表",以分别计算沿海运输总成本和船舶类型成本。

沿海运输总成本是由企业全部船舶所发生的费用(包括船舶航行费、船舶固定费、船舶租费),扣除应由其他业务负担的船舶费用,加上集装箱固定费、应由运输企业负担的船队费用。计算公式如下:

运输总成本＝(船舶费用－其他业务费用)＋集装箱固定费用＋船队费用

运输总成本除以客货运换算周转量,即为运输综合单位成本,其计算公式如下:

运输综合单位成本＝运输总成本÷客货运换算周转量

客运、货运总成本分别除以客运、货运周转量,即为客运、货运单位成本。其计算公式如下:

客运单位成本＝客运总成本÷客运周转量

货运单位成本＝货运总成本÷货运周转量

二　海洋运输企业费用的核算

海洋运输企业的成本核算分为海洋运输企业费用的归集和分配和海洋运输企业成本的计算。

1. 海洋运输企业费用的归集和分配

海洋运输企业计算航次成本时,成本项目中的航次运行费用和船舶租费中的程租费,可以直接计入各船的航次成本,借记"主营业务成本——运输支出"科目,贷记"原材料——燃料""银行存款"等科目,同时应将其记入按船名、航次设置的"船舶航次费用明细账"。不能直接计入航次成本的,需按一定的方法分配计入各船舶航次成本。在航次间接费用的归集分配中,主要包括集装箱固定费用的归集和分配,船舶共同费用的归集和分配,船舶固定费用的归集和分配,船舶租费的归集和分配,船队费用的归集和分配。其中集装箱固定费用的归集和分配、船舶共同费用的归集和分配和船队费用的归集和分配同沿海运输企业的基本相同,不再重述,着重说明船舶固定费用、船舶租费的归集和分配。

(1)船舶固定费用的归集和分配

远洋运输企业应按船名设置"船舶固定费用明细账",并按项目设置专栏,用以归集船舶本月发生的船舶固定费用。对本月发生的船舶固定费用,根据有关原始凭证和费用分配表编制记账凭证,借记"劳务成本——船舶固定费用"科目,贷记"应付职工薪酬""劳务成本——营运间接成本"等科目;同时将其记入船舶固定费用明细账。

月末,根据某船的"船舶固定费用明细账"归集的总额和该船的全月营运天数,求出每一个营运天的船舶固定费用,作为该船的已完航次、未完航次、船舶短期出租分摊船舶固定费用的基础。某船某一航次应分摊的船舶固定费用,可按如下公式计算:

船舶固定费用分摊额=(该船舶固定费用总额/该船全月营运天数)×该航次本月营运天数

这样求得的各航次分摊的船舶固定费用,应计入各航次成本,借记"主营业务成本——运输支出"科目,贷记"劳务成本——船舶固定费用"科目,同时记入船舶航次费用明细账的"船舶固定费用分摊"项目内。

(2)船舶租费的归集和分配

远洋运输企业租入其他企业船舶支付的租费包括期租费和程租费。期租费是指按租赁时期计算的船租费用;程租费是指按船舶航次计租的租费。

某船每月支付的期租费为航次间接费用,租费可以按船名设置"船舶租费明细账"。对本月某船发生的期租费,根据有关的原始凭证和费用计算表编制记账凭证,借记"劳务成本——营运间接费用(期租费)"科目,贷记"银行存款"等科目,同时将其记入船舶租费明细账。

月末,根据船舶租费明细账中汇集的船舶期租费用总额和租入船舶的全月营运天数,求出每一营运天期租费,作为该船的已完航次、未完航次、船舶短期转租分摊船舶期租费的计算基础。某船某一航次应分摊的期租费,可按如下公式计算:

$$\text{租入船舶某航次分摊额(期租费)} = \text{该船当月期租额} \div \text{该船全月营运天数} \times \text{该航次本月营运天数}$$

这样求得的租入船舶各航次分摊的期租费,应计入各航次成本,借记"主营业务成本——运输支出"科目,贷记"劳务成本——营运间接费用(期租费)"科目,同时将其记入"船舶航次费用明细账"的船舶租费分摊项目内。

某船每月按航次支付的程租费,可直接计入各航次成本,借记"主营业务成本——运输支出"科目,贷记"银行存款"等科目,同时将其记入"船舶航次费用明细账"中。

【做中学】根据引例 4-(1)

借：主营业务成本——运输支出——顺利 02——港口费　　357 836.86
　　　　　　　　　　　　　　　　　——燃润料　　 1 259 356.72
　　贷：银行存款　　　　　　　　　　　　　　　　 1 617 193.58

【做中学】根据引例 4-(2)

借：主营业务成本——运输支出——顺利 02——港口费　　 40 975.66
　　　　　　　　　　　　　　　　　——垫舱物料　　　 37 387.78
　　劳务成本——船舶固定费用——顺利——修理费　　　　 35 495.44
　　　　　　　　　　　　　　　　——物料费　　　　　 56 359.14
　　其他应收款——顺利——人民币　　　　　　　　　　 60 000
　　　　　　　　——美元　　　　　　　　　　　　　　 227 062
　　贷：其他应付款——温州船务代理公司——人民币　　　 457 280.02

【做中学】根据引例 4-(3)

借：主营业务成本——运输支出——顺利 02——港口费　　 47 260.46
　　贷：其他应付款——中欣公司——美元　　　　　　　　 47 260.46

【做中学】根据引例 4-(4)

借：主营业务成本——运输支出——顺利 02——港口费　　 778 413.97
　　　　　　　　　　　　　　　　　——其他　　　　　 10 319.57
　　劳务成本——船舶固定费用——顺利——零配件　　　　 30 327.50
　　贷：其他应付款——中欣公司——美元　　　　　　　　 819 061.04

【做中学】根据引例 4-(5)

借：主营业务成本——运输支出——顺利 02——其他　　　 47 294.34
　　贷：其他应付款——索赔——人民币　　　　　　　　　 47 294.34

2. 海洋运输企业成本计算

船舶航次结束后，根据"船舶航次费用明细账"，便可以计算航次的运输成本和单位成本。其计算公式如下：

航次运输总成本＝航次运行费＋分配的船舶间接费用

航次运输单位成本＝航次运输总成本÷航次周转量

远洋运输企业各报告期(月、季、年)运输成本为报告期所有已完成的航次成本的总和(包括上期未完成本期完成的航次成本)，所有未完成航次转入下期计算(包括上期未完成和本期仍未完成的航次成本)。

远洋运输企业在报告期末应根据报告期已完成航次的"船舶费用明细账"，汇总编制"远洋运输成本计算表"，其格式同"沿海运输成本计算表"基本一致。

【做中学】根据引例 5-(1)

上年结转固定成本 = 30 692 × 16 = 491 072（元）

本年应分摊的固定成本 = 12 790 847.68 + 491 072 = 13 281 919.68（元）

单船每营运天固定成本 = 13 281 919.68/(365 − 10 + 20) = 35 418.46（元/天）

跨入下年度应分摊固定成本 = 35 418.46 × 20 = 708 369.20（元）

【做中学】根据引例 5-(2)

02 航次应分摊的固定成本 = 35 418.46 × 30 = 1 062 553.80（元）

02 航次变动成本 = 1 259 356.72 + 37 387.78 + 1 224 486.95 + 57 613.91 = 2 578 845.36（元）

02 航次成本总额 = 1 062 553.80 + 2 578 845.36 = 3 641 399.16（元）

三　内河运输企业费用的核算

内河运输企业成本核算分为费用的归集和分配及成本计算。

1. 内河运输企业费用的归集和分配

内河运输企业的费用包括船舶航行费用、船舶维护费用及港埠费用。船舶航行费用是指运输船舶在航行中发生的直接费用，包括燃料费、润料费、材料费、外埠港口费、外埠业务费、事故损失费、养路费、过闸费和其他直接航行费用；船舶维护费用是指船舶维护时发生的费用；港埠费用是指按规定办法分配后由本期运输成本负担的自营港埠费用。

内河运输企业的船舶航行费用按客轮、客货轮、货轮、油轮、拖轮、驳船等船舶类型进行归集。归集各船舶类型的船舶费用时，应根据有关的原始凭证和费用分配表编制记账凭证，借记"主营业务成本——运输支出"科目，贷记"原材料——燃料""应付职工薪酬"等科目，同时将其记入按船舶类型划分的船舶费用明细账。

船舶维护费用应按船舶类型设置"船舶费用明细账"归集。归集时，按发生的船舶维护费用，借记"劳务成本——船舶维护费用"科目，贷记"应付职工薪酬""原材料"等科目。非通航期的船舶维护费用，一般由通航期各成本计算期的运输成本负担。分配方法一般按全年预算数和全年计划通航天数，确定计划分配率，然后以计算通航期每月应负担的船舶维护费用。其计算公式如下：

计划分配率 = 船舶维护费用全年预算额 ÷ 全年计划通航天数

通航期某月运输成本应负担的船舶维护费用 = 该月份通航天数 × 计划分配率

另外，企业还应将通航期每月运输成本所负担的船舶维护费用，按各运输种类（客运、货运、油运、排运）的船舶费用的比例分摊，计入各运输种类成本，借记"主营业务成本——运输支出"科目，贷记"劳务成本——船舶维护费用"科目。

年度终了，船舶维护费用的实际发生额与分配额的差额，应调整当年的运输成本。实际发生额大于分配额的差额，借记"主营业务成本——运输支出"科目，贷记"劳务成本——船舶维护费用"科目；实际发生额小于分配额的差额，用红字登记。如实际发生额和分配额相差较大的，应及时调整分配标准。

港埠费用由各港埠设立"港埠费用明细账"予以归集。月终,自营港埠有对外装卸业务的,归集的港埠费用应按运输收入和装卸收入的比例在运输业务和装卸业务之间分摊。由运输业务成本负担的港埠费用,应按各运输种类的船舶费用比例分摊。各运输种类应负担的港埠费用,分别计入各运输种类成本,借记"主营业务成本——运输支出"科目,贷记"劳务成本——营运间接费用"科目。

2. 内河运输企业成本计算

内河运输企业的成本计算和沿海运输、海洋运输企业的成本计算相似,其计算公式如下:

运输总成本＝船舶航行费用＋运输成本负担的船舶维护费用＋港埠费用

运输综合单位成本＝运输总成本÷客货运综合周转量

各运输种类的单位成本＝各运输种类成本÷各运输种类周转量

客(货)运单位成本＝客(货)运总成本÷客(货)运周转量

其中,各运输种类总成本是指各种运输种类所负担的船舶航行费用、船舶维护费用和港埠费用之和。各运输种类总成本按货运、客运汇集,即为企业的货运总成本和客运总成本。

内河运输企业月末编制"内河运输成本计算表",以计算运输总成本和单位总成本。

四　港口企业业务成本的核算

港口企业业务成本核算包括港口企业业务成本的收集和分配以及港口企业业务成本的计算。

1. 港口企业业务成本的归集和分配

(1)港口企业业务直接费用的归集

装卸业务应设置"装卸费用支出"明细账,有条件的企业应按照主要货种设置装卸费用明细账,归集装卸作业过程中发生的装卸直接费用。对计算期企业发生的装卸业务直接费用,应由财会部门根据有关的原始凭证或费用计算表编制记账凭证,借记"主营业务成本——装卸支出"科目,贷记"原材料——燃料""应付职工薪酬"等科目,同时将其记入装卸费用明细账。

堆存业务应按责任部门或仓库、油罐、粮仓等设置"堆存支出"明细账,归集堆存直接费用。计算期发生的堆存直接费用,应由财会部门根据有关的原始凭证和费用计算表编制记账凭证,借记"主营业务成本——堆存支出"科目,贷记"原材料——燃料""应付职工薪酬"等科目,同时将其记入堆存支出明细账中。

代理业务应按代理业务种类设置"代理业务费用支出"明细账,归集代理业务直接费用。计算期发生的代理直接费用,应由财会部门根据有关的原始凭证和费用计算表编制记账凭证。借记"主营业务成本——代理业务支出"科目,贷记"应付职工薪酬"等科目。同时将其记入代理业务费用支出明细账中。

其他业务应按其他业务种类设置"其他业务费用支出"明细账,归集其他业务直接费用。计算期发生的其他业务直接费用,应由财会部门根据有关的原始凭证和费用计算表编制记账凭证,借记"其他业务成本"科目,贷记"应付职工薪酬""累计折旧"等科目,同时将其记入其他业务费用支出明细账中。

（2）扣除与本业务无关的支出

经过以上归集，装卸直接费用和堆存直接费用均已完整地反映在"装卸支出""堆存支出"科目中。为了正确计算堆存业务、装卸业务的成本，还应按规定的方法，将与装卸业务和堆存业务无关的支出从装卸直接费用和堆存直接费用中扣除，结转到其他业务成本中。结转时借记"其他业务成本"科目，贷记"主营业务成本——装卸支出"科目或"主营业务成本——堆存支出"科目。

①装卸支出的扣除项目。装卸支出的扣除项目主要包括以下两项：a. 装卸作业中，装卸工人从事另有收费来源的杂项作业，产生的费用不便直接记入"其他业务成本"科目，而先在"主营业务成本——装卸支出"科目中归集，应从"主营业务成本——装卸支出"科目中扣除，一般按收入数的比例作为扣除标准。b. 装卸机械临时租给其他单位应负担的费用，可按该类型机械或该机械的每台时费用和出租台时费用计算并予以扣除。为简化核算，亦可按出租收入数的比例作为扣除标准。

②堆存支出的扣除项目。仓库堆存设备短期出租所应负担的费用，可按堆存设备每天费用的标准计算扣除，从"主营业务成本——堆存支出"科目转入"其他业务成本"科目，其计算公式如下：

堆存设备每天费用＝堆存设备本月全部费用÷30

堆存设备短期出租应负担的费用＝堆存设备每天费用×出租天数

仓库等堆存设备长期出租所负担的费用，应直接记入"其他业务成本"科目。

（3）港口企业业务间接费用的归集和分配

对设有作业区的港口企业，应设置"作业期费用分配明细账"，归集作业区费用，计算作业期发生的作业区费用，应由财会部门根据原始凭证和费用计算表编制记账凭证，借记"劳务收入——营运间接费用"科目，贷记"银行存款""应付职工薪酬"等科目，同时将其记入作业区费用明细账中。月终，作业区费用明细账中归集的作业区费用，应按照作业区的装卸、堆存和其他业务支出的直接费用比例分摊。分摊后，将各业务应负担的作业区费用计入各自的成本，借记"主营业务成本——装卸支出""主营业务成本——堆存支出""其他业务成本"科目，贷记"劳务成本——营业间接费用"科目。

代理业务间接费用、其他业务间接费用，应在营运间接费用明细账中予以归集。计算期内发生的各项代理业务间接费用、其他业务间接费用，应由财会部门根据有关的原始凭证和费用计算表编制记账凭证，借记"劳务成本——营运间接成本"科目，贷记"应付职工薪酬""银行存款"等科目，同时记入营运间接费用明细账中。月终，"劳务成本——营运间接费用"明细账中归集的代理业务间接费用、其他业务间接费用，应分别按各代理业务的直接费用比例和各类其他业务应负担的直接费用比例分摊。分摊后，将各类代理业务和各类其他业务应负担的营运间接费用计入各业务的成本，借记"主营业务成本——代理业务支出""其他业务成本"科目，贷记"劳务成本——营运间接费用"科目。

2. 港口企业业务成本的计算

经过上述业务的归集和分配，便可以计算出各业务成本。装卸直接费用、堆存直接费用,加上应由本期装卸业务、堆存业务负担的作业区费用即为企业装卸总成本、堆存总成本。

代理业务直接费用和其他直接费用,加上应由代理业务直接费用和其他业务费用负担的营运间接费用,即为企业的代理企业的代理业务总成本和其他业务总成本。

港口企业装卸业务应计算装卸综合单位成本和主要货种单位成本,计算公式如下:

装卸综合单位成本＝装卸总成本÷装卸工作量(千吨)

装卸货种单位成本＝货种装卸总成本÷货种装卸工作量(千吨)

港口企业堆存业务也应计算堆存单位成本,计算公式如下:

堆存单位成本＝堆存总成本÷堆存吨天

港口企业月末还应编制各业务成本计算表,以反映各业务总成本及单位成本。

学习情境四 铁路营运成本的核算

引例6

温州市铁路分局工务段对本月发生的经济业务采取直接记入"主营业务成本——运输支出"科目的方法核算成本。具体业务如下:

(1)1日领用材料一批,价值3 000元。

(2)本月负担营运工人工资10 000元。

(3)本月运营耗用水电费8 000元。

(4)营运部门固定资产折旧费用25 000元。

(5)本月运输支出合计46 000元,结转营运成本。

要求:编制相关的会计分录。

知识准备

一 铁路运输成本会计核算特点

(1)由于铁路运输企业不创造实物产品,因而运输成本中没有原材料支出,运输工具、设备的折旧费、修理费、燃料消耗以及其他营运费用占的比重比较大。

(2)铁路运输企业成本耗费的多少与完成的客货周转量不直接相关,主要取决于运输距离的长短。

(3)铁路运输企业的主要业务是使旅客和货物发生位移,因此,成本核算对象一般按运输的种类设置,如旅客运输成本、货物运输成本或客货综合运输成本。

（4）铁路运输企业的成本计算单位为周转量，分为换算吨公里、人公里和吨公里三个基本单位。

（5）铁路运输的成本核算是分散在各级单位进行的。各基层单位分别核算与自身业务相关的成本，最后在铁路分局和铁路局进行汇总。

二 铁路运输企业成本的构成

铁路运输成本计算可分为定期成本计算和不定期成本计算两类。定期成本计算包括总成本和单位成本的计算，属于总成本计算的主要有：客运支出、货运支出和营业支出；属于单位成本计算的有：单位客运支出、单位货运支出和单位营业支出。不定期成本计算包括各类专项成本，如分品牌单位支出、分级别或席别单位支出，分线单位支出以及各种作业支出。

1. 铁路运输总成本

铁路运输总成本是指全路、铁路局等铁路运输企业在一定时期内为完成一定数量的客货运输周转量而发生的运输总支出。铁路运输生产由众多基层运营单位共同参与才能完成，各个基层运营单位所发生的运输支出仅是运输总支出的一个组成部分，由于铁路运输企业实行分级核算制，基层运营单位、铁路局等各级单位只负责核算本省的运输支出，并以所取得的运输清算收入来弥补运输支出，以确定其财务成果，对运输支出不作逐级上转。因此，铁路局是通过账外的汇总来计算确定其运输总成本的。

运输总成本主要计算客运支出、货运支出和营业支出三项指标，其中营业支出为货运支出和客运支出的总和。为了准确计算各项总成本，需将全部营业支出按规定的要求和计算办法准确划分为客运支出和货运支出两个部分。客货运支出的划分应以基层运营单位为原点，在铁路分局完成划分、汇集工作。铁路局汇总各铁路分局汇集的结果，再加上铁路局的有关营业支出，计算铁路局的客货运支出。在具体划分上，一般采用基层运营单位直接划分，铁路局汇总划分的总原则。

（1）凡是专门从事客运工作或为客运工作服务的基层运营单位的成本费用全部作为客运支出。

（2）凡是专门从事货运工作或为货运工作服务的基层运营单位的成本费用全部作为货运支出。

（3）凡是运输支出科目已明确规定的客运科目、货运科目的成本费用，相应地直接列入客运支出或货运支出。

（4）对于客货运工作兼办的单位，客运或货运占支出的绝大部分，则该单位的成本费用全部划归相应的客运或货运支出，一般由分局确定具体单位。

（5）对于不能直接划分客运的成本费用，原则上白各单位按可获费用比例分摊，不能分摊的单位，由分局按规定指标和方法分摊。

为了便于对营业支出划分，各基层单位应当编制客货支出计算表，铁路局根据计算表汇总后随决策逐级上报。

2. 铁路运输单位成本

铁路运输单位成本是指单位运输周转量应负担的运输支出,也称平均成本。具体分为单位客运支出、单位货运支出和单位营业支出三项指标。

单位客运支出＝客运支出÷旅客人公里数(元/万人公里)

单位货运支出＝货运支出÷货物吨公里数(元/万吨公里)

单位营业支出＝营业支出÷换算吨公里

3. 铁路运输专项成本

铁路运输专项成本是指分别按不同等级、席别的旅客和不同运输方式、不同品类的货物而计算的运输成本,目前主要由以下几种专项成本构成:

(1)客运专项成本。客运专项成本是指根据不同列车级别和席别计算客运成本。目前我国客车主要分为特快、直快、普快、市郊等级别,席别主要分为软座、硬座、软卧、硬卧等级别。因此客运专项成本可计算直快硬卧人公里成本、普客硬座人公里成本、特快软座人公里成本、市郊列车人公里成本、行包吨公里成本等多种运输成本。

(2)货运专项成本。货运专项成本是指按不同的运输方式和不同品类货物的货运成本,如整车运输成本、集装箱运输成本、零担运输成本、煤炭吨公里成本、钢铁吨公里成本、石油吨公里成本、木材吨公里成本等。

(3)分线运输成本。分线运输成本是指某一铁路线路进行货物运输生产所发生的运输支出并按期完成的客货周转量计算的各种运输成本,具体计算可按照上述的各项指标进行。

(4)作业成本。作业成本是指铁路运输企业为完成某项具体运输生产作业而发生及应负担的运输成本,如汽车公里成本、机车台成本、车辆公里成本、调车作业成本。

职业判断与岗位操作

一 铁路运输企业成本核算账户的设置

为了核算企业在运输生产过程中发生的实际成本,应在"主营业务成本"科目下设置"运输支出"明细科目,该科目为损益类科目,借方登记营运成本的实际发生数,包括工资、燃料、电力、固定资产折旧和其他费用,企业发生的冲减运输支出的收入也用红字登记在该科目的借方,贷方登记辅助运输业务及代办业务,兼办各项专项工程应分摊的间接费用。期末,应将该科目的余额全部转入"本年利润"科目。本科目应按运输支出科目设置三级明细科目,进行明细分类核算。

二 铁路运输企业成本核算程序

铁路运输企业成本核算的一般程序为:①将本期发生的营运生产费用按用途归集在相关成本、费用账户中;②将待摊费用、预提费用计入相关成本、费用专用账户;③期末,结转营运成本。

三 特殊费用处理注意事项

铁路运输企业实行分级管理,各部门、各单位应按照管什么、核算什么、分析什么的原则,将发生在本部门的运输生产成本按照规定的成本对象和成本项目分别进行核算,最后由铁路分局和铁路局进行统一的成本计算。在归集成本费用项目时,必须注意以下特殊费用的处理方法:

1. 清算与互不清算的费用

客货列车跨局运行所发生的运输生产费用,按照会计核算的重要性原则,有些应该在各局之间进行清算,有些则不必进行清算。铁道部为此规定了应该清算和互不清算的费用。需要清算的费用包括互相提供劳务及代办工作费用、对外局机车上燃料、跨局机车长交路运行费用、超过规定限额的损失赔偿费用和事故倒装费用。互不清算的费用包括对外局机车的装备费(燃料、材料除外)、旅客运输途中维修及服务费(换车轮除外)、规定标准以下的行李包裹损失赔偿费、规定标准以下的货运损失赔偿费、不足一年的事故倒装费等。

2. 集中费

集中费是指铁道部集中管理、服务于各铁路局,并经分配计入各局运输支出的各项费用。集中费主要包括铁道部专运处经费,铁道部直属通信段经费,铁道部驻铁路工厂的机车车辆验收员经费,铁道部老战士协会经费,铁道部机务经费,铁道部体协经费,铁道部统一印发给铁路局、分局、基层单位的有关运输业务规章、制度的印刷费、购置费,铁道部统一印发的各种免费乘车证的费用,其他服务于各铁路局的集中性开支。

3. 外委代办工作应摊费用

铁路运营单位在完成运输工作的同时,接受外单位委托的机车车辆修理、专用线维修以及本单位和上级单位其他款源的工程施工、劳务作业等,称为代办工作。代办工作费用应与铁路运输企业自身的运输支出分开核算,单独计算其成本。

4. 冲减运输支出的收入款项

铁路基层单位在发生运输生产费用时,经常发生一些与之相关而又不宜列入客货运输收入的收入。为简化核算,在核算收入时,直接列入"运输支出——收入冲减"科目。属于这样的收入款项主要有为外单位进行衡器检修取得的收入,售冰、盐水收入,售炉灰及自卸煤收入、售水、售电收入,售废柴油、废机油收入,售树苗及砍伐树赔偿收入,电报、电话及通信设备出租收入,救援列车设备出租收入,路产专用线(含电务部门)、机车出租收入,房屋建筑出租收入,站场出租收入,其他固定资产出租收入,其他收入等。

【做中学】根据引例6

借:主营业务成本——运输支出	3 000	
贷:原材料		3 000
借:主营业务成本——运输支出	10 000	
贷:应付职工薪酬		10 000
借:主营业务成本——运输支出	8 000	
贷:银行存款		8 000

借:主营业务成本——运输支出	25 000	
贷:累计折旧		25 000
借:本年利润	46 000	
贷:主营业务成本——运输支出		46 000

学习情境五　航空营运成本的核算

引例7

（1）温州机场本年度在执行航空运输业务中，发生客机航空油料消耗 1 200 000 元，客机修理费 300 000 元，空勤人员、机务人员的工资及福利费 950 000 元，经营性租赁费 190 000 元。

（2）温州机场本年度在执行通用航空业务中，耗用航材消耗件 2 001 000 元，普通器材 1 502 000 元，发生人员工资 900 000 元，福利费 300 000 元，支付水电费 200 000 元，差旅费 277 000 元。

（3）机场为各航空公司飞机起降，进出港旅客、货物、行李、邮件以及驻机场单位提供服务时，领用普通器材费用支出 736 600 元，发生相关人员工资 1 634 400 元，福利费 690 000 元；支付货物损失赔偿费 500 000 元；支付差旅费 239 000 元。

（4）期末结转企业运输成本。

要求:编制相关的会计分录。

知识准备

一　航空公司成本费用的种类

航空公司成本费用的分类有许多种，比如按照列支的方式不同，可以分为成本和期间费用；按照性态不同，可以分为变动费用和固定费用；按照与特定产品的关系不同，可以分为直接费用和间接费用；按照划归的期间不同可以分为本期费用和跨期摊派费用等。这里我们按照种类不同，将航空公司日常发生的费用归纳为以下三类：

1.与飞机相关的费用

这是指与飞机的购置和执行正常的飞行任务直接和间接相关的各项成本。按照与飞机的利用率有无关系可将此类费用分为固定成本和可变成本。固定成本与飞机的利用率无关，包括初始成本和预备性成本。初始成本也称获取成本，是指获取飞机时的购置费用和租赁费用。飞机的购置费用一般较高,每年以折旧的方式转移到运输成本中。财力不足的公司可以通过租赁的方式获取飞机,租赁费用直接计入运输成本中。预备性成本是指公司购进飞机后,为了使飞机运行而投入的基础设施和培训投资,如飞机和发动机的备件、地面支援设备、人员培训费用和训练设施费用等。可变成本与飞机的利用率成正比,随着利用率的升高而加大。可变成本包括燃油费用、机组人员费用、维修费用、起降费用、导航费用、地面服务费用、保险费等。与飞机相关的费用是航空运输成本的主要组成部分。

2. 与运输业务相关的费用

这是指飞机在运输业务中发生的除与飞机相关的可变成本以外的直接或间接的运输成本,包括旅客服务的费用、食品的费用、付出的销售代理费用、机场费用、行李装卸费用等。此类费用也是运输成本的重要组成部分。

3. 与管理系统相关的费用

这是指航空运输企业各项管理活动中发生的、与运输活动不相关的各种期间费用,包括管理人员的工资、广告费用、公关费用及销售费用等。

二 航空运输企业成本核算账户的设置

航空运输企业进行成本核算应在"主营业务成本"一级科目下设置"运输成本""通用航空成本""机场服务费用"明细科目。

1. "运输成本"明细科目

"运输成本"明细科目核算企业在执行航空运输业务过程中所发生的各项费用。包括能直接计入机型成本的直接营运费用,如空勤人员、机务人员的工资及福利费、取暖降温费、上下班交通补贴、制服费,航空油料消耗,国外加油差价,飞机(含发动机)折旧费,经营性租赁费、修理费、保险费,高价周转件摊销,飞行训练费,国内外起降服务费,旅客餐宿供应品费、客舱服务费、赔偿费,运营过程货物、行李损失、丢失赔偿损失及其他直接飞行费用等;不能直接计入机型成本、要按照一定办法进行分摊的间接营运费用,如工资福利费、折旧费、维修费、办公费、水电费、差旅费、保险费、机务材料消耗、制服费、劳动保护费、票证印制费、警卫消防费、职工教育经费、环境绿化费、地面运输费、租赁费等。

2. "通用航空成本"明细科目

"通用航空成本"明细科目核算企业在执行通用航空业务中所发生的各项费用。包括可以直接计入机型的成本费用,如空勤人员、机务人员工资及福利费、取暖降温费、上下班交通补贴费、制服费、航空油料消耗、国外加油差价、飞机发动机折旧费、修理费、保险费、高价周转费、飞行训练费、国内起降服务费、作业准备费、作业赔偿费以及其他直接飞行费用等;不能直接计入机型成本、需按一定办法进行分摊的间接费用,如工资福利费、折旧费、维修费、办公费、水电费、差旅费、机务材料消耗、制服费、劳动保护费、票证印制费。

3. "机场服务费用"明细科目

"机务服务费用"明细科目核算机场为各航空公司飞机起降,进出港旅客、货物、行李、邮件以及驻机场单位提供服务时发生的与服务直接相关的各项费用。如机场服务人员、安检消防人员、航行调度人员、机场管理维护人员、通信服务管理人员的工资,空地勤人员的工资及伙食费,各种燃料及动力,器材,配件,工具,低值易耗品,水电消耗,制服费,折旧费,租赁费,维护修理费,紧急救治费,空难急救费,防汛、防灾、防疫费,机场绿化费、环卫费、排污及污水处理费,机场跑道、停机坪、铁路专用线维护修理费,行李、货物损失赔偿费,业务费,差旅费,办公费,保险费,运输费等。

职业判断与岗位操作

一 航空企业营运成本的核算

核算航空企业营运成本时,首先应将汇集的各项费用直接记入"主营业务成本"一级科目下的"运输成本""通用航空成本""机场费用"明细科目或"管理费用""销售费用"等科目。其次,期末将"主营业务成本"和"销售费用""管理费用"等科目余额转入"本年利润"科目。

【做中学】根据引例7

(1)借:主营业务成本——运输成本(航空油料)	1 200 000
——运输成本(修理费)	490 000
——运输成本(工资及福利费)	950 000
贷:原材料——航空油料	1 200 000
应付职工薪酬	950 000
银行存款	490 000
(2)借:主营业务成本——通用航空成本(航材消耗件)	2 001 000
——通用航空成本(普通器材)	1 502 000
——通用航空成本(工资)	900 000
——通用航空成本(福利费)	300 000
——通用航空成本(水电费)	200 000
——通用航空成本(差旅费)	277 000
贷:原材料——航材消耗件	2 001 000
——普通器材	1 502 000
应付职工薪酬——工资	900 000
——福利费	300 000
银行存款	477 000

（3）借：主营业务成本——机场服务费（普通器材）　　　736 600

　　　　　　　　　　——机场服务费（工资）　　　　　1 634 400

　　　　　　　　　　——机场服务费（福利费）　　　　690 000

　　　　　　　　　　——机场服务费（赔偿费）　　　　500 000

　　　　　　　　　　——机场服务费（差旅费）　　　　239 000

　　贷：原材料——普通器材　　　　　　　　　　　　　　736 600

　　　应付职工薪酬——工资　　　　　　　　　　　　　1 634 400

　　　　　　　　　——福利费　　　　　　　　　　　　690 000

　　　银行存款　　　　　　　　　　　　　　　　　　　739 000

（4）借：本年利润　　　　　　　　　　　　　　　　　11 620 000

　　贷：主营业务成本——运输成本　　　　　　　　　　2 640 000

　　　　　　　　　　——通用航空成本　　　　　　　　5 180 000

　　　　　　　　　　——机场服务费　　　　　　　　　3 800 000

学习情境六　期间费用的核算

引例8

温州市交通运输集团有限公司 2015 年管理费用支出内容：

（1）公司管理部门用现金购买办公用品 200 元。

（2）本月应付管理人员工资 50 000 元。

（3）本月摊销开办费 300 元。

（4）企业支付招待费 6 000 元。

（5）本月计提行政管理部门的固定资产折旧 1 000 元。

（6）月终将公司管理费用 57 500 元全部转入"本年利润"科目。

引例9

温州市交通运输集团有限公司 2015 年财务费用支出内容：

（1）公司支付本月流动资金借款利息 2 000 元。

（2）收到工程竣工交付使用后发生的长期借款利息清单，应付利息 6 000 元。

（3）由于汇率变动，本月银行存款发生汇兑损益 3 600 元。

（4）公司因发行债券，支付银行手续费 1 750 元。

（5）月终，结转财务费用的期末借方余额 6 150 元。

包括公路、铁路、航空、水运以及港口、站点等在内的交通运输企业,其期间费用是指发生在会计期间直接计入当期损益的费用,不计入营运成本。期间费用主要包括管理费用、财务费用、销售费用,近年来,广告等销售费用增加的趋势也不容忽视。

1. 管理费用的核算内容

管理费用是指企业行政管理部门为管理和组织商品经营活动而发生的各项费用,具体包括:

(1)管理人员工资:是指企业从事管理事务的人员工资以及工资性支出,如奖金等。

(2)业务招待费:是指企业为业务经营的合理需要而支付的费用。

(3)技术开发费:是指企业为研究开发新技术、新服务产品、新工艺所发生的新产品设计费、工艺规程制定费、设备调制费、原材料和半成品的试验费、技术图书资料费、未被纳入国家计划的中间试验费、研究人员的工资、研究设备的折旧、与产品试制、技术研究有关的其他经费、委托其他单位进行的科研试制费用以及试制失败损失。

(4)董事会会费:是指企业最高权力机构(如董事会)及其成员为履行职能而发生的各项费用,包括差旅费、会议费等。

(5)工会经费:是指成立工会组织的企业,一般按职工工资总额的 2% 计提,拨交工会使用的经费。

(6)职工教育经费:是指企业在职职工学习先进技术和提高科学水平等支付的费用,一般要求按职工工资总额的 2.5% 计提。

(7)管理人员福利费:是指企业过去按工资总额的一定比例提取的福利费,随着企业会计准则及税法的修订,政府有关部门对企业统一的福利费提取规定将得到弱化。

(8)劳动保险费:是指离退休职工的离退休金、价格补贴、医药费(含离退休人员参加医疗保险的医疗保险基金)、异地安家补助费、职工退休金、抚恤金、按规定支付给离休干部的各项经费以及实行社会统筹办法的企业按规定提取的退休统筹基金。

(9)租赁费:是指企业租赁办公用房、经营用房、仓房、场地以及租用低值易耗品等租赁费用。

(10)咨询费:是指企业向有关咨询机构进行科学技术、经营管理等咨询时按有关规定所支付的费用,具体包括聘请经济技术顾问、律师以及取得咨询服务等支付的费用。

(11)诉讼费:是指企业因经济纠纷起诉或应诉而发生的各项费用。

(12)商标注册费:是指企业进行商标注册所支付的费用。

(13)技术转让费:是指企业进行技术转让所支付的费用。包括以技术转让为前提的技术咨询、技术服务、技术培训过程中发生的有关开支等。

(14)低值易耗品摊销:是指企业按规定的标准和推销办法摊销的低值易耗品。

(15)折旧费:是指企业按规定办法计提的固定资产折旧。

(16)无形资产摊销:是指企业按规定摊销的无形资产(不含自行开发的无形资产),摊销期限不得少于十年。

(17)开办费摊销:是指企业按规定摊销企业筹建期间所发生的有关支出。企业开办费的摊销期限一般为三年。

(18)修理费:是指企业发生、预提或摊销的固定资产修理费用。

(19)上交上级管理费:是指企业支付的财政机关批准的上级管理机构经费。

(20)职工待业保险金:是指企业按国家规定缴纳的职工待业保险金。

(21)土地使用费:是指企业使用土地时按规定支付的费用。

(22)房产税:是国家在城市、县城、建制镇向工矿征收的一种税。企业应按照国家规定缴纳房产税。

(23)土地使用税:是国家对使用国有土地的单位和个人按土地面积定额征收的一种税。

(24)印花税:是国家以商事、产权、特许权等行为所书立或使用的凭证为征收对象的一种税。企业应按照国家规定缴纳印花税。

(25)车船使用税:是国家对在境内拥有并且使用车船的单位和个人征收的一种税。

(26)审计费:是指企业聘请中国注册会计师进行查账验资以及进行资产评估等发生的各项费用。

(27)坏账损失:是指提取坏账准备的企业按规定计提的坏账准备以及不提取坏账准备的企业直接转销的坏账损失。

2.财务费用的核算内容

财务费用包括企业营运期间发生的利息支出、汇兑净损失、金融机构手续费以及筹资所发生的其他财务费等。

(1)利息净支出。利息净支出是指企业支付流动负债和非流动负债的利息支出。下列费用开支可列入利息净支出:短期借款利息(也称经营性借款利息),主要包括短期银行借款利息,即企业向银行借入的各种短期借款支付的利息;其他借款利息,即企业向银行以外的机构所借的各种短期借款支付的利息;应收票据贴现利息,包括商业汇票贴现利息、应付债券利息等。实行银行存贷款分户管理的企业,存款的利息收入,应冲减银行借款利息支出;实行存贷款合户管理的企业,应按利息净支出列入该项目。

(2)汇兑损益。汇兑损益是指企业营运期间,由于汇率变动以及在不同货币兑换中所发生的记账本位币与外币之间的差额。按我国会计法规要求,非金融机构结算的汇兑损益要计入费用,金融机构计入汇兑损益。筹建期间发生汇兑损益,计入开办费;清算期间发生的汇兑损益,计入清算损益;与构建固定资产等直接有关的汇兑损益,在资产尚未交付使用或者已交付使用但尚未办理竣工决算之前,计入资产的价值。

(3)支付给金融机构的手续费。支付给金融机构的手续费是指企业与金融机构往来过程中发生的有关费用。主要包括企业通过金融机构以银行汇票、商业汇票、汇兑、银行本票、支票、定额支票、委托收款、托收承付等方式结算以及为保证所需资金委托银行或其他金融机构代理发行债券时,按国家规定向银行或委托印制债券的银行和其他金融机构支付的费用。

3. 销售费用的核算内容

一般企业涉及推销商品发生的费用通过"销售费用"科目进行核算，"销售费用"科目核算企业销售商品和材料、提供劳务的过程中发生的各种费用，包括保险费、包装费、展览费和广告费、商品维修费、预计产品质量保证损失、运输费、装卸费等以及为销售本企业商品而专设的销售机构（含销售网点、售后服务网点等）的职工薪酬、业务费、折旧费等经营费用，也包括企业发生的与专设销售机构相关的固定资产修理费用等后续支出。但是，由于运输流通企业本来就是专营运输的，所以涉及运输的运输费、装卸费等都直接或间接计入营业成本，因而在"销售费用"科目下核算的内容相对较少，所以运输流通企业根据重要性原则也可以不设"销售费用"科目，其相关业务不能分摊计入成本的应归入"管理费用"中。

职业判断与岗位操作

一 期间费用的业务核算

1. 管理费用核算实务

交通运输企业发生的管理费用是在"管理费用"科目中进行核算的。该科目是损益类科目，核算企业行政管理部门为组织和管理企业经营活动所发生的费用。借方登记本期发生的各项管理费用，贷方登记期末结转到"本年利润"的全部借方发生额的合计数。结转后本科目期末无余额。"管理费用"科目应按照管理费用的具体项目设置明细分类科目。

【做中学】根据引例 8-(1)

借：管理费用——办公费	200
贷：库存现金	200

【做中学】根据引例 8-(2)

借：管理费用——管理人员工资	50 000
贷：应付职工薪酬	50 000

【做中学】根据引例 8-(3)

借：管理费用——摊销开办费	300
贷：长期待摊费用	300

【做中学】根据引例 8-(4)

借：管理费用——招待费	6 000
贷：银行存款	6 000

【做中学】根据引例 8-(5)

借：管理费用——摊销折旧费　　　　　　　　　　　　1 000

　　贷：累计折旧　　　　　　　　　　　　　　　　　　　　　1 000

【做中学】根据引例 8-(6)

借：本年利润　　　　　　　　　　　　　　　　　　　57 500

　　贷：管理费用　　　　　　　　　　　　　　　　　　　　　57 500

2. 财务费用核算实务

企业发生的财务费用,应设置"财务费用"科目进行核算。"财务费用"科目是损益类科目,核算企业为筹集业务经营所需资金等而发生的费用,借方登记本期发生的各项财务费用,贷方登记期末结转到"本期利润"的全部借方发生额合计数。结转后,该科目期末无余额。企业为购建固定资产筹集的资金所发生的利息支出,在固定资产尚未完工交付使用或虽已投入使用,但尚未办理竣工决算之前发生的,应计入有关固定资产的价值中去,不在"财务费用"科目中核算;在此以后发生的利息支出记入"财务费用"科目。若企业发生的汇兑损益数额较小,也可以在"财务费用"科目中核算。企业应在"财务费用"科目下按利息净支出、加息、外汇调剂手续费和支付给金融机构的手续费等项目设置明细科目,进行明细分类核算。

【做中学】根据引例 9-(1)

借：财务费用——短期借款利息　　　　　　　　　　2 000

　　贷：银行存款　　　　　　　　　　　　　　　　　　　　2 000

【做中学】根据引例 9-(2)

借：财务费用——长期借款利息　　　　　　　　　　6 000

　　贷：长期借款　　　　　　　　　　　　　　　　　　　　6 000

【做中学】根据引例 9-(3)

借：银行存款　　　　　　　　　　　　　　　　　　3 600

　　贷：财务费用——汇兑损益　　　　　　　　　　　　　　3 600

【做中学】根据引例 9-(4)

借：财务费用——银行手续费　　　　　　　　　　　1 750

　　贷：银行存款　　　　　　　　　　　　　　　　　　　　1 750

【做中学】根据引例 9-(5)

借：本年利润　　　　　　　　　　　　　　　　　　6 150

　　贷：财务费用　　　　　　　　　　　　　　　　　　　　6 150

3.销售费用核算实务

设置"销售费用"科目的企业可按费用项目进行明细核算。企业在推销服务产品过程中发生的展览费和广告费等费用,借记"销售费用"科目,贷记"库存现金""银行存款"等科目。发生的为推销本企业服务而专设的销售机构的职工薪酬、业务费等经营费用,借记"销售费用"科目,贷记"应付职工薪酬""银行存款""累计折旧"等科目。期末,应将"销售费用"科目余额转入"本年利润"科目,结转后本科目无余额。

学习情境小结

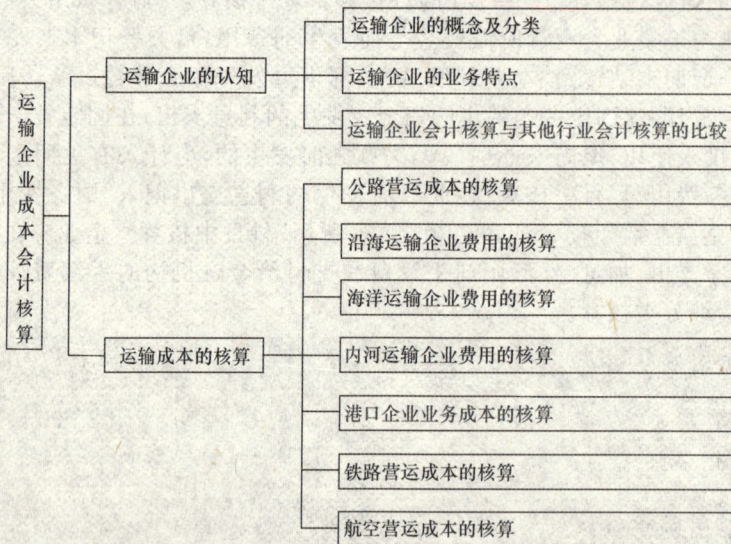

```
                              ┌─ 运输企业的概念及分类
              ┌─ 运输企业的认知 ┼─ 运输企业的业务特点
              │               └─ 运输企业会计核算与其他行业会计核算的比较
运输企业成本    │
会计核算       │               ┌─ 公路营运成本的核算
              │               ├─ 沿海运输企业费用的核算
              │               ├─ 海洋运输企业费用的核算
              └─ 运输成本的核算 ┼─ 内河运输企业费用的核算
                              ├─ 港口企业业务成本的核算
                              ├─ 铁路营运成本的核算
                              └─ 航空营运成本的核算
```

学习情境思考

1.交通运输企业会计有哪些主要特点?

2.在实行盘存制和满油箱制的情况下,行车实耗燃料的核算有何区别?

3.公路运输企业的营业成本包括哪些内容?

4.运输企业的计量单位如何确定?

5.交通运输企业与制造业企业的成本核算对象相比较,主要的区别在哪里?

行政事业单位会计核算

学习情境	工作任务
行政事业单位的认知	走进行政单位
	走进事业单位
	行政事业单位会计核算的特征
行政单位收入与支出的管理与核算	行政单位收入的核算
	行政单位支出的核算
事业单位收入与支出的管理与核算	事业单位收入的核算
	事业单位支出的核算

知识目标

1. 了解行政事业单位的概念;

2. 熟悉行政事业单位的主要业务活动、核算对象、会计科目;

3. 掌握行政事业单位收入与支出的管理与核算方法;

4. 掌握行政事业单位收入与支出的会计账户设置和账务处理方法。

能力目标：

1. 能够正确区分行政单位、事业单位和企业三者的不同特征;

2. 能够正确设置相关业务的会计分账户;

3. 能够独立处理行政事业单位常见的经济业务;

4. 能够掌握事业单位会计在不同确认基础下(收付实现制和权责发生制)收入与支出的核算。

学习情境一　行政事业单位的认知

1. 温州市瓯海区人民政府办公室和温州市瓯海区人民政府法制办公室合署办公。区政府办公室(区政府法制办公室)是协助区政府领导处理区政府日常工作和主管综合性法制工作事务的区政府工作部门。区政府办公室(区政府法制办公室)设九个职能科室：秘书科、政工科、综合一科、综合二科、信息科、复议应诉科、人防综合与行政审批科、应急管理科、打击走私综合治理科。

2. 温州职业技术学院是1999年经教育部批准创办的全日制高职院校。校园总占地面积837.2亩,建筑面积23.9万平方米,总投资超7.4亿元,拥有教学设备总值1.2亿元,图书馆藏书108万册。设有机械工程系、电气电子工程系、轻工系、建筑工程系、计算机系、工商管理系、财会系、人文传播系等8个系33个专业。现有全日制在校生9 609人,职业技能培训、鉴定15 000余人/年,年科技到款额达1 009万元。

知识准备

中国会计体系,按其核算和监督的内容不同,划分为两大类。一类是企业会计,是以营利为目的,以资本循环为核心,以成本核算为内容的经营型会计;另一类是预算会计,是以经济和社会事业发展为目的,以执行政府财政预算为核心,适用于各级政府和各类行政事业单位,一般不进行完整成本核算的管理型会计。

根据国家预算组成体系,我国预算会计相应分为财政部门总预算会计和单位预算会计。单位预算会计按单位业务活动的特点又分为行政单位会计和事业单位会计。

一　走进行政单位

(一)行政单位会计的概念

行政单位是指进行国家行政管理、组织经济建设和文化建设、维护社会公共秩序的单位,包括国家权力机关、行政机关、司法机关、检察机关及各级党政机关和人民团体。

行政单位会计是反映和监督各级国家机关、政党组织财务状况、预算执行情况及结果的专业会计。

我国在 1998 年颁布实施《行政单位会计制度》,财政部于 2013 年 12 月 31 日修订发布了《行政单位会计制度》,自 2014 年 1 月 1 日起全面施行。行政单位的会计核算除了要遵循会计法律、行政法规和会计制度外,还应当符合预算管理、财务管理与内部控制制度的要求。

行政单位会计是预算会计的重要组成部分,但它同事业单位会计相比,具有如下特点:

(1)行政单位业务活动的目的是满足社会公共需要,具有明显的非营利性。

(2)行政单位收支核算必须服从预算管理的要求,统一组织预算收入、支出的实施。

(3)行政单位会计核算一般采用收付实现制,特殊经济业务和事项采用权责发生制核算。

(4)行政单位一般不进行成本核算。

(二)行政单位的主要业务活动

(1)获取经费及预算外收入、各行政单位按国家有关规定从财政部门和上级单位领取行政经费、已获取预算外收入。

(2)安排经费支出。按照国家的有关规定和开支标准,安排人员经费、公用经费等各项经费支出,经费收支相抵为行政单位的结余。

(3)核算资产、负债、净资产。在行政单位资金运动过程中,由行政单位掌管的各种财产和债权形成行政单位的资产,各项应缴和暂存款项形成行政单位的负债,固定资金和结余形成行政单位的净资产。

(三)行政单位会计的核算对象

行政单位会计的核算对象,包括各级行政单位在预算执行过程中的经费收支、预算外收入及其结余,以及在行政单位资金运动过程中所形成的资产、负债和净资产。

行政单位的会计组织系统,根据机构建制和经费领报关系,分为主管会计单位、二级会计单位和基层会计单位。与财政部门发生预算管理关系,有下属独立核算单位的,为主管会计单位;与主管会计单位或上级会计单位发生预算管理关系,下面有所属会计单位的,为二级会计单位;与上级会计单位发生预算管理关系,下面没有所属会计单位的,为基层会计单位,向同级财政部门领报经费,下面没有所属会计单位的,视同基层会计单位。

以上三级会计单位实行独立会计核算,负责组织管理本部门、本单位的全部会计工作。不具备独立核算条件的,实行单独报账制度,作为"报销单位"管理。

(四)行政单位会计科目及核算内容(支出类)

行政单位会计核算的主要内容见表 6-1。

表 6-1

类别		基本内容
收入	财政拨款收入	行政单位从同级财政部门取得的财政预算资金。此项资金纳入同级财政部门的财政预算管理，属于单位的预算资金
	其他收入	行政单位依法取得的除财政拨款收入以外的各项收入。是非同级财政部门拨付的；是主管部门或上级单位给予的补助款项；是行政单位开展其他各项活动取得的收入。此项资金未纳入同级财政部门的预算管理，但属于单位的预算资金
支出	经费支出	行政单位自身开展业务活动使用各项资金发生的基本支出和项目支出
	拨出经费	行政单位纳入单位预算管理、拨付给所属单位的非同级财政拨款资金

根据《行政单位会计制度》的规定，行政单位会计共设置会计科目 34 个。其中资产类科目 17 个，负债类科目 8 个，净资产类科目 5 个，收入类科目 2 个，支出类科目 2 个。行政单位的会计科目见表 6-2。

表 6-2　　　　　　　　　　　行政单位会计科目表

序号	科目编号	科目名称	序号	科目编号	科目名称
		一、资产类	21	2301	应付账款
1	1001	库存现金	22	2302	应付政府补贴款
2	1002	银行存款	23	2305	其他应付款
3	1011	零余额账户用款额度	24	2401	长期应付款
	1021	财政应返还额度	25	2901	受托代理负债
4	102101	财政直接支付			三、净资产类
	102102	财政授权支付	26	3001	财政拨款结转
5	1212	应收账款	27	3002	财政拨款结余
6	1213	预付账款	28	3101	其他资金结转结余
7	1215	其他应收款		3501	资产基金
8	1301	存货		350101	预付款项
9	1501	固定资产		350111	存货
10	1502	累计折旧	29	350121	固定资产
11	1511	在建工程		350131	在建工程
12	1601	无形资产		350141	无形资产
13	1602	累计摊销		350151	政府储备物资
14	1701	待处理财产损溢		350152	公共基础设施
15	1801	政府储备物资	30	3502	待偿债净资产

序号	科目编号	科目名称	序号	科目编号	科目名称
16	1802	公共基础设施			四、收入类
17	1901	受托代理资产	31	4001	财政拨款收入
		二、负债类	32	4011	其他收入
18	2001	应缴财政款			五、支出类
19	2101	应缴税费	33	5001	经费支出
20	2201	应付职工薪酬	34	5101	拨出经费

二 走进事业单位

（一）事业单位会计的概念

事业单位是指为了社会公益目的,由国家机关举办或者其他组织利用国有资产举办的,从事教育、科技、文化、卫生等活动的社会服务组织。

事业单位会计是以事业单位实际发生的各项经济业务为对象,进行全面、系统、连续地核算、反映和监督本单位预算执行情况及其结果的专业会计,是预算会计的一个组成部分。

财政部于2012年12月发布了《事业单位会计准则》,自2013年1月1日起施行。事业单位会计制度是事业单位会计要素的确认、计量、记录与报告的操作性规范,其内容主要包括制度的适用范围、会计事项确认与计量的具体方法、会计科目设置及使用说明、会计报表格式及编制说明等。

我国的事业单位分布在不同的领域,有些行业的事业单位的业务有其特点,有独立的会计核算要求,需要在《事业单位会计准则》的基础上单独制定相关的行业事业单位会计制度。目前已经颁布的行业事业会计制度主要有《医院会计制度》《高等学校会计制度》《中小学校会计制度》《科学事业单位会计制度》《文化事业单位财务制度》《文物事业单位财务制度》《体育事业单位财务制度》《人口和计划生育事业单位财务制度》和《测绘事业单位会计制度》等。

事业单位会计一般具有以下主要特点:

（1）事业单位的目的是向社会提供公益性服务,业务活动不以营利为目的,注重社会效益。

（2）事业单位的财务资源渠道较多,业务较为复杂,经费来源既有财政预算拨款,又有自己创收的收入。

（3）以收付实现制为会计核算基础,但经营性收支业务可采用权责发生制。

（4）事业单位的组织层次较多,存在多层次会计主体。

（5）事业单位存在一些限定性的财务资源,需要进行专项核算。有经营活动的事业单位,可以进行成本核算。

(二)事业单位的主要业务活动

(1)获取经费及其他收入。各事业单位不仅可以按照核定的预算向财政部门或上级主管单位领取经费,还可以在国家规定的范围内组织创收,取得财政补助收入、事业收入和经营收入等各项收入。

(2)安排经费支出。各事业单位要按照国家的有关规定和开支标准,安排人员经费、公用经费以及专业业务和经营业务的各项支出,各项收支相抵后为事业单位的结余。

(3)核算资产、负债、净资产。在事业单位资金运动过程中,由其掌管的财产物资、债权和其他权利形成事业单位的资产,由其承担的借入、预收款项和应付、应缴款项形成事业单位的负债,各项基金和结余形成事业单位的净资产。

(三)事业单位会计的核算对象

事业单位会计的核算对象,包括各类事业单位在单位预算执行过程中的各项收入、支出和结余以及在事业单位资金运动中所形成的资产、负债和净资产。

事业单位的会计组织系统,根据事业单位的隶属关系和经费领报关系,分为主管会计单位、二级会计单位和基层会计单位。向财政部门领报经费,并发生预算管理关系,为主管会计单位。向主管会计单位或上级会计单位领报经费,并发生预算管理关系,有下一级会计单位的,为二级会计单位。向上一级会计单位领报经费,并发生预算管理关系,没有下一级会计单位的,为基层会计单位。向同级财政部门领报经费,没有下级会计单位的,视同基层会计单位。

以上三级会计单位实行独立会计核算,负责组织管理本部门、本单位的全部会计工作。不具备独立核算条件的,实行单独报账制度,作为"报销单位"管理。

在国库集中收付制度下,事业单位存在着"集中收支、分散核算"和"集中收支、集中核算"两种会计核算方法。在"集中收支、分散核算"的模式下,资金由财政部门统一直接支付,但单位保留会计核算部门,按正常的业务进行会计核算,编制会计报表,这一模式适用于一些规模较大的事业单位。在"集中收支、集中核算"模式下,资金由财政部门统一集中支付,但单位不保留会计核算部门,由财政部门或上级单位设立的"会计核算中心"统一核算,各单位只设"报账员",这一模式适用于一些数量较多但规模较小的事业单位。会计核算中心按"单一账户、集中支付、统一核算"的管理办法,对事业单位的财务收支集中进行核算,提高了财政资金的使用效益。

(四)事业单位会计科目及核算内容

事业单位会计核算主要内容见表6-3。

表 6-3

类别		基本内容
收入	补助收入	政府财政部门、上级主管部门、其他政府机构给予事业单位的补助,包括财政补助收入和上级补助收入
	业务活动收入	通过向社会提供商品、服务等而按规定收取的商品价款或服务费用,包括事业收入和经营收入
	其他活动收入	除补助收入、业务活动收入以外的收入,包括附属单位上缴收入和其他收入
支出	业务活动支出	事业单位开展各项专业业务活动、经营业务活动及相关辅助活动发生的支出,包括事业支出和经营支出
	其他活动支出	事业单位在专业业务活动及其辅助活动发生之外开展非独立经营活动发生的各项支出,包括对附属单位补助支出、上缴上级支出和其他支出

根据《事业单位会计制度》的规定,事业单位会计共设置 48 个会计科目。其中资产类科目 17 个,负债类科目 11 个,净资产类科目 9 个,收入类科目 6 个,支出类科目 5 个。事业单位的会计科目见表 6-4。

表 6-4 事业单位会计科目表

序号	科目编号	科目名称	序号	科目编号	科目名称
		一、资产类	25	2303	预收账款
1	1001	库存现金	26	2305	其他应付款
2	1002	银行存款	27	2401	长期借款
3	1011	零余额账户用款额度	28	2402	长期应付款
4	1101	短期投资			三、净资产类
5	1201	财政应返还额度	29	3001	事业基金
6	1211	应收票据	30	3101	非流动资产基金
7	1212	应收账款	31	3201	专用基金
8	1213	预付账款	32	3301	财政补助结转
9	1215	其他应收款	33	3302	财政补助结余
10	1301	存货	34	3401	非财政补助结转
11	1401	长期投资	35	3402	事业结余
12	1501	固定资产	36	3403	经营结余
13	1502	累计折旧	37	3404	非财政补助结余分配
14	1511	在建工程			四、收入类

序号	科目编号	科目名称	序号	科目编号	科目名称
15	1601	无形资产	38	4001	财政补助收入
16	1602	累计摊销	39	4101	事业收入
17	1701	待处理财产损溢	40	4201	上级补助收入
			41	4301	附属单位上缴收入
		二、负债类	42	4401	经营收入
18	2001	短期借款	43	4501	其他收入
19	2101	应缴税费			五、支出类
20	2102	应缴国库款	44	5001	事业支出
21	2103	应缴财政专户款	45	5101	上缴上级支出
22	2201	应付职工薪酬	46	5201	对附属单位补助支出
23	2301	应付票据	47	5301	经营支出
24	2302	应付账款	48	5401	其他支出

《事业单位会计制度》适用于普通事业单位。普通事业单位与行业事业单位相对应，主要包括行政支持类事业单位、公益类事业单位等。

《事业单位会计制度》不适用于执行行业会计制度的事业单位。如果事业单位所处的行业存在国家统一规定的行业事业单位会计制度，则该事业单位适用特定的行业事业单位会计制度。没有国家统一规定的特定行业事业单位会计制度的事业单位，都适用《事业单位会计制度》。

纳入企业财务管理体系的事业单位，执行企业会计准则或小企业会计准则，不执行《事业单位会计制度》。

参照公务员法管理的事业单位对事业单位会计制度的适用，由财政部门另行规定。

（五）事业单位会计的确认基础

事业单位会计的确认基础主要包括收付实现制和权责发生制，也存在介于两者之间的修正的收付实现制或修正的权责发生制。

（1）收付实现制确认基础，也称为现金制，是以实际收到或付出款项为标准，来记录收入的实现和支出（费用）的发生。

（2）权责发生制确认基础，也称为应计制，是以应收应付作为标准，来记录收入的实现和支出（费用）的发生。

（3）修正的收付实现制或修正的权责发生制，也称为修正的现金制或修正的应计制，是收付实现制和权责发生制的结合。在这种确认制度下，并不采用单一的收付实现制或权责发生制，而是有些会计事项采用收付实现制，而另一些会计事项采用权责发生制。

根据修正程度不同,分为修正的收付实现制和修正的权责发生制。修正的收付实现制就是以收付实现制为基础,有些特定的会计事项采用权责发生制。修正的权责发生制是以权责发生制为基础,特定的会计事项采用收付实现制。

(4)事业单位会计确认基础的选择

①普通事业单位的会计核算以收付实现制作为主要确认基础,部分经济业务或事项可以采用权责发生制基础确认。《事业单位会计制度》规定,采用权责发生制基础确认的事项主要有两项:一是事业单位年终注销未完成实际支付的直接额度和未下达的授权额度时,可以确认本年度的财政补助收入;二是事业单位的经营类业务,要求合理配比一定期间内的收入与费用,一般采用权责发生制基础确认各项收入和费用。

②行业事业单位的会计核算,应当根据行业会计制度的要求选择会计确认基础。一般采用权责发生制作为确认基础。

(六)事业单位会计计量方法的选择

事业单位会计以历史成本为主要计量方法,少量事项采用重置成本、可变现净值、现值以及公允价值等其他计量方法。

(1)初始计量,以支付对价的方式取得的资产,应当按照取得资产时支付的现金或者现金等价物的金额,或者按照取得资产时所付出的非货币性资产的评估价值等金额计量。

(2)后续计量,事业单位资产的后续计量主要包括固定资产的折旧和无形资产的摊销。《事业单位会计制度》规定,"事业单位应当按照《事业单位财务规则》或相关财务制度的规定确定是否对固定资产计提折旧、对无形资产进行摊销"。行业事业单位会计制度、财务制度一般要求计提固定资产折旧和无形资产摊销。

(七)事业单位财务会计报告

事业单位财务会计报告包括财务报表和其他应当在财务会计报告中披露的相关信息和资料。财务报表是对事业单位财务状况、事业成果、预算执行情况等的结构性表述,由会计报表和附注构成。

事业单位会计报表主要包括资产负债表、收入支出表和财政补助收入支出表等。会计附注应当包括:遵循事业单位会计准则、事业单位会计制度的声明;会计报表中列示的重要项目的进一步说明,包括其主要构成、增减变动情况等;有助于理解和分析会计报表需要说明的其他事项。

三 行政事业单位会计核算的特征

(一)行政单位与事业单位的比较

行政单位与事业单位业务活动内容的主要区别见表6-5。

表 6-5

区别	行政单位	事业单位
内涵不同	行政单位是国家机关,组织经济建设和文化建设、维护社会公共需要的单位,包括国家权力机关、行政机关、司法机关、检察机关及各级党政机关和人民团体	事业单位是实施政府某项公益服务的部门,为了社会公益目的,由国家机关举办或者其他组织利用国有资产举办的,从事教育、科技、文化、卫生等活动的社会服务组织
担负的职责不同	行政单位主要活动是进行国家行政管理、组织经济建设和文化建设、维护社会公共秩序	事业单位是为了社会的公益目的从事教育、文化、卫生、科技等活动
编制和工资待遇的来源不同	行政单位使用行政编制、由国家行政经费负担。行政单位人员的工资按《公务员法》由国家负担	事业单位使用事业编制,由国家事业经费负担。事业单位有全额拨款的,有部分拨款的,还有事业单位企业化管理的

(二)行政事业单位会计与企业会计的比较

行政事业单位会计与企业会计的业务活动内容、具体会计任务与企业会计的主要区别见表 6-6。

表 6-6

区别	行政事业单位会计	企业会计
会计核算的主体不同	①各级财政部门 ②各级行政单位 ③各类事业单位	从事生产经营活动的各类组织
会计核算对象不同	①行政单位核算经费的领拨、使用及其结果 ②事业单位核算预算资金运作情况及其结果,经营资金运作情况及其结果	企业经营资金运作情况及其结果
会计的记账基础不同	收付实现制为主,权责发生制为辅 行政单位非货币性资产采用"双分录"核算,部分负债采用"双分录"核算	权责发生制
会计要素构成不同	①资产 ②负债 ③净资产 ④收入 ⑤支出	①资产 ②负债 ③所有者权益 ④收入 ⑤费用 ⑥利润
会计等式不同	资产＋支出＝负债＋净资产＋收入	资产＝负债＋所有者权益
会计核算内容不同	①对专用基金实行专款专用方法 ②一般不实行成本核算,即使有成本核算,也是内部成本核算 ③一般没有损益的核算	企业会计必须按照规范的成本计算方法,确定成本项目并设置"生产成本"和"制造费用"等成本账户,进行成本费用的归集、分配和结转
会计遵循的法规不同	《行政单位财务规则》 《行政单位会计制度》 《事业单位财务规则》 《事业单位会计准则》 《事业单位会计制度》	企业会计准则 企业会计制度/小企业会计制度 企业规章制度
资金来源不同	行政单位主要来源于财政拨入经费 事业单位主要有财政补助收入、上级补助收入、事业收入、附属单位缴款和其他收入等	主要来源于商品销售收入和其他业务收入

学习情境二　行政单位收入与支出的管理与核算

引例2

1.某行政单位本期间发生的有关财政拨款收入的业务如下：

(1)某行政单位收到国库支付执行机构委托代理银行转来的"财政直接支付入账通知书"及原始凭证，行政单位的一笔培训费用60 000元已经完成支付，资金性质为公共财政预算资金。

(2)某行政单位收到"财政直接支付收回通知"，财政部门以财政直接支付方式为行政单位支付的一项培训费用，因培训内容的变化缩短了培训时间，培训费用由原来的60 000元减少到40 000元，差额20 000元已经收回。

(3)某行政单位以政府集中采购的方式购入办公用品一批，价值总计12 500元。款项已经通过财政直接支付方式全额支付，办公用品已经由供货商交付行政单位，行政单位已经验收入库。

(4)某行政单位本年度财政直接支付预算指标数为850 000元，财政直接支付实际支出数为820 000元，年终注销未使用的财政直接支付额度30 000元。

(5)某行政单位收到代理银行转来的"授权支付到账通知书"，本月行政单位财政授权支付额度为170 000元，已经下达到代理银行，其中基本支出拨款150 000元，项目支出拨款20 000元。

(6)某行政单位本年度财政授权支付预算指标数为365 000元，财政授权支付额度下达数为352 000元，年终注销未下达的财政授权额度为13 000元。

(7)某行政单位收到开户银行转来的"到账通知书"，财政部门拨入的项目经费150 000元已经到账。

(8)某行政单位为市财政所属预算单位，现收到省财政部门拨来的补助款项78 000元，用于完成一项指定的A项目。行政单位收到开户银行转来的"到账通知书"，款项已经到账。

(9)某行政单位收到主管部门拨来的款项52 000元，用于维持单位的正常运行。行政单位收到开户银行转来的"到账通知书"，款项已经到账。

(10)某行政单位的对外办公区域向外来办事人员提供复印服务，没有实行独立核算。根据复印服务提交的收入日报表，本日复印服务收到现金360元。

(11)某行政单位的一项其他应付款因故无法偿付，金额为2 000元，报经批准后进行核销。

要求：根据上述业务编制相应的会计分录。

2.行政单位本期间发生的有关经费支出的业务如下：

（1）某行政单位计算本月应付在职人员的职工薪酬。本月应付职工薪酬总额为1 320 000元，应为职工支付的住房公积金158 400元。所用资金均为公共财政预算基本经费拨款。通过零余额账户，支付本月职工工资及住房公积金。

（2）某行政单位为临时聘用人员支付本月劳务费用，经计算，本月应付临时聘用人员的劳务费用总额68 000元，代扣代缴个人所得税的金额为8 160元。行政单位已经通过开户银行将实付款项59 840元转入临时聘用人员的工资卡中，所用资金为非财政拨款资金。

（3）开出转账支票，支付物业管理费3 000元。

（4）某行政单位以政府集中采购方式购入专用材料一批，价值总计37 800元。款项已经通过财政直接支付方式支付，所用资金为公共财政预算基本经费拨款。材料已经由供应商交付行政单位，并验收入库。

（5）领用专项工程用材料，价值2 000元。

（6）盘点材料，发现盘盈材料300元。该盘盈数额经领导批准做冲减"经费支出"处理。

（7）使用专项拨款20 000元，购置交通工具，所购置的交通工具已验收。

（8）购买的一台价值10 000元的办公设备，因无法使用，经与供应商联系，同意退货，现已收到退货款。

（9）某行政单位预订某会议中心召开工作会议，根据合同规定预先支付款项35 000元。款项已经通过单位的零账户支付，所用资金为公共财政预算基本经费拨款。

（10）某行政单位收到国库支付执行机构委托代理银行转来的"财政直接支付入账通知书"及原始凭证，所欠某供应商专项设备购买款45 000元已经完成支付，所用资金为公共财政预算项目经费拨款。

要求：根据上述业务编制相应的会计分录。

3.行政单位本期间发生的有关拨付经费的业务如下：

（1）通过银行拨给所属下级单位甲经常性经费10 000元。

（2）通过银行拨给所属下级单位乙用于维修办公设备的专项资金5 000元。

（3）收回拨给下属单位的经常性经费2 000元，同时还收回某所属单位缴回的多余专项工程款1 000元，款项已存入银行。

（4）年终，将"拨出经费"账户余额12 000元转入"结余"账户。

知识准备

一　行政单位收入概述

1. 收入的概念

收入是行政单位依法取得的非偿还性资金。行政单位的收入具有以下特征：

(1)收入是行政单位为开展业务及其他活动而取得的

行政单位的主要职能是进行政府行政管理、组织经济建设和文化建设、维护社会公共秩序，为实现其职能必须有一定的资金作保障。行政单位的业务活动是向社会提供公共产品或公共服务，行政单位的资金主要来源于财政拨款。此外，行政单位还从事一些其他活动，在财政拨款以外取得其他方面的收入。

(2)收入是行政单位依法取得的

行政单位取得的各项收入，必须符合国家法律、法规和规章制度。行政单位的财政拨款收入应当符合《预算法》的规定，按规定的程序申报、审批和领拨。行政单位的其他收入也必须符合相关法律法规和规章制度的要求。

(3)收入是行政单位的非偿还性资金

行政单位取得的各项收入不需要在未来偿还，可以按照规定安排用于所开展的业务活动。行政单位取得的罚没收入、行政事业性收费、政府性基金、国有资产处置收入等，因需要上缴财政部门，不属于行政单位的收入。

2. 收入的分类与内容

行政单位的收入包括财政拨款收入和其他收入，其核算内容如表 6-7 所示。行政单位会计设置了"财政拨款收入"和"其他收入"两个收入类会计科目。

表 6-7

科目名称	核算内容
财政拨款收入	核算行政单位从同级财政部门取得的财政预算资金，包括基本支出拨款和项目支出拨款
其他收入	核算行政单位除上述收入之外其他资金收入的情况

二　行政单位支出概述

(一)行政单位支出的概念

行政单位支出是指行政单位为保障机构正常运转和完成工作任务所发生的资金耗费及损失。具有以下特征：

(1)支出是行政单位为保障机构正常运转和完成工作任务所发生的

行政单位支出包括保障机构正常运转支出和完成工作任务支出两项内容。保障机构正常运转支出是行政单位为履行其职能,保证机构运行、完成日常工作而发生的基本支出,包括日常人员支出和日常公用支出。完成工作任务支出是行政单位在基本支出以外为完成特定的工作任务而发生的项目支出。

(2)支出是行政单位的资金耗费和损失

行政单位的支出包括资金耗费和资金损失。资金耗费是行政单位在履行其职能的过程中所正常消耗的各种财产,如支付货币、领用材料、设备折旧等。资金损失是行政单位因故造成的财产毁损与灭失,如资产盘亏、报废、丧失等。

(二)行政单位支出的内容

行政单位支出的内容包括经费支出和拨付经费。

1.经费支出

经费支出是指行政单位自身开展业务活动使用各项资金发生的基本支出和项目支出。行政单位自身开展业务活动所发生的所有支出均为经费支出,包括基本支出和项目支出内容。

2.拨付经费

拨付经费是指行政单位纳入单位预算管理、拨付给所属单位的非同级财政拨款资金。拨付经费并非行政单位自身开展业务活动所发生的支出,而是拨付给所属独立核算单位的资金。

(三)行政单位支出的确认与计量

行政单位的支出一般按收付实现制确认。在收付实现制基础下,行政单位的支出应当在其实际支付时予以确认,并按照实际支付金额计量。此时,经济利益或者服务潜力已经流出行政单位,并且导致行政单位资产减少或者负债增加。例如,行政单位通过财政直接支付购买存货、固定资产等,要求在财政部门已经完成支付时确认经费支出。以收付实现制基础确认支出,可以准确地反映行政单位的预算执行情况。

行政单位支出的特殊经济业务和事项可以采用权责发生制确认。在权责发生制基础下,行政单位的支出应当在其发生时予以确认,并按照实际发生额进行计量。此时,经济利益或者服务潜力能够流出行政单位,并且能够导致行政单位资产减少或者负债增加。

(四)行政单位经费支出的管理

传统的经费领拨方式下,行政单位获取经费拨款后,就可以按照预算规定的范围从单位的银行账户中支取使用,根据实际支出的经费数额核算经费支出。

实行国库集中收付制后,经费集中在财政部门的国库单一账户中,行政单位的经费支出不再从单位银行账户中支取,而是采取财政直接支付和财政授权支付两种方式开支。工资支出由财政直接支付;属于政府采购范围的物品、服务采购实行政府采购制度,由财政直接支付；其他支出则采用财政授权支付形式。

财政直接支付的流程如图 6-1 所示。

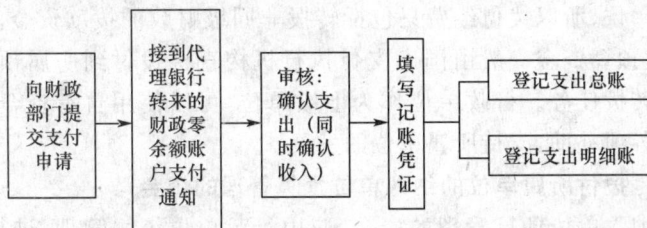

```
向财政        接到代        审核:      填写记        ┌──→  登记支出总账
部门提  ──→  理银行  ──→  确认支  ──→  账凭  ──┤
交支付        转来的        出(同      证          └──→  登记支出明细账
申请          财政零        时确认
              余额账        收入)
              户支付
              通知
```

图 6-1　财政直接支付

零余额账户用款额度是在国库集中收付制度下，财政部门授权行政单位使用的资金额度。行政单位经财政部门审批，在国库集中支付代理银行开设单位零余额账户，用于财政授权支付额的结算。财政部门根据预算安排和资金使用计划，定期向行政单位下达财政授权支付额度。行政单位可以在下达的额度内，自行签发授权支付指令，通知代理银行办理资金支付业务。零余额账户付款的流程如图 6-2 所示。

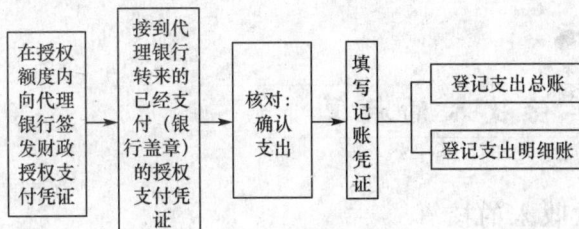

```
在授权        接到代
额度内        理银行        核对:      填写记        ┌──→  登记支出总账
向代理        转来的        确认  ──→  账凭  ──┤
银行签  ──→  已经支        支出        证          └──→  登记支出明细账
发财政        付(银
授权支        行盖章)
付凭证        的授权
              支付凭
              证
```

图 6-2　零余额账户付款

政府采购资金专户付款的流程如图 6-3 所示。

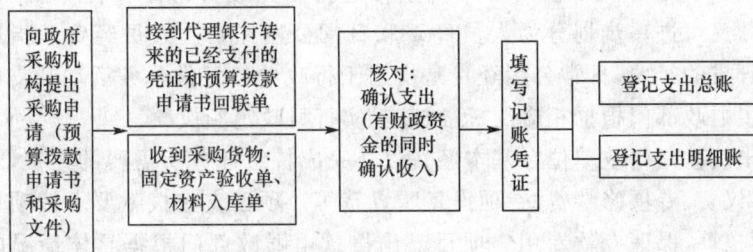

```
向政府        接到代理银行转
采购机        来的已经支付的        核对:      填写
构提出        凭证和预算拨款        确认支出   记账        ┌──→  登记支出总账
采购申  ──→  申请书回联单    ──→  (有财政  ──→  凭证  ──┤
请(预                              资金的同              └──→  登记支出明细账
算拨款        收到采购货物:        时确认收
申请书        固定资产验收单、      入)
和采购        材料入库单
文件)
```

图 6-3　政府采购资金专户付款

(五)行政单位拨付经费的管理

拨付经费是指行政单位纳入单位预算管理、拨付给所属单位的非同级财政拨款资金。具有如下特点：

1. 拨付经费是拨付给所属单位的款项

拨付经费并非行政单位自身开展业务活动所发生的支出，而是拨付给所属独立核算单位的资金。所属单位是指行政单位所属实行独立核算的下级单位，行政单位作为上级单位可以向所属单位拨付资金，布置工作任务，给予其资金支持。

2. 拨付经费是拨付所属单位的非同级财政拨款资金

拨付经费并非行政单位向所属单位转拨的同级财政拨款资金。由于同级财政拨款直接拨付到所属单位，所以拨付经费只包括转拨非同级财政的拨款资金。实行国库集中支付制度后，财政预算资金一般由国库支付执行机构直接拨付到所属预算单位，上级预算单位不再承担转拨任务。行政单位作为上级单位，可以使用自有资金或集中的资金，对下属单位进行各项补助，支持所属单位的发展。

3. 拨付经费是拨付所属单位的纳入单位预算管理的资金

拨付经费是纳入单位预算管理的资金，应由行政单位统一管理，进行统筹安排。行政单位从非同级财政部门、上级主管部门等取得指定转给其他单位，且纳入本单位预算管理的资金，不通过拨付经费科目核算。

职业判断与岗位操作

一　行政单位收入的核算

（一）财政拨款收入的核算

按部门预算管理的要求，财政拨款收入分为基本支出拨款和项目支出拨款。

基本支出拨款是行政单位用于维持正常运行和完成日常工作任务所需要的经费。基本支出拨款又可进一步划分为人员经费和日常公用经费。人员经费是指用于行政单位人员方面开支的经费，日常公用经费是指用于行政单位日常公务活动开支的经费。基本支出拨款由财政部门根据相应的标准核定，实行财政定额拨款。

项目支出拨款是行政单位在基本经费以外完成特定任务所需要的经费，包括专项业务费、专项会议费、专项修缮费、专项设备购置费等。项目支出拨款要求按项目的不同分类管理、分项核算，保证专款专用。项目支出拨款由财政部门根据具体情况的不同分项核定，实行财政定项拨款。

根据政府收支分类的要求，财政拨款收入需要按照财政预算支出的功能进行分类。支出功能分类侧重反映政府支出的职能，设置类、款、项三级预算科目，行政单位会计需要按"项级"科目对财政拨款收入进行明细核算。

根据《2014 政府收支分类科目》，预算科目按照公共财政预算、政府性基金预算、国有资本经营预算、社会保险基金预算四类预算各自的收支范围分别归集列示。

1. 财政拨款收入的账户设置

"财政拨款收入"科目，核算行政单位从同级财政部门取得的财政预算资金，包括基本支出拨款和项目支出拨款。具体明细科目设置见表 6-8。

表 6-8　　　　　　　　　　　　财政拨款收入明细科目设置表

总账	一级明细科目	二级明细科目	功能分类
财政拨款收入	基本支出拨款	人员经费	项级科目
		日常公用经费	
	项目支出拨款	具体项目	
		…	

如果行政单位的财政拨款收入存在两种或两种以上的性质,则应采取以下方式处理:一是按照财政拨款的种类,设置"公共财政预算拨款""政府性基金预算拨款""国有资本经营预算""社会保险基金预算"等一级明细科目,分别核算行政单位取得的不同性质的财政拨款资金。二是在设置上述明细科目的基础上,再依次按表 6-8 设置二级明细科目。

2.财政拨款收入的账务处理

财政拨款收入一般应当于发生财政直接支付或收到财政授权支付额度,或者实际收到款项时确认,按实际支付或收到的数额计量。年终注销时,可将未使用的财政直接支付额度和财政授权支付额度确认为财政拨款收入。

财政拨款收入需要分别按照财政直接支付、财政授权支付和其他方式进行不同的账务处理。

(1)财政直接支付

①以财政直接支付方式支付费用

财政部门以财政直接支付方式为行政单位支付相关的费用,包括工资福利支出、补助补贴支出、各种服务支出等,行政单位应当在收到国库支付执行机构委托代理银行转来的"财政直接支付入账通知书"及相关原始凭证时确认财政拨款收入,同时确认财政直接支付所形成的经费支出。此时,借记"经费支出"科目,贷记"财政拨款收入"科目。

【做中学】根据引例 2-1-(1)

借:经费支出——财政拨款支出——基本支出　　　　　　60 000

　　贷:财政拨款收入——基本支出拨款　　　　　　　　　　　60 000

②收回本年度财政直接支付的资金

财政部门已经完成直接支付的资金在本年度收回,行政单位应当冲销当期已经确认的财政拨款收入,借记"财政拨款收入"科目,贷记"经费支出"等科目。

【做中学】根据引例 2-1-(2)

借:财政拨款收入——基本支出拨款　　　　　　　　　　20 000

　　贷:经费支出——财政拨款支出——基本支出　　　　　　20 000

③经财政直接支付方式购买资产

行政单位以财政直接支付方式购买存货、固定资产、无形资产、政府储备物资以及支付工程结算的款项等,需要进行"双分录"会计核算,不仅要确认所形成的经费支出和财政拨款收入,同时还要确认所形成的资产及所对应的资产基金。

【做中学】根据引例 2-1-(3)

借:经费支出——财政拨款支出——基本支出	12 500
贷:财政拨款收入——基本支出拨款	12 500
借:存货——办公用品	12 500
贷:资产基金——存货	12 500

④财政直接支付额度的年终注销

年终注销财政直接支付额度时,根据本年度财政直接支付预算指标数与财政直接支付实际支出数的差额,借记"财政应返还额度——财政直接支付"科目,贷记"财政拨款收入"科目。

【做中学】根据引例 2-1-(4)

借:财政应返还额度——财政直接支付	30 000
贷:财政拨款收入——基本支出拨款	30 000

(2)财政授权支付方式

①财政授权支付额度的下达

在财政授权支付方式下,行政单位在收到代理银行转来的"授权支付到账通知书"时,即可确认财政拨款收入,同时确认已经到账的零余额账户用款额度。此时,借记"零余额账户用款额度"等科目,贷记"财政拨款收入"科目。

【做中学】根据引例 2-1-(5)

借:零余额账户用款额度	170 000
贷:财政拨款收入——基本支出拨款	150 000
——项目支出拨款	20 000

②财政授权支付额度的年终注销

年终注销财政授权支付额度时,如行政单位本年度财政授权支付预算指标数大于财政授权支付额度下达数,根据两者间的差额,借记"财政应返还额度——财政授权支付"科目,贷记"财政拨款收入"科目。

【做中学】根据引例 2-1-(6)

借:财政应返还额度——财政授权支付	13 000
贷:财政拨款收入——基本支出拨款	13 000

（3）其他方式

在国库集中收付制度下，财政直接支付和财政授权支付是两种主要的财政支付方式。除此之外，还存在其他的支付方式，主要是财政实拨资金。财政实拨资金主要适用于未实行国库集中收付制度的行政单位以及一些特殊事项财政款项的拨付。收到款项，借记"银行存款"科目，贷记"财政拨款收入"科目。

模块六 行政事业单位会计核算

【做中学】根据引例 2-1-(7)

借：银行存款	150 000
贷：财政拨款收入——项目支出拨款	150 000

年末，应将"财政拨款收入"科目本年发生额转入"财政补助结转"科目。

（二）其他收入的核算

1.其他收入的分类

其他收入按照收入的来源，分为非同级财政部门补助收入、主管部门或上级单位补助收入、服务收入等。

按照资金的限定性，其他收入分为项目资金收入和非项目资金收入。各类收入的含义见表6-9。

表6-9

收入名称	含义
非同级财政部门补助收入	非同级财政部门给予行政单位的补助款项
主管部门或上级单位补助收入	行政单位的主管部门、上级单位给予行政单位的补助款项
服务收入	行政单位所属非独立核算的后勤部门对外提供服务所取得的收入。如机关食堂、打字复印、生活服务设施等，实行对外有偿服务，取得一定的服务收费
项目资金收入	行政单位收到的用于完成特定任务的款项。项目资金收入属于限定性资金，包括从非同级财政部门、主管部门或上级单位取得的专项资金收入
非项目资金收入	行政单位收到的用于维持正常运行和完成日常工作任务的款项。非项目资金收入属于非限定性资金

2.其他收入的账户设置

"其他收入"科目，核算行政单位取得的除财政拨款收入以外的其他各项收入。具体明细科目设置见表6-10。

表6-10　　　　　　　其他收入明细科目设置表

总账	一级明细科目	二级明细科目	三级明细科目
其他收入	类别、来源单位	项级资金	具体项目
		非项目资金	
		项级资金	
		非项目资金	

3.其他收入的账务处理

【做中学】根据引例 2-1-(8)

借:银行存款   78 000
　贷:其他收入——省财政补助收入——项目资金——A 项目   78 000

【做中学】根据引例 2-1-(9)

借:银行存款   52 000
　贷:其他收入——主管部门行政补助收入——非项目资金   52 000

【做中学】根据引例 2-1-(10)

借:银行存款   360
　贷:其他收入——复印服务收入   360

【做中学】根据引例 2-1-(11)

借:其他应付款   2 000
　贷:其他收入——无法偿付的其他应付款项   2 000

年末,应将"其他收入"科目本年发生额转入"其他资金结转结余"科目。年终结账后,"其他收入"科目应无余额。

二　行政单位支出的核算

(一)行政单位经费支出的核算

1.经费支出的分类

行政单位的经费支出多种多样,为了便于分析考核行政单位预算的执行情况和资金使用效果,便于对经费支出的管理和核算,根据财政部门的要求,行政单位需要对经费支出进行适当的分类。行政单位经费支出的主要分类如下:

(1)按资金的性质,经费支出分为财政拨款支出和其他资金支出。

财政拨款支出是行政单位用财政拨款资金安排的经费支出。财政拨款是行政单位从同级财政部门取得的款项,是财政部门根据预算安排,通过国库拨入行政单位的纳入预算管理的资金。财政拨款支出可以进一步划分为公共财政预算拨款支出和其他预算拨款支出。其他资金支出是行政单位使用除财政拨款收入以外的资金安排的经费支出,主要是行政单位用其他收入安排的经费支出。行政单位的其他资金支出并非同级财政部门的预算资金,但应当纳入单位的预算管理。

(2)按政府收支分类科目的要求,经费支出需要进行功能分类和经济分类。

经费支出的功能分类,是按照政府收支分类的要求,经费支出需要按财政预算支出的功能进行分类。支出功能分类主要反映政府的职能,设置类、款、项三级预算科目,经费支出需要按照其中的"项级"科目设置明细科目,进行明细核算。经费支出与财政拨款收入采用相同的功能分类方式,以便相互核对,向同级财政部门报告。

经费支出的经济分类,主要反映政府支出的经济性质和具体用途。按照《政府收支分类科目》的规定,经费支出不但需要进行功能分类,还需要进行经济分类。支出的经济分类设类、款两级预算科目,经费支出需要按照其中的"款级"科目进行明细核算。根据《2014政府收支分类科目》,支出的经济分类科目设置见表6-11。

表6-11

类别	基本内容(款)
工资福利支出	基本工资、津贴补贴、奖金、社会保障缴费、伙食费、伙食补助费、绩效工资、其他工资福利支出等
商品和服务支出	办公费、印刷费、咨询费、手续费、水费、电费、邮电费、取暖费、物业管理费、差旅费、因公出国(境)费用、维修(护)费、租赁费、会议费、培训费、公务接待费、专用材料费、装备购置费、工程建设费、作战费、军用油料费、军队其他运行维护费、被装购置费、专用燃料费、劳务费、委托业务费、工会经费、福利费、公务用车运行维护费、其他交通费用、其他商品和服务支出
对个人和家庭的补助	具体包括离休费、退休费、退职(役)费、抚恤金、生活补助、救济费、医疗费、助学金、奖励金、生产补贴、住房公积金、提租补贴、购房补贴、其他对个人和家庭的补助支出
对企事业单位的补贴	企业政策性补贴、事业单位补贴、财政贴息、国有资本经营预算费用性支出、其他对企事业单位的补贴支出
转移性支出	不同级政府间转移性支出、同级政府间转移性支出
赠与	对国内的赠与、对国外的赠与
债务利息支出	国内债务付息、向国家银行借款付息、其他国内借款付息、向国外政府借款付息、向国际组织借款付息、其他国外借款付息
债务还本支出	国内债务还本、国外债务还本
基本建设支出	房屋建筑物购建、办公设备购置、专用设备购置、基础设施建设、大型修缮、信息网络及软件购置更新、物资储备、公务用车购置、其他交通工具购置、其他基本建设支出
其他资本性支出	房屋建筑物购建、办公设备购置、专用设备购置、基础设施建设、大型修缮、信息网络及软件购置更新、物资储备、土地补偿、安置补助、地上附着物和青苗补偿、拆迁补偿、公务用车购置、其他交通工具购置、其他资本性支出
贷款转贷及产权参股	国内贷款、国外贷款、国内转贷、国外转贷、产权参股、国有资本经营预算资本性支出、其他贷款转贷及产权参股支出
其他支出	预备费,预留、补充全国社会保障基金,未划分的项目支出,国有资本经营预算其他支出

(3)按部门预算管理的要求,经费支出分为基本支出和项目支出。

基本支出是行政单位为了保障其正常运转、完成日常工作任务而发生的支出,包括人员经费支出和日常公用经费支出。①人员经费支出是指用于行政单位人员方面的经费支出,主要包括《2014 政府收支分类科目》中的"工资福利支出"和"对个人和家庭的补助"类别的具体款项。②日常公用经费支出是指用于行政单位日常公务活动的经费支出,主要包括《2014 政府收支分类科目》中的"商品和服务支出""基本建设支出"和"其他资本性支出"等类别的具体款项。

项目支出是指行政单位为了完成特定的行政工作任务,在基本支出之外所发生的支出。项目支出因各行政单位情况不同而有所区别,主要包括专项业务费支出、专项会议费支出、专项修缮费支出、专项设备购置费支出等。

2. 经费支出的账户设置

为了核算行政单位在业务活动中发生的各项支出,应设置"经费支出"科目。该科目属于支出类科目,其借方登记行政单位在业务活动中发生的经费实际支出数,贷方登记支出收回或冲销转出数,平时借方余额反映的是经费实际支出累计数。年终结账时,本科目借方余额全额转入"结余"科目,年终结转后,本科目无余额。

"经费支出"科目应按基本支出和项目支出分设二级科目,二级科目下按《2014 政府收支分类科目》中"支出经济分类"的"款"级科目设置明细核算。具体明细科目设置见表 6-12。

表 6-12　　　　　　　　　　　经费支出明细科目设置表

总账科目	一级明细科目	二级明细科目	三级明细科目	四级明细科目	功能分类
经费支出	财政拨款支出	基本支出	经济分类款级科目		项级科目
		项目支出	具体项目	经济分类款级科目	
	其他资金支出	基本支出	经济分类款级科目		
		项目支出	具体项目	经济分类款级科目	

3. 具体业务核算

(1)人员经费支出

人员经费支出是行政单位用于人员方面的支出,包括在职职工薪酬和外部人员的劳务费用等。

在职职工薪酬形成的经费支出,在按规定应支付职工薪酬时予以确认,通过"应付职工薪酬"科目核算。计提单位职工薪酬时,借记"经费支出"科目,贷记"应付职工薪酬"科目。

【做中学】根据引例 2-2-(1)

计提时:

借:经费支出——财政拨款支出——基本支出　　　　　　1 478 400

　　贷:应付职工薪酬——工资　　　　　　　　　　　　　　1 320 000

　　　　　　　　　　——住房公积金　　　　　　　　　　　　158 400

支付时：

借：应付职工薪酬——工资	1 320 000	
——住房公积金	158 400	
贷：零余额账户用款额度		1 478 400

外部人员的劳务费用，是指行政单位按照劳务合同应支付给非本单位职工的劳动报酬，如临时聘用人员劳务费等。行政单位支付外部人员的劳务费用，不通过"应付职工薪酬"科目核算，在实际支付时予以确认。借记"经费支出"科目，按照代扣代缴个人所得税的金额，贷记"应交税费"科目，按照扣税后实际支付的金额，贷记"财政拨款收入"（财政直接支付）、"零余额账户用款额度"（财政授权支付）、"银行存款"（单位银行账户支付）等科目。

【做中学】根据引例 2-2-(2)

借：经费支出——其他资金支出——基本支出	68 000	
贷：银行存款		59 840
应交税费——个人所得税		8 160

(2) 日常费用支出

日常费用支出不形成资产项目，在发生时按照实际支付的金额确认。借记"经费支出"科目，贷记"财政拨款收入"（财政直接支付）、"零余额账户用款额度"（财政授权支付）、"银行存款"（单位银行账户支付）等科目。

【做中学】根据引例 2-2-(3)

借：经费支出——基本支出——物业管理费	3 000	
贷：银行存款		3 000

(3) 购买资产支出

行政单位购买存货、固定资产、无形资产、政府储备物资及结算工程款项，需要进行"双分录"核算，同时确认发生的经费支出和形成的资产。支付购买存货、固定资产、无形资产、政府储备物资及结算工程款项时，按照实际支付的金额，借记"经费支出"科目，贷记"财政拨款收入"（财政直接支付）、"零余额账户用款额度"（财政授权支付）、"银行存款"（单位银行账户支付）等科目；同时，按照采购或工程结算成本，借记"存货""固定资产""无形资产""在建工程""政府储备物资"等科目，贷记"资产基金"及其明细科目。

行政单位因退货等原因发生支出收回的，属于当年支出收回的，借记"财政拨款收入""零余额账户用款额度""银行存款"等科目，贷记"经费支出"科目。属于以前年度支出收回的，需要调整净资产中"财政拨款结转""财政拨款结余""其他资金结转结余"等科目。

【做中学】根据引例 2-2-(4)

借：经费支出——财政拨款支出——基本支出	37 800	
贷：财政拨款收入——基本支出拨款		37 800
借：存货——专用材料	37 800	
贷：资产基金——存货		37 800

【做中学】根据引例 2-2-(5)

借:资产基金——存货　　　　　　　　　　　　　2 000
　贷:存货——专用材料　　　　　　　　　　　　　　　　2 000

【做中学】根据引例 2-2-(6)

盘盈材料按确认的入账价值:
借:存货　　　　　　　　　　　　　　　　　　　300
　贷:待处理财产损溢——待处理财产价值　　　　　　　　300
报经批准处理时:
借:待处理财产损溢——待处理财产价值　　　　　300
　贷:资产基金——存货　　　　　　　　　　　　　　　300

【做中学】根据引例 2-2-(7)

借:经费支出——基本支出——交通工具购置　　　20 000
　贷:银行存款　　　　　　　　　　　　　　　　　　20 000
借:固定资产　　　　　　　　　　　　　　　　　20 000
　贷:资产基金——固定资产　　　　　　　　　　　　　20 000
计提折旧:
借:资产基金——固定资产　　　　　　　　　　　2 500
　贷:累计折旧——固定资产累计折旧　　　　　　　　　2 500

【做中学】根据引例 2-2-(8)

借:银行存款　　　　　　　　　　　　　　　　　10 000
　贷:经费支出——基本支出——办公设备购置　　　　　10 000
借:资产基金——固定资产　　　　　　　　　　　10 000
　贷:固定资产　　　　　　　　　　　　　　　　　　10 000

(4)预付款项支出

行政单位按照购货、服务合同规定预付给供应单位的款项,应当在已支付款项且尚未收到物资或服务时确认经费支出。按照实际预付的金额,借记"经费支出"科目,贷记"财政拨款收入"(财政直接支付)、"零余额账户用款额度"(财政授权支付)、"银行存款"(单位银行账户支付)等科目;同时,借记"预付账款"科目,贷记"资产基金——预付款项"科目。

【做中学】根据引例 2-2-(9)

借:经费支出——财政拨款支出——基本支出　　　35 000
　贷:零余额账户用款额度　　　　　　　　　　　　　35 000
借:预付账款——会议中心　　　　　　　　　　　35 000
　贷:资产基金——预付款项　　　　　　　　　　　　35 000

(5)偿还应付款项支出

行政单位因购买物资或服务、工程建设等而发生的应付账款和长期应付款,应当在偿付款项时确认经费支出。按照实际偿付的金额,借记"经费支出"科目,贷记"财政拨款收入"(财政直接支付)、"零余额账户用款额度"(财政授权支付)、"银行存款"(单位银行账户支付)等科目;同时,借记"应付账款""长期应付款"科目,贷记"待偿债净资产"科目。

【做中学】根据引例 2-2-(10)

借:经费支出——财政拨款支出——项目支出	45 000	
贷:财政拨款收入——项目支出拨款		45 000
借:应付账款——某供应商	45 000	
贷:待偿债净资产		45 000

(6)年末结转

年末,应当将"经费支出"科目本年发生额分别转入"财政拨款结转"和"其他资金结转结余"科目。

行政单位收回本年度已列为经费支出的款项,做冲减当年的经费支出处理;收回以前年度已经列为经费支出的款项,做增加上年结余处理,不得冲减当年经费支出。材料的盘盈、盘亏和变价处理的差价,一般做减少或增加相应支出处理。

(二)行政单位拨出经费的核算

1.设置科目及账户

为了核算行政单位按核定预算将财政或上级单位拨入的经费,拨付给所属单位的预算资金情况,应设置"拨出经费"科目。该科目属支出类科目,其借方登记对所属单位转拨经费数,贷方登记收回或冲销转出数,平时借方余额反映拨出经费累计数,年终结账时,将本科目借方余额(不含预拨下年经费)转入"其他资金结转结余"科目。年终转账后,本科目无余额。

"拨出经费"科目应当分别按照"基本支出"和"项目支出"进行明细核算,并且还应当按照拨出经费的具体单位和款项类别等分别进行明细账核算。

2.具体业务核算

行政单位对所属单位转拨经费时,借记"拨出经费"科目,贷记"银行存款"科目;拨出经费收回或冲销转出时,借记"银行存款"科目,贷记"拨出经费"科目。年终转账时,将"拨出经费"科目本年发生额转入"其他资金结转结余"科目。

借:其他资金结转结余——收支转账——项目结转

　　　　　　　　　　　　——非项目结转

　　贷:拨出经费——项目支出

　　　　　　　　——基本支出

【做中学】根据引例 2-3-(1)

借:拨出经费——基本支出(甲)	10 000	
贷:银行存款		10 000

【做中学】根据引例 2-3-(2)

借:拨出经费——项目支出(乙) 5 000
  贷:银行存款 5 000

【做中学】根据引例 2-3-(3)

借:银行存款 3 000
  贷:拨出经费——基本支出 2 000
       ——项目支出 1 000

【做中学】根据引例 2-3-(4)

借:其他资金结转结余——收支转账——项目结转 4 000
                    ——非项目结转 8 000
  贷:拨出经费——项目支出 4 000
       ——基本支出 8 000

学习情境三 事业单位收入与支出的管理与核算

引例3

1.事业单位发生下列补助收入的业务:

(1)某事业单位收到国库支付执行机构委托代理银行转来的"财政直接支付入账通知书"及原始凭证,事业单位的一笔培训费用 86 000 元已经完成支付。

(2)某事业单位收到国库支付执行机构委托代理银行转来的"财政直接支付入账通知书"及原始凭证,财政部门通过财政直接支付方式为事业单位支付了一项技术开发费用,共计 26 000 元,此款项为项目经费,专门用于事业单位的专业技术改造。

(3)某事业单位收到代理银行转来的"授权支付到账通知书",本月事业单位财政授权支付额度为 170 000 元,已经下达到代理银行,其中基本支出补助 150 000 元,项目支出补助 20 000 元。

(4)某事业单位收到开户银行转来的"到账通知书",财政部门拨入的项目经费 150 000 元已经到账。

(5)某事业单位收到主管部门拨来的补助款 100 000 元,款项已经到账。此款项是上级单位用其所集中的款项,对附属单位基本支出进行的调剂。

(6)某事业单位收到上级单位拨来的补助款 8 000 元,款项已经到账。此款项是资助事业单位所开展的一项课题研究。

2. 事业单位发生下列业务活动收入的业务：

(1)某事业单位开展专业业务活动收到事业服务费 8 600 元，款项已经存入银行账户。此款项纳入财政专户管理，按规定需要全额上缴财政专户。

(2)某事业单位收到开户银行通知，申请财政专户核拨的基本经费 53 000 元。此款项是事业单位上缴的检测服务收费。

(3)某事业单位收到国库支付执行机构委托代理银行转来的"财政直接支付入账通知书"，财政部门通过直接支付的方式，用财政专户管理的资金为事业单位支付相关费用 91 000 元。此款项是事业单位上缴的检验服务收费。

(4)某事业单位收到代理银行转来的"授权支付到账通知书"，财政部门通过授权支付方式核拨的财政专户管理资金 40 000 元已经下达。此款项是事业单位上缴的科技咨询服务收费，限定用于支付课题经费。

(5)某事业单位为博物馆，其专业业务活动为文化艺术品展览。当日展览取得门票收入 6 520 元，款项已经存入银行。

(6)某事业单位为培训中心，为某企业举办两期业务培训班，产生的培训收费共计 32 000 元。现收到第一期培训费 16 000 元，款项已经存入银行。

(7)某档案管理事业单位，下设复印服务部为客户服务(没有实行独立核算)。当日收到复印费收入 680 元，款项已经存入银行。

(8)某环境保护事业单位，下设检测服务部向社会公众提供家庭装修污染检测服务(没有实行独立核算)。当日应收检测服务费 3 200 元，实际收到 2 600 元，款项已经存入银行。

(9)某科学技术事业单位，利用其技术条件对外销售一项附属产品。当日销售商品一批，价值 234 000 元(含税)，款项尚未收到。该事业单位为一般纳税人，销售商品的增值税税率为 17%，增值税销项税额为 34 000 元。

3. 事业单位发生下列其他活动收入的业务：

(1)某事业单位下属的招待所为独立核算的附属单位。按事业单位与招待所签订的收入分配办法规定，201×年招待所应缴纳分成款 100 000 元，事业单位已收到招待所上缴的款项。

(2)某事业单位的一项长期股权投资分配利润，按投资份额计算，该事业单位取得投资收益 32 000 元。款项已经收到，存入事业单位的银行账户。

(3)某事业单位的一项短期国债投资到期兑付，其收回国债投资本息 82 800 元，其中短期投资成本 80 000 元，利息 2 800 元。

(4)某事业单位将一暂时闲置的房子出租，收到承租人交来的本月租金 6 000 元，款项均已到账。

（5）某事业单位接受社会组织捐赠的款项共计 28 000 元，存入单位的银行账户。收到捐赠的材料用品一批，已经验收入库，根据所附凭据，其价值为 35 000 元。捐赠人并未对所捐赠的款项、物资提出限制条件。

（6）某事业单位当日在现金账款核对中发现溢余 15 元，经审查为财务报销正常的溢余。

（7）某事业单位因某一职工自行离职，已经将其所欠单位款项 2 000 元核销。但该职工又回到单位，经索要收回了款项。

（8）某事业单位经营业务的一项应付账款，账面余额 3 500 元，因债权人长期消失，无法偿付，予以核销。

4.某事业单位发生下列事业支出的业务：

（1）4 月 1 日，总务部门购买 180 元的办公用品，办理报销，用现金补足已付备用金，所付款项为财政部门当年拨入的基本经费。

（2）某事业单位用事业收入支付一笔公务接待费用 2 800 元，款项用银行存款支付。所用款项为非财政补助、非专项资金。

（3）4 月 3 日，单位收到银行付款通知，支付上月电话费 9 000 元，由财政直接支付。

（4）4 月 5 日，发放本月工资，通过财政直接支付方式划入职工个人账户，"工资汇总表"中有关资料见表 6-13。

表 6-13　　　　　　　　　　　　工资汇总表　　　　　　　　　　　　货币单位：元

项目	金额
应付基本工资	1 200 000
应付津贴	160 000
应付退休费	45 000
应付工资合计	1 405 000
应扣在职人员水电费	62 000
应扣退休人员水电费	3 000
应扣费用合计	65 000
实发金额	1 340 000

（5）4 月 2 日，开出 5 000 元的支票，通过零余额账户支付礼堂的维修费。

（6）某事业单位计算本月应付在职事业编制人员的职工薪酬，应付工资为 1 680 000 元，应付地方（或部门）津贴补贴 980 000 元，应付其他个人收入 120 000 元，应付社会保险费 588 000 元，应付住房公积金 266 000 元。

（7）某事业单位以政府集中采购的方式购入自用甲材料一批，价值总计 27 850 元。款项已通过财政直接支付方式支付，材料已由供应商交付事业单位。生产加工自用 A 产品，领用甲材料一批，采用加权平均法计算其价值为 7 000 元。加工完成后验收入库，共 100 件，经计算，其加工成本为 10 000 元。

（8）4月11日，通过财政直接支付方式支付财政采购资金，购入办公设备70 000元，设备已验收。

（9）本月从事业支出中提取修购基金6 000元。

（10）事业支出的借方发生额为3 000 000元，其中属于财政补助支出金额为800 000元，非财政补助支出1 200 000元及其他资金支出1 000 000元，年终进行结转。

5.某事业单位发生下列经营支出的业务：

（1）计提并以现金18 000元支付经营人员基本工资。

（2）以银行存款支付办公费10 000元。

（3）以银行存款支付邮电费8 000元。

6.某事业单位发生其他活动支出的业务：

（1）本期共取得事业收入100 000元，该单位实行收入上缴办法，按核定比例的30％计算上缴上级单位。

（2）年终时，事业单位将"上缴上级支出"账户借方余额50 000元转入"事业结余"账户。

（3）向所属A单位拨付补助款40 000元。

（4）年终时，事业单位将"对附属单位补助"账户借方余额70 000元转入"事业结余"账户。

知识准备

一　事业单位收入概述

1.事业单位收入的概念和特点

事业单位收入是指事业单位开展业务及其他活动依法取得的非偿还性资金。这一概念具有如下含义：

（1）事业单位收入是开展业务及其他活动取得的。

事业单位与企业不同，一般不直接从事物质资料的生产、交通运输和商品流通等活动。事业单位开展业务工作的费用，需要获得国家的扶持，从财政部门获得财政拨款收入，从主管部门或上级单位获得上级补助收入，用来支持其从事业务及其他活动；同时事业单位还可以通过有偿服务和生产经营活动获得收入，以补偿其业务活动的费用。

（2）事业单位的收入是依法取得的。

事业单位取得的各项收入都必须符合国家有关法律、法规和规章制度的规定。

（3）事业单位收入是通过多形式、多渠道取得的。

事业单位收入的来源形式和渠道呈多样性趋势，既有财政补助收入，也有上级补助收入、事业收入、附属单位上缴收入、投资收益、利息收入、租金收入、捐赠收入等。

（4）事业单位的收入是非偿还性的。

事业单位取得的各项收入，均是不需要偿还的，可以用于开展业务活动和其他活动。事业单位取得的各项需要偿还的资金，包括借入款、应付款项和应缴预算资金、应缴财政专户的预算外资金等，需要偿还债权人和上缴财政，应当列为负债，不能作为单位收入处理。

2. 事业单位收入的确认和计量

事业单位会计中的收入定义为"非偿还性资金"，强调在取得时予以确认。事业单位收入确认一般应遵循收付实现制的原则，在收到款项时予以确认；特定情况下采用权责发生制基础确认。对于采用权责发生制核算的事业单位取得的收入，应在提供劳务或发出商品的同时收讫价款或取得收取价款的凭据时予以确认。具体情况如下：

（1）财政补助收入、上级补助收入、附属单位缴款、其他收入等资金收入，应当在收到款项时予以确认。

（2）事业单位开展专业业务活动和辅助活动所取得的收入，即事业收入在确认时分两种情况：一种是不实行内部成本核算的事业单位以收付实现制为基础，应在收到款项时确认；另一种是对于实行内部成本核算的事业单位以权责发生制为基础，应在提供劳务和发出商品的同时收讫价款或取得收取价款的凭据时予以确认。

（3）经营性收入以权责发生制为基础，应当在提供劳务或发出商品的同时收讫销售款或取得销货款凭据时予以确认。

（4）对于长期项目的确认，应当根据当年完成进度予以确认。

（5）当事业单位取得的收入为非货币性资金时，应根据有关凭证，在收到货物及凭证时予以确认；若没有凭证可供确认，参照其市场价值确定。

3. 事业单位收入的分类与内容

事业单位的收入包括财政补助收入、事业收入、上级补助收入、附属单位上缴收入、经营收入和其他收入。各类收入核算的内容见表6-14。

表6-14

科目名称	核算内容
财政补助收入	核算事业单位从同级财政部门取得的各类财政拨款，包括基本支出补助和项目支出补助
事业收入	核算事业单位开展专业业务活动及其辅助活动取得的收入
上级补助收入	核算事业单位从主管部门和上级单位取得的非财政补助收入
附属单位缴款收入	核算事业单位附属独立核算单位按照有关规定上缴的收入
经营收入	核算事业单位在专业业务活动及其辅助活动之外开展非独立核算经营活动取得的收入
其他收入	核算事业单位除财政补助收入、事业收入、上级补助收入、附属单位上缴收入、经营收入以外的各项收入，包括投资收益、银行存款利息收入、租金收入、捐赠收入、现金盘盈收入、存货盘盈收入、收回已核销应收及预付款项、无法偿付的应付及预收款项等

事业单位会计设置的收入类会计科目及其分类见表6-15。

表6-15　　　　　　　　　　事业单位收入类会计科目分类表

类型	会计科目	性质	限定性划分
补助收入	4001事业支出	财政性资金	基本支出
			项目支出
业务活动收入	4201上级补助收入	非财政性资金	专项资金
	4101事业收入		
	4401经营收入		
其他活动收入	4301附属单位上缴收入		非专项资金
	4501其他收入		

4.收入的管理

收入是事业单位完成事业计划,从事业务活动的开支来源和保障。事业单位在收入的核算与管理中,应注意以下几个方面:

(1)事业单位应当合理设置岗位,明确相关岗位的职责权限,确保收款、会计核算等不相容岗位相互分离。

(2)有政府非税收入收缴职能的事业单位,应当按照规定项目和标准征收政府非税收入,按照规定开具财政票据,做到收缴分离、票款一致,并及时、足额上缴国库或财政专户,不得以任何形式截留、挪用或者私分。

(3)事业单位应当建立健全票据管理制度。财政票据、发票等各类票据的申报、启用、核销、销毁均应履行规定手续。应当按照规定设置票据专管员,建立票据台账,做好票据的保管和序时登记工作。

二　事业单位支出概述

1.事业单位支出的概念

事业单位支出是指事业单位开展业务活动和其他活动所发生的各项资金耗费和损失。包括事业支出、对附属单位补助支出、上缴上级支出、经营支出和其他支出。事业单位支出的确认必须同时符合以下两个条件:

(1)支出发生的同时,资产会减少或负债会增加。事业单位确认支出的同时必须同时确认减少的资产或增加的负债。

(2)能够可靠计量。支出必须是能够准确计量的,是按照支出发生时引起的资产减少数和负债的增加数计量。若资产减少或负债增加属于货币项目,直接以货币数计量;若属于非货币项目,则要按照其公允价值计量。

2.事业单位支出的分类

事业单位的各项支出核算基本内容见表6-16。

表 6-16

类别	基本内容
事业支出	事业支出是指事业单位开展各项专业业务活动和其他辅助活动发生的各种支出
经营支出	经营支出是指事业单位在专业业务活动及其辅助活动之外开展非独立核算经营活动发生的支出
对附属单位补助支出	对附属单位补助是指事业单位用非财政预算资金对附属单位补助发生的支出
上缴上级支出	上缴上级支出是指事业单位按照财政部门和主管部门的规定上缴上级单位的支出
其他支出	其他支出是上述规定范围以外的各项支出,包括利息支出、捐赠支出等

事业单位会计设置的支出类会计科目及分类见表 6-17。

表 6-17　　　　　　　　　事业单位支出类会计科目分类表

类型	会计科目	性质	限定性划分
业务活动支出	5001 事业支出	财政补助支出	基本支出
			项目支出
		非财政补助支出	专项支出
			非专项支出
	5301 经营支出	非财政补助支出	非专项支出
其他活动支出	5201对附属单位补助支出	非财政补助支出	非专项支出
	5101上缴上级支出		
	5401其他支出	非财政补助支出	专项支出
			非专项支出

3.事业单位支出管理的原则

事业单位的支出,既要保证事业发展的需要,又要遵守各项财政财务制度,精打细算,厉行节约,使各项支出发挥最大的效果。事业单位进行支出管理,应遵循以下五项原则:

(1)加强支出的预算管理

事业单位应当将各种支出全部纳入单位预算,建立健全支出管理制度。事业单位应当严格报告批准的支出预算。

(2)加强支出的规范性管理

事业单位的支出应当严格执行国家有关的财务规章制度规定的开支范围及开支标准,国家有关财务规章制度没有统一规定的,由事业单位规定,报主管部门和财政部门备案。事业单位应当依法加强各类票据管理,确保票据来源合法、内容真实、使用正确,不得使用虚假票据。

（3）加强专项资金管理

事业单位从财政部门和主管部门取得的有指定项目和用途的专项资金，应当专款专用、单独核算，并按照规定向财政部门或者主管部门报送专项资金使用情况。

（4）加强支出的绩效管理

事业单位应当加强支出的绩效管理，提高资金可利用效率。可以根据开展业务活动及其他活动的实际需要，实行内部成本核算办法。在开展非独立核算经营活动时，应当正确归集实际发生的各项费用数额，不能归集的，应当按照规定的比例合理分摊。

（5）建立健全支出的内部控制

事业单位支出的内部控制属于业务层面内部控制，包括完善支出的内部管理制度、加强支出的审批控制、加强支出的审核控制、加强支出的支付控制和加强支出的核算和归档控制。

职业判断与岗位操作

一 事业单位收入的核算

（一）补助收入的核算

事业单位的补助收入包括财政补助收入和上级补助收入。

1.财政补助收入

（1）财政补助收入的分类

①按部门预算管理的要求分类，财政补助收入分为基本支出补助和项目支出补助。

基本支出补助是指事业单位用于维持正常运行和完成日常工作任务所需要的补助经费；项目支出补助是指事业单位在基本经费以外完成任务所需要的补助经费。事业单位的基本支出补助又可进一步分为人员经费和日常公用经费，人员经费是指用于事业单位人员方面开支的经费，日常公用经费是指用于事业单位日常公务活动开支的经费。

②按预算科目的要求，应根据《2014政府收支分类科目》的规定，财政补助收入需要按财政预算支出的功能进行分类，设置类、款、项三级预算科目。

（2）财政补助收入的账户设置

为反映事业单位取得的财政补助情况，事业单位应当设置"财政补助收入"科目。该科目用于核算事业单位从同级财政部门取得的各类财政拨款，包括基本支出补助和项目支出补助。

"财政补助收入"科目应按部门预算管理和《2014政府收支分类科目》的要求设置明细科目。具体明细科目设置见表6-18。

表 6-18 **财政补助收入明细科目设置表**

总账科目	一级明细科目	二级明细科目	三级及以下明细科目
财政补助收入	基本支出	人员经费	功能类、款、项
		日常公用经费	功能类、款、项
	项目支出	项目名称	功能类、款、项
		...	功能类、款、项

（3）财政补助收入的账务处理

财政补助收入是事业类收入，一般按收付实现制基础确认，按实际收到的数额计量。财政补助收入一般应于发生财政直接支付或收到财政授权支付额度，或者实际收到时确认。财政补助收入需要分别按照财政直接支付、财政授权支付和财政实拨资金三种支付方式进行不同的账务处理。

【做中学】根据引例 3-1-（1）

借：事业支出——财政补助支出——基本支出	86 000	
贷：财政补助收入——基本支出		86 000

【做中学】根据引例 3-1-（2）

借：事业支出——财政补助支出——项目支出	26 000	
贷：财政补助收入——项目支出		26 000

【做中学】根据引例 3-1-（3）

借：零余额账户用款额度	170 000	
贷：财政补助收入——基本支出		150 000
——项目支出		20 000

【做中学】根据引例 3-1-（4）

借：银行存款	150 000	
贷：财政补助收入——项目支出		150 000

期末，应将"财政补助收入"科目本期发生额转入"财政补助结转"科目。

2. 上级补助收入

（1）上级补助收入的分类

上级补助收入是事业单位的非财政补助资金，需要按照主管部门或上级单位的要求来进行管理，按规定的用途安排使用。按照使用要求的不同，上级补助收入分为专项资金收入和非专项资金收入。

专项资金收入，是主管部门或上级单位拨的用于完成特定任务的款项，应当专款专用单独核算。当年未完成的项目结转到下年继续使用。已经完成项目结余的资金，按规定缴回原拨款单位，或留归事业单位转入事业基金。非专项资金收入，是主管部门上级单位拨入用于维持正常运行和完成日常工作任务的款项。非专项资金收入无限定的用途,年度结余的资金可以转入事业结余并进行分配。

(2)上级补助收入的账户设置

为反映事业单位取得主管部门或上级单位的补助情况,事业单位应当设置"上级补助收入"科目。该科目应当按照发放补助单位、补助项目、《2014政府收支分类科目》中"支出功能分类"相关科目等进行明细核算。明细科目设置详见表6-19。

表6-19 上级补助收入明细科目设置表

总账科目	一级明细科目	二级明细科目	三级及以下明细科目
上级补助收入	主管部门或上级单位	专项资金	功能类、款、项
		功能类、款、项	

(3)上级补助收入的账务处理

上级补助收入按收付实现制基础确认,按实际收到的数额计量。上级补助收入通常采用实拨资金的方式拨付,主管部门或上级单位将补助款项转入事业单位在商业银行开设的账户。事业单位收到开户银行转来的"到账通知书",补助款项已经到账时,即可按照实际收到的金额确认上级补助收入。

【做中学】根据引例3-1-(5)

借:银行存款　　　　　　　　　　　　　　　　　　　　100 000
　　贷:上级补助收入——主管部门　　　　　　　　　　　　　　100 000

【做中学】根据引例3-1-(6)

借:银行存款　　　　　　　　　　　　　　　　　　　　8 000
　　贷:上级补助收入——上级单位——课题研究　　　　　　　　8 000

期末,应将"上级补助收入"科目本期发生额中的专项资金收入转入"非财政补助结转"科目,将"上级补助收入"科目本期发生额中的其他资金收入(非专项资金收入)转入"事业结余"科目。

(二)业务活动收入的核算

事业单位的业务活动收入包括事业收入和经营收入。事业单位的业务收入包括提供服务取得的收入和销售商品取得的收入。

1.事业收入

(1)事业收入的分类

事业收入按管理方式不同,分为财政专户返还收入和其他事业收入两种类型。

①财政专户返还收入,是采用财政专户返还方式管理的事业收入。承担政府规定的社会公益性服务任务的事业单位,面向社会提供的公益服务是无偿的,或只按政府指导价格收取部分费用,其事业收费需要纳入财政专户管理。在这种管理方式下,事业单位取得的各项事业性收费不能立即安排支出,需要上缴同级财政部门设立的财政资金专户,支出时由同级财政部门按资金收支计划从财政专户中拨付。事业单位经过审批取得

从财政专户核拨的款项时,方可确认事业收入。

②其他事业收入,是未采用财政专户返还方式管理的普通事业收入。如果事业单位的某项事业收费没有纳入财政专户管理,事业单位在收到各项服务收费时即可确认事业收入。

需要注意的是,事业单位业务活动中的各项收费并非均属于事业收入。事业单位因代行政府职能而收取的款项需要上缴国库,形成政府的财政收入。事业单位收取的纳入财政专户管理的各项收入需要上缴财政专户,核拨后形成事业单位的财政专户返还收入。事业单位应当根据预算管理的要求,正确区分一项事业收费是属于事业收入还是应缴国库款或应缴财政专户款。

(2)事业收入的账户设置

为反映事业单位业务收入的情况,事业单位应当设置"事业收入"科目。该科目核算事业单位开展专业业务活动及辅助活动所取得的收入。

事业收入科目应当按照事业收入类别、项目、《2014 政府收支分类科目》中"支出功能分类"相关科目等进行明细核算。明细科目设置详见表 6-20。

表 6-20　　　　　　　　　　　　　事业收入明细科目设置表

总账科目	一级明细科目	二级明细科目	三级及以下明细科目
事业收入	业务类别	收费项目	专项资金
			功能类、款、项

(3)事业收入的账务处理

事业收入需要根据收入的管理方式的不同,分别按照财政专户管理方式和其他管理方式进行不同的账务处理。事业收入一般按收付实现制基础确认,按实际收到的数额计量。

①财政专户管理方式的账务处理

事业单位收到应上缴财政专户的事业收入时,按照收到的款项金额,借记"银行存款""库存现金"等科目,贷记"应缴财政专户款"科目。

向财政专户上缴款项时,按照实际上缴的款项金额,借记"应缴财政专户款"科目,贷记"银行存款"等科目。

收到从财政专户返还的事业收入时,按照实际收到的返还金额,借记"银行存款"等科目,贷记"事业收入"科目。

【做中学】根据引例 3-2-(1)

借:银行存款		8 600
贷:应缴财政专户款		8 600

【做中学】根据引例 3-2-(2)

借:银行存款		53 000
贷:事业收入——检测业务——××收费项目		53 000

【做中学】根据引例 3-2-(3)

|借：事业支出——财政补助支出——基本支出 | 91 000 |
|贷：事业收入——检验业务——××收费项目 | 91 000 |

【做中学】根据引例3-2-(4)

|借：零余额账户用款额度 | 40 000 |
|贷：事业收入——科技咨询业务——××收费项目（课题经费） | 40 000 |

②其他管理方式的事业收入

其他管理方式的事业收入，即未采用财政专户返还方式管理的事业收入。收到事业收入时，按照收到的款项金额，借记"银行存款""库存现金"等项目，贷记"事业收入"科目。

【做中学】根据引例3-2-(5)

|借：银行存款 | 6 520 |
|贷：事业收入——展览业务——门票收入 | 6 520 |

【做中学】根据引例3-2-(6)

|借：银行存款 | 16 000 |
|贷：事业收入——培训业务——学费收入 | 16 000 |

期末应将"事业收入"科目本期发生额中的专项资金收入结转至"非财政补助结转"科目；将"事业收入"科目本期发生额中的非专项资金收入结转至"事业结余"科目。

2. 经营收入

事业单位开展经营活动的目的是通过经营活动获取一定的收入，来弥补事业经费的不足。

事业单位经营收入的确认应符合两个条件：一是经营收入是事业单位在专业业务活动及辅助活动之外取得的收入；二是经营收入是事业单位非独立核算单位取得的收入。

事业单位收入与经营收入的区别如图6-4所示。

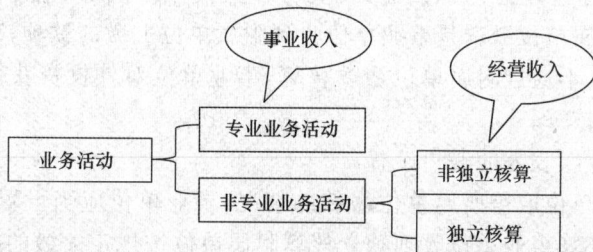

图 6-4 事业单位收入与经营收入的区别

(1)经营收入的分类

经营收入按经营业务类型的不同，分为服务收入、销售收入、租赁收入和其他经营收入。

(2)经营收入的账户设置

为反映事业单位经营业务的收入情况,事业单位应当设置"经营收入"科目。该科目核算事业单位在专业业务活动及辅助活动之外开展非独立核算经营活动取得的收入。经营收入以权责发生制为基础确认。事业单位在已提供服务或商品已经销售并收讫价款或者取得收款凭据时,按照收到或应收的金额确认经营收入。

"经营收入"科目应当按照经营活动的类别、项目,并通过《2014 政府收支分类科目》中"支出功能分类"相关科目等进行明细核算。

（3）经营收入的账务处理

【做中学】根据引例 3-2-(7)

借:银行存款	680	
贷:经营收入——复印业务——复印费		680

【做中学】根据引例 3-2-(8)

借:银行存款	2 600	
应收账款	600	
贷:经营收入——检测业务——检测费		3 200

【做中学】根据引例 3-2-(9)

借:应收账款	234 000	
贷:经营收入——生产业务——产品销售收入		200 000
应交税费——应交增值税(销项税额)		34 000

期末,应当将"经营收入"科目本期发生额转入"经营结余"科目。

（三）其他活动收入的核算

事业单位的其他活动收入包括附属单位上缴收入和其他收入。

1. 附属单位上缴收入

附属单位是指事业单位内部设立的,实行独立核算的下级单位,与上级单位存在一定的体制关系。附属单位缴款是事业单位收到附属单位上缴的款项,事业单位与附属单位之间的往来款项,不通过附属单位缴款核算,事业单位对外投资获得的投资收益也不通过附属单位缴款核算。

（1）附属单位上缴收入的账户设置

为了反映事业单位取得所属单位缴款的情况,事业单位应当设置"附属单位上缴收入"科目。该科目核算事业单位收到独立核算附属单位按规定上缴的款项。明细科目设置的要求见表 6-21。

表6-21　　　　　　　　　　附属单位上缴收入明细科目设置表

总账科目	一级明细科目	二级明细科目	三级及以下明细科目
附属单位上缴收入	附属单位名称	按缴费项目	功能类、款、项
			专项资金

（2）附属单位上缴收入的账务处理

附属单位上缴款按收付实现制基础确认，按实际收到的数额计量。

【做中学】根据引例3-3-(1)

借：银行存款　　　　　　　　　　　　　　　　　　　　100 000

　　贷：附属单位上缴收入——招待所——201×年分成款　　　100 000

期末，应当将"附属单位上缴收入"科目本期发生额中的专项资金收入结转入"非财政补助结转"科目；将"附属单位上缴收入"科目本期发生额中的非专项资金收入结转入"事业结余"科目。

2. 其他收入

其他收入是事业单位除上述各项收入以外的收入。上述各项收入均有其确定的内容，如果一项收入不属于上述任何一项收入，则可以确认为其他收入。

事业单位的其他收入主要内容包括投资收益、银行存款利息收入、租金收入、捐赠收入、现金盘盈收入、存货盘盈收入、收回已核销应收及预付款项、无法偿付的应付及预收款项等。

（1）其他收入的账户设置

事业单位应当设置"其他收入"科目，核算事业单位除上述各项收入以外的收入。"其他收入"科目应当按照其他收入的类别《2014政府收支分类科目》中"支出功能分类"相关科目等进行明细核算。

（2）其他收入的主要账务处理

【做中学】根据引例3-3-(2)

借：银行存款　　　　　　　　　　　　　　　　　　　32 000

　　贷：其他收入——投资收益　　　　　　　　　　　　　32 000

【做中学】根据引例3-3-(3)

借：银行存款　　　　　　　　　　　　　　　　　　　82 800

　　贷：短期投资　　　　　　　　　　　　　　　　　　80 000

　　　　其他收入——投资收益　　　　　　　　　　　　　2 800

【做中学】根据引例3-3-(4)

借：银行存款　　　　　　　　　　　　　　　　　　　6 000

　　贷：其他收入——租金收入　　　　　　　　　　　　　6 000

【做中学】根据引例 3-3-(5)

借:银行存款	28 000
存货	35 000
贷:其他收入——捐赠收入	63 000

【做中学】根据引例 3-3-(6)

借:库存现金	15
贷:其他收入——现金盘盈收入	15

【做中学】根据引例 3-3-(7)

借:银行存款	2 000
贷:其他收入——收回已核销款项	2 000

【做中学】根据引例 3-3-(8)

借:应付账款	3 500
贷:其他收入——无法偿付的款项	3 500

期末,应当将"其他收入"科目本期发生额中的专项资金收入结转入"非财政补助结转"科目;将"其他收入"科目本期发生额中的非专项资金收入结转入"事业结余"科目。

二　事业单位支出的核算

(一)业务活动支出的核算

事业单位的业务活动支出包括事业支出和经营支出。

1.事业支出

(1)事业支出的核算

事业支出是事业单位开展基本业务活动及与之相关的辅助活动发生的支出,包括基本支出和项目支出。事业支出与事业收入相对应,是事业单位支出的核心内容。

事业单位基本业务支出的报销应遵循以下规定:

①对于发给个人的工资、津贴、补贴和抚恤救济费等,应根据实有人数和实发金额,取得本人签发的凭证列报支出,通过银行划入职工个人账户的,根据提交给银行的工资发放明细表及银行提供的凭证列报支出。

②购入办公用品、业务用品一般按购入数直接列报支出。购入事业用材料应先列入"存货"科目进行核算,领用时再列报支出。

③社会保障费、职工福利费和管理部门支付的工会经费,按照规定标准和实有人数每月计算提取,列为事业支出。

④固定资产修购基金按核定的比例提取,直接列报支出。

⑤购入固定资产,经验收后列报支出,同时记入"固定资产"和"非流动资产基金——固定资产"科目。

⑥其他各项费用,均以实际报销数列报支出。

(2)事业支出的账户设置

为了核算事业单位的基本业务支出,应设置"事业支出"科目,本科目应当按照"基本支出"和"项目支出""财政补助支出""非财政专项资金支出"和"其他资金支出"等层级进行明细核算,并按照《2014 政府收支分类科目》中"支出功能分类"相关科目进行明细核算;"基本支出"和"项目支出"明细科目下应当按照《2014 政府收支分类科目》中"支出经济分类"的款级科目进行明细核算,同时在"项目支出"明细科目下按照具体项目进行明细核算。事业支出的明细科目有两种设置方法,分别见表 6-22 和表 6-23。

以上三级明细人员经费和日常公用经费的类、款与行政事业单位的分类相同。事业单位应当根据事业支出的具体情况和相关要求选择明细科目的设置方式。以下按第一种方式设置明细科目。

本科目属于费用类科目,发生基本业务支出时,借记本科目,贷记"库存现金""银行存款""财政补助收入——财政直接支付""零余额账户用款额度"等科目;当年支出收回时,做相反的会计分录冲减支出。实行内部成本核算的事业单位,结转已销业务成果,按实际成本,借记本科目,贷记"存货"科目。

年终,根据科目的明细,将"财政补助支出"借方余额全数转入"财政补助结转"科目,借记"财政补助结转"科目,贷记"事业支出——财政补助支出"科目。将本科目本期发生额中的专项资金支出结转入"非财政补助结转"科目,借记"非财政补助结转"科目,贷记"事业支出——非财政补助支出"。将本科目本期发生额中的非专项资金支出结转入"事业结余"科目,借记"事业结余"科目,贷记"事业支出——其他资金支出"科目。结转后本科目无余额。

表 6-22　　　　　　　　　　**事业支出明细科目表(一)**

总账科目	一级明细	二级明细	三级明细	预算科目
事业支出	财政补助支出	基本支出	人员经费	功能分类 经济分类
			日常公用经费	
		项目支出	项目名称	
			...	
	非财政专项资金支出	项目支出	项目名称	
			...	
	其他资金支出	基本支出	人员经费	
			日常公用经费	
		项目支出	项目名称	
			...	

表 6-23　　　　　　　　　　　事业支出明细科目表（二）

总账科目	一级明细	二级明细	三级明细	预算科目
事业支出	基本支出	财政补助支出	人员经费	功能分类 经济分类
			日常公用经费	
		其他资金支出	人员经费	
			日常公用经费	
	项目支出	财政补助支出	项目名称	
			…	
		非财政专项资金支出	项目名称	
			…	
		其他资金支出	项目名称	
			…	

（3）事业支出的账务处理

①货币资金支付

直接以货币资金支付的人员经费、公用经费，在实际支付时按支付的金额确认事业支出，借记"事业支出"科目，贷记"库存现金""银行存款"等科目。

【做中学】根据引例 3-4-（1）

　　　借：事业支出——财政补助支出——基本支出　　　　180
　　　　　贷：库存现金　　　　　　　　　　　　　　　　　　　　180

【做中学】根据引例 3-4-（2）

　　　借：事业支出——其他资金支出——基本支出　　　2 800
　　　　　贷：银行存款　　　　　　　　　　　　　　　　　　　2 800

②财政直接支付

以财政直接支付方式发生的支出，事业单位在收到国库支付执行机构委托代理银行转来的"财政直接支付入账通知书"及原始凭证后确认事业支出，借记"事业支出"科目，贷记"财政补助收入"等科目。

【做中学】根据引例 3-4-（3）

　　　借：事业支出——财政补助支出——基本支出　　　9 000
　　　　　贷：财政补助收入——基本支出——日常公用经费　　9 000

【做中学】根据引例 3-4-(4)

借:应付职工薪酬——工资   1 245 000

     ——地方(或部门)津贴补助 160 000

  贷:财政补助收入——基本支出——人员经费   1 340 000

    其他应付款   65 000

(4)财政授权支付

以财政授权支付方式发生的支出,事业单位开出"授权支付凭证"使用授权额度时确认事业支出,借记"事业支出"科目,贷记"零余额账户用款额度"科目。

【做中学】根据引例 3-4-(5)

借:事业支出——财政补助支出——基本支出   5 000

  贷:零余额账户用款额度   5 000

(5)其他方式

除上述方式外,事业单位的事业支出还包括计提职工薪酬、领用库存材料、购入固定资产、购入无形资产、计提修购基金等。①为从事专业业务活动及其辅助活动人员计提的薪酬,在计提时确认事业支出;②事业业务领用入库管理的存货,在发出存货时确认事业支出;③购入事业用固定资产、无形资产,在购入并支付价款时确认事业支出;④从事业收入中计提修购基金,在计提时确认事业支出。

【做中学】根据引例 3-4-(6)

借:事业支出——财政补助支出——人员经费   3 634 000

  贷:应付职工薪酬——工资   1 680 000

       ——地方(或部门)津贴补贴 980 000

       ——其他个人收入   120 000

       ——社会保险费   588 000

       ——住房公积金   266 000

【做中学】根据引例 3-4-(7)

购入材料:

借:存货——甲材料   27 850

  贷:财政补助收入——基本支出   27 850

领用材料:

借:存货——生产成本(A产品)   7 000

  贷:存货——甲材料   7 000

加工验收入库:

借:存货—— A产品   10 000

  贷:存货——生产成本(A产品)   10 000

【做中学】根据引例 3-4-(8)

借:事业支出——财政补助支出——基本支出	70 000	
贷:财政补助收入——基本支出		70 000
借:固定资产——办公设备	70 000	
贷:非流动资产基金——固定资产		70 000

【做中学】根据引例 3-4-(9)

借:事业支出财政补助支出——基本支出	6 000	
贷:专用基金——修购基金		6 000

【做中学】根据引例 3-4-(10)

借:财政补助结转	800 000	
贷:事业支出——财政补助支出		800 000
借:非财政补助结转	1 200 000	
贷:事业支出——非财政补助支出		1 200 000
借:事业结余	1 000 000	
贷:事业支出——其他资金支出		1 000 000

2. 经营支出

经营支出是事业单位在专业业务活动及其辅助活动之外开展非独立核算经营活动发生的支出。

经营支出应当与经营收入配比。确认条件有两个:一是在专业服务和辅助服务活动之外所发生的支出;二是非独立核算单位发生的支出。独立核算附属单位的经营活动,应按会计制度规定单独进行核算,不通过事业单位的"经营支出"科目反映。独立核算附属单位上缴上级单位款项所形成的支出为上缴上级支出。

为了总括地核算事业单位经营支出与转销情况,事业单位应设置"经营支出"科目。经营业务种类繁多的单位,应按经营活动的类别、项目、《2014 政府收支分类科目》中"支出功能分类"相关科目设置明细科目进行核算。

事业单位发生各项经营支出时,借记本科目,贷记"银行存款"或有关科目。实行内部成本核算的事业单位结转已销经营性劳务成果或产品时,按实际成本借记本科目,贷记"存货"科目。

期末,将本科目余额全部转入"经营结余"科目,借记"经营结余"科目,贷记本科目。

(1)经营业务不实行内部成本核算

如果事业单位的经营业务不实行内部成本核算,经营支出在发生时按实际发生的数额确认。

【做中学】根据引例 3-5-(1)

计提时：

借：经营支出——××业务——基本工资　　　　　18 000

　　贷：应付职工薪酬　　　　　　　　　　　　　　　　18 000

支付时：

借：应付职工薪酬　　　　　　　　　　　　　18 000

　　贷：库存现金　　　　　　　　　　　　　　　　　　18 000

【做中学】根据引例 3-5-(2)

借：经营支出——××业务——办公费　　　　　10 000

　　贷：银行存款　　　　　　　　　　　　　　　　　　10 000

【做中学】根据引例 3-5-(3)

借：经营支出——××业务——邮电费　　　　　8 000

　　贷：银行存款　　　　　　　　　　　　　　　　　　8 000

（2）经营业务实行内部成本核算

如果事业单位的生产、加工经营业务实行内部成本核算，需要通过"存货——生产成本"等科目归集生产费用，计算产品生产成本，在结转已销存货实际成本时确认经营支出。生产成本的核算，主要包括两个环节：一是成本费用的归集与分配，将发生的各项费用计入相应的成本核算对象中；二是完工产品成本的结转，将成本费用转入相应的产品成本中。

典型任务举例 ❶

某事业单位为研究所，开展一项技术产品生产经营业务，没有实行独立核算，但要求实行内部成本核算。现生产 B 产品，领用甲材料，价值 6 000 元。根据工资分配计算单，B 产品分配的人工费用为 4 000 元。B 产品发生应分配的制造费用 2 000 元。月末 B 产品完工产品 120 件，结转 B 产品完工成本。月末结转已销 B 产品成本。本月销售 B 产品 50 件，成本为 100 元/件。经计算，本月已销产品成本 5 000 元。

领用材料：

借：存货——生产成本——B 产品（直接材料）　6 000

　　贷：存货——甲材料　　　　　　　　　　　　　　　6 000

分配工资：

借：存货——生产成本——B 产品（直接人工）　4 000

　　贷：应付职工薪酬　　　　　　　　　　　　　　　　4 000

制造费用分配转入：

借：存货——生产成本——B产品（制造费用）　2 000

　　贷：存货——制造费用　　　　　　　　　　　　　　2 000

完工验收入库：

借：存货——B产品　　　　　　　　　　　　12 000

　　贷：存货——生产成本——B产品（直接材料）　　6 000

　　　　　　　　　　　　——B产品（直接人工）　　4 000

　　　　　　　　　　　　——B产品（制造费用）　　2 000

结转销售产品成本：

借：经营支出——技术产品业务——销售成本　5 000

　　贷：存货——B产品　　　　　　　　　　　　　　5 000

（二）其他活动支出的核算

事业单位的其他活动支出包括上缴上级支出、对附属单位补助支出和其他支出。其他支出包括利息支出、捐赠支出、现金盘亏损失、资产处置损失、接受捐赠（调入）非流动资产发生的税费支出等。

1. 上缴上级支出

（1）上缴上级支出的管理

上缴上级支出是事业单位按规定的标准或比例上缴上级单位的支出。一般情况下，大多数的事业单位的收入数量有限，而且很不稳定，其收入应全部用于本单位的事业发展，只有极少数事业单位因占用较多国家资源，或得到国家的特殊政策，或有其他因素，其收入超出其正常支出较多。国家规定这样的事业单位可以实行收入上缴办法，从而形成了上缴上级支出。

需指出的是，附属于上级单位的有独立核算经营活动的事业单位，按规定的标准或比例上缴上级单位的纯收入，才形成上缴上级支出。也就是说，事业单位上缴上级支出属于非财政性资金支出，由事业单位利用自身资源取得的收入资金上缴上级单位形成的。对于收到资金的主管部门或上级单位来说，则形成附属单位缴款收入，主管部门或上级单位也可以用这部分款项补助给支出大于收入的其他附属单位。

收入上缴主要有两种形式：一种是定额上缴，即在核定预算时，根据收支情况，确定一个固定的上缴数额；另一种是按比例上缴，即在核定预算时，根据收支情况，确定按收入的一定比例上缴。

从收入上缴的时间上看，也分为两种形式：可以在预算年度执行过程中，实行按月或按季上缴，也可以在年终一次性上缴，具体的上缴办法由各级财政部门会同主管部门根据当地实际情况确定。

（2）上缴上级支出的核算

为了核算和监督上缴上级支出的发生和结转情况，应设置"上缴上级支出"总账科目。它属于支出类科目，该科目应当按照收缴款项单位、缴款项目、《2014 政府收支分类科目》中"支出功能分类"相关科目等进行明细核算。借方登记实际上缴支出数，贷方登记年终结转数，平时本账户的借方余额反映上缴上级支出的累计数，年终结账时，将该科目的借方余额全部转入"事业结余"科目。结转后该科目无余额。

事业单位按照规定的定额或者比例上缴上级单位款项时，按照实际上缴的金额，借记"上缴上级支出"科目，贷记"银行存款"科目。年终转账时，将本科目本期发生额转入"事业结余"科目，借记"事业结余"科目，贷记"上缴上级支出"科目。

【做中学】根据引例 3-6-（1）

借:上缴上级支出——上级单位	30 000	
贷:银行存款		30 000

【做中学】根据引例 3-6-（2）

借:事业结余	50 000	
贷:上缴上级支出		50 000

2. 对附属单位补助支出

（1）对附属单位补助支出的管理

对附属单位补助支出是指事业单位用非财政资金拨付给所属单位补助而发生的支出。对附属单位补助通常对某些性质的附属事业单位或掌握国家资源较少的附属单位发生的，这些单位在开展业务活动及完成事业计划的过程中，往往会出现资金不能满足业务发展需要的情况，因此，为了保证这些附属单位事业活动的正常开展，上级事业单位对这些收入难以满足支出的附属单位给予一定的补助资金，资金来源可以是收入较多的附属单位上缴的款项，也可以是事业单位自己组织的除了财政补助收入以外的其他资金。

（2）对附属单位补助支出的核算

为了核算和监督事业单位对附属单位拨付非财政预算资金的发生和结转情况，应设置"对附属单位补助支出"总账科目。它属于支出类科目，应当按照接受补助单位、补助项目、《2014 政府收支分类科目》中"支出功能分类"相关科目等进行明细核算。借方登记对附属单位补助数额，贷方登记补助收回数及年终结转数，平时本科目的借方余额表示对附属单位补助的累计数，年终转账时，将本科目的借方余额全部转入"事业结余"账户，结转后本科目无余额。

事业单位发生补助支出时，按照实际支出的金额，借记"对附属单位补助支出"科目，贷记"银行存款"等科目。年终转账时，将本科目本期发生额转入"事业结余"科目，借记"事业结余"科目，贷记"对附属单位补助支出"科目。

【做中学】根据引例 3-6-(3)

借:对附属单位补助支出——A 单位　　　　　40 000
　　贷:银行存款　　　　　　　　　　　　　　　　40 000

【做中学】根据引例 3-6-(4)

借:事业结余　　　　　　　　　　　　　　　70 000
　　贷:对附属单位补助　　　　　　　　　　　　　70 000

　　事业单位的组织层次较多,需要分层次进行会计核算。上下级事业单位之间存在一定的上缴、补助关系,需要设置不同的会计科目进行核算,会计科目对应关系见表6-24。

表 6-24　　　　　　　上下级单位上缴、补助会计科目对应表

上级事业单位	本级事业单位	下级事业单位
对附属单位补助支出	上级补助收入	
	附属单位上缴收入	上缴上级支出
	对附属单位补助支出	上级补助收入
附属单位上缴收入	上缴上级支出	

3. 其他支出

　　其他支出是事业单位除上述各项支出以外的各种支出。事业单位会计设置了"事业支出""上缴上级支出""对附属单位补助支出""经营支出"等会计科目,核算相应的支出事项。但是,上述会计科目并不能涵盖事业单位所有的支出事项,需要设置"其他支出"科目核算没有列入上述科目核算范围的各项支出。如果某一支出事项不在上述任何一个支出科目的核算范围之内,则可以确认为其他支出,其他支出属于非财政补助性质的支出。其他支出的主要内容包括利息支出、捐赠支出、现金盘亏损失、资产处置损失、接受捐赠(调入)非流动资产发生的税费支出等。

　　事业单位应当设置"其他支出"科目,核算事业单位除事业支出、上缴上级支出、对附属单位补助支出、经营支出以外的各项支出。

　　"其他支出"科目应当按照其他支出的类别、《2014 政府收支分类科目》中"支出功能分类"相关科目等进行明细核算。其他支出中如有专项资金支出,还应按具体项目进行明细核算。

　　其他支出的主要账务处理如下:

　　(1)利息支出

　　支付银行借款利息时,借记本科目,贷记"银行存款"科目。

　　(2)捐赠支出

　　①对外捐赠现金资产,借记本科目,贷记"银行存款"等科目。

　　②对外捐出存货,借记本科目,贷记"待处理财产损溢"科目。

　　对外捐赠固定资产、无形资产等非流动资产,不通过本科目核算。

　　(3)现金盘亏损失

　　每日现金账款核对中如发现现金短缺,属于无法查明原因的部分,报经批准后,借记

本科目,贷记"库存现金"科目。

(4)资产处理损失

报经批准核销无法收回的应收及预付款项以及盘亏或者毁损、报废的存货,借记本科目,贷记"待处理财产损溢"科目。

(5)接受捐赠(调入)非流动资产发生的税费支出

接受捐赠、无偿调入非流动资产发生的相关税费、运输费等,借记本科目,贷记"银行存款"等科目。

以固定资产、无形资产取得长期股权投资,所发生的相关税费也记入本科目。

(6)期末,将本科目本期发生额中的专项资金支出结转入"非财政补助结转"科目,借记"非财政补助结转"科目,贷记本科目下各专项资金支出明细科目;将本科目本期发生额中的非专项资金支出结转入"事业结余"科目,借记"事业结余"科目,贷记本科目下各非专项资金支出明细科目。

期末结账后,本科目应无余额。

典型任务举例❷

某事业单位2月份发生如下经济业务:

1.因专业业务发展的需要,从银行借入了一笔3年期的长期借款,按规定支付本期借款利息12 400元。

2.为支持社会公益事业发展,向某慈善机构捐赠现款60 000元,以银行存款支付。

3.某日现金账款核对中发现现金短缺50元,无法查明原因。报经批准予以核销。

4.报经批准,核销待处置的坏账5 600元。

5.接受某单位捐赠的一台设备,按规定应当缴纳税费6 850元。捐赠的设备限定用于事业单位所开展的雾霾天气治理研究项目。

[具体操作]

1.借:其他支出——利息支出　　　　　12 400
　　贷:银行存款　　　　　　　　　　　　　　12 400

2.借:其他支出——捐赠支出　　　　　60 000
　　贷:银行存款　　　　　　　　　　　　　　60 000

3.借:其他支出——现金盘亏损失　　　　50
　　贷:库存现金　　　　　　　　　　　　　　　50

4.借:其他支出——资产处置损失　　　5 600
　　贷:待处理财产损溢　　　　　　　　　　　5 600

5.借:其他支出——捐赠税费支出(雾霾研究项目)　6 850
　　贷:应交税费　　　　　　　　　　　　　　6 850

学习情境小结

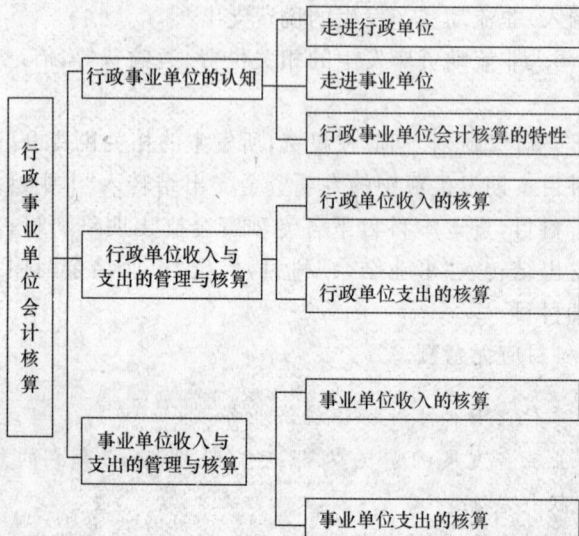

```
                                         ┌─── 走进行政单位
                    行政事业单位的认知 ─────┼─── 走进事业单位
                                         └─── 行政事业单位会计核算的特性
行
政
事
业          行政单位收入与           ┌─── 行政单位收入的核算
单    ──────  支出的管理与核算  ──────┤
位                                   └─── 行政单位支出的核算
会
计
核          事业单位收入与           ┌─── 事业单位收入的核算
算    ──────  支出的管理与核算  ──────┤
                                     └─── 事业单位支出的核算
```

学习情境思考

1.将全班学生分为五人一组,选择所在区域的一家行政事业单位,调研以下内容:

(1)分析单位的类型;

(2)单位的核算范围及内容;

(3)单位使用的会计核算方法、设置的会计科目及账簿设置;

(4)行政事业单位核算与工业企业核算的区别。

2.根据调研的情况,请回答如下问题:

(1)行政事业单位执行的制度;

(2)行政事业单位确认的基础;

(3)行政事业单位有无成本的核算;

(4)行政事业单位各账户期末如何结转。

模块七 各行业成本核算异同比较

学习情境	工作任务
各行业成本核算特点	制造业成本核算特点
	商品流通企业成本核算特点
	建筑企业成本核算特点
	房地产开发企业成本核算特点
	交通运输企业成本核算特点
	行政事业单位成本核算特点
各行业成本核算异同比较	各行业成本核算比较

知识目标

1.明确制造业成本核算特点；

2.明确商品流通企业成本核算特点；

3.明确建筑企业成本核算特点；

4.明确房地产开发企业成本核算特点；

5.明确交通运输企业成本核算特点；

6.明确行政事业单位成本核算特点。

能力目标

1.掌握各行业成本核算的异同；

2.具有一定的会计职业判断能力，能对各行业基本经济业务进行综合核算；

3.能根据业务资料编制产品成本报表并对各行业成本核算进行分析比较。

学习情境一　各行业成本核算特点

　　企业产品成本核算既是企业的一项重要会计工作，也是企业的一项重要管理活动。我国从20世纪50年代到80年代期间陆续发布了《国营工业企业统一成本计算规程》《国营工业企业成本核算办法》等关于企业成本会计核算的规范。随着会计改革的深入，20世纪90年代先后发布了13个行业会计制度，在2000年《企业会计制度》印发后配套制定了12个行业核算办法，2006年企业会计准则发布后，行业制度逐渐退出了历史的舞台。但是行业会计与行业会计制度是不同的概念。行业会计，是以货币为主要计量单位，采用专门的方法对本行业的经济活动进行核算和监督的一项管理活动。而行业会计制度，则是对行业会计的规范。

　　行业是指国民经济的各个部门，它包括经济部门和非经济部门。我国经济部门各行业一般分为八类：工业、农业、商品流通业、旅游饮食服务业、交通运输业、建筑安装业、房地产开发业、金融保险业。由于不同行业有着不同的生产技术特点和经营特点，各行业会计反映和监督的内容也各不相同。因此，行业会计要结合各行业的特点，对各行业经济活动中的特殊业务，采用特殊的方法进行核算，特别是成本的核算，企业应当根据生产过程的特点、生产经营组织的类型、产品种类的繁简和成本管理的要求，确定产品成本核算的对象、项目、范围，对有关费用进行归集、分配和结转。

　　我国的非经济部门包括两大部分：一是为提高科学文化水平和居民素质服务的部分，主要包括教育、文化、广播电视事业，科学研究事业，卫生、体育和社会福利事业等；二是为社会公共需要提供服务的部分，包括国家机关、政党机关、社会团体以及军队和公安等。

一　制造业成本核算特点

　　我国制造业（工业）在国民经济中具有重要地位，且其产品结构复杂繁多，成本核算方法和程序较为典型、成熟，长期以来，无论是企业会计准则制度还是成本会计教科书，通常以制造企业为蓝本做出相关规定或论述。因此，对各行业成本核算的特点进行介绍和比较时，应明确制造业产品成本核算的特点。

1. 产品成本核算对象

　　制造企业一般按照产品品种、批次订单或生产步骤等确定产品成本核算对象。具体来说：

　　（1）大量大批单步骤生产产品或管理上不要求提供有关生产步骤成本信息的，一般按照产品品种确定成本核算对象；

　　（2）小批单件生产的产品，一般按照每批或每件产品确定成本核算对象；

　　（3）多步骤连续加工的产品且管理上要求提供有关生产步骤成本信息的，按照每种

（批）产品及各生产步骤确定成本核算对象。

（4）产品规格繁多的，可以将产品结构、耗用原材料和工艺过程基本相同的产品，适当合并作为成本核算对象。

2. 产品成本核算项目和范围

制造企业一般设置直接材料、燃料和动力、直接人工和制造费用等成本项目。

直接材料，是指构成产品实体的原材料以及有助于产品形成的主要材料和辅助材料。

燃料和动力，是指直接用于产品生产的燃料和动力。

直接人工，是指直接从事产品生产的工人的职工薪酬。

制造费用，是指企业为生产产品和提供劳务而发生的各项间接费用，包括企业生产部门（如生产车间）发生的水电费、固定资产折旧、无形资产摊销、管理人员的职工薪酬、劳动保护费、国家规定的有关环保费用、季节性和修理期间的停工损失等。

3. 产品成本归集、分配和结转

制造企业发生的直接材料和直接人工，能够直接计入成本核算对象的，应当直接计入成本核算对象的生产成本，否则应当按照合理的分配标准分配计入。

制造企业外购燃料和动力的，应当根据实际耗用数量或者合理的分配标准对燃料和动力费用进行归集分配。生产部门直接用于生产的燃料和动力，直接计入生产成本；生产部门间接用于生产（如照明、取暖）的燃料和动力，计入制造费用。

制造企业辅助生产部门为生产部门提供劳务和产品而发生的费用，应当参照生产成本项目归集，并按照合理的分配标准分配计入各成本核算对象的生产成本。辅助生产部门之间互相提供的劳务、作业成本，应当采用合理的方法，进行交互分配。互相提供劳务、作业不多的，可以不进行交互分配，直接分配给辅助生产部门以外的受益单位的产品。

制造企业发生的制造费用，应当按照合理的分配标准按月分配计入各成本核算对象的生产成本。企业可以采取的分配标准包括机器工时、人工工时、计划分配率等。

季节性生产企业在停工期间发生的制造费用，应当在开工期间进行合理分摊，连同开工期间发生的制造费用，一并计入产品的生产成本。

制造企业可以根据自身经营管理特点和条件，利用现代信息技术，采用作业成本法对不能直接归属于成本核算对象的成本进行归集和分配。

制造企业应当根据生产经营特点和联产品、副产品的工艺要求，选择系数分配法、实物量分配法、相对销售价格分配法等合理的方法分配联合生产成本。

制造企业发生的材料成本，可以根据实物流转方式、管理要求、实物性质等实际情况，采用先进先出法、加权平均法、个别计价法等方法计算。

制造企业应当根据产品的生产特点和管理要求，按成本计算期结转成本。制造企业可以选择原材料消耗量、约当产量法、定额比例法、原材料扣除法、完工百分比法等方法，合理地确定完工产品和在产品的实际成本，并将完工入库产品的产品成本结转至库存产品科目；在产品数量、金额不重要或在产品期初期末数量变动不大的，可以不计算在产品成本。

制造企业产成品和在产品的成本核算,除季节性生产企业以外,应当以月为成本计算期。

二 商品流通企业成本核算特点

1. 产品成本核算对象

商品流通企业无论是批发还是零售,一般按照商品的品种、批次、订单、类别等确定成本核算对象。

2. 产品成本核算项目和范围

批发零售企业一般设置进货成本、相关税费、采购费等成本项目。

进货成本,是指商品的采购价款。

相关税费,是指购买商品发生的进口关税、资源税和不能抵扣的增值税等。

采购费,是指运杂费、装卸费、保险费、仓储费、整理费、合理损耗以及其他可归属于商品采购成本的费用。采购费金额较小的,可以在发生时直接计入当期销售费用。

3. 产品成本归集、分配和结转

批发零售企业发生的进货成本、相关税费直接计入成本核算对象成本;发生的采购费,可以结合经营管理特点,按照合理的方法分配计入成本核算对象成本。采购费金额较小的,可以在发生时直接计入当期销售费用。

批发零售企业可以根据实物流转方式、管理要求、实物性质等实际情况,采用先进先出法、加权平均法、个别计价法、毛利率法等方法结转产品成本。

三 建筑企业成本核算特点

1. 产品成本核算对象

建筑企业一般按照订立的单项合同确定成本核算对象。单项合同包括建造多项资产的,企业应当按照企业会计准则规定的合同分立原则,确定建造合同的成本核算对象。为建造一项或数项资产而签订一组合同的,按合同合并的原则,确定建造合同的成本核算对象。

2. 产品成本核算项目和范围

建筑企业一般设置直接人工、直接材料、机械使用费、其他直接费用和间接费用等成本项目。建筑企业将部分工程分包的,还可以设置分包成本项目。

直接人工,是指按照国家规定支付给施工过程中直接从事建筑安装工程施工的工人以及在施工现场直接为工程制作构件和运料、配料等工人的职工薪酬。

直接材料,是指在施工过程中所耗用的、构成工程实体的材料、结构件、机械配件和有助于工程建造的其他材料以及周转材料的租赁费和摊销等。

机械使用费,是指施工过程中使用自有施工机械所发生的机械使用费,使用外单位施工机械的租赁费,以及按照规定支付的施工机械进出场费等。

其他直接费用,是指施工过程中发生的材料搬运费、材料装卸保管费、燃料动力费、临时设施摊销、生产工具用具使用费、检验试验费、工程定位复测费、工程点交费、场地清理费,以及能够单独区分和可靠计量的为订立建造承包合同而发生的差旅费、投标费等费用。

间接费用,是指企业各施工单位为组织和管理工程施工所发生的费用。

分包成本,是指按照国家规定开展分包,支付给分包单位的工程价款。

3.产品成本归集、分配和结转

建筑企业发生的有关费用,由某一成本核算对象负担的,应当直接计入成本核算对象成本;由几个成本核算对象共同负担的,应当选择直接费用比例、定额比例和职工薪酬比例等合理的分配标准,分配计入成本核算对象成本。

建筑企业应当按照《企业会计准则第 15 号——建造合同》的规定结转产品成本。合同结果能够可靠估计的,应当采用完工百分比法确定和结转当期提供服务的成本;合同结果不能可靠估计的,应当直接结转已经发生的成本。

四　房地产开发企业成本核算特点

1.产品成本核算对象

房地产企业一般按照开发项目、综合开发期数并兼顾产品类型等确定成本核算对象。

2.产品成本核算项目和范围

房地产企业一般设置土地征用及拆迁补偿费、前期工程费、建筑安装工程费、基础设施建设费、公共配套设施费、开发间接费、借款费用等成本项目。

土地征用及拆迁补偿费,是指为取得土地开发使用权(或开发权)而发生的各项费用,包括土地买价或出让金、大市政配套费、契税、耕地占用费、土地使用费、土地闲置费、农作物补偿费、危房补偿费、土地变更用途和超面积补交的地价及相关税费、拆迁补偿费用、安置及动迁费用、回迁房建造费用等。

前期工程费,是指项目开发前期发生的政府许可费、招标代理费、临时设施费以及水文地质勘察、测绘、规划、设计、可行性研究、咨询论证费、筹建、场地通平等前期费用。

建筑安装工程费,是指开发项目开发过程中发生的各项主体建筑的建筑工程费、安装工程费及精装修费等。

基础设施建设费,是指开发项目在开发过程中发生的道路、供水、供电、供气、供暖、排污、排洪、消防、通讯、照明、有线电视、宽带网络、智能化等社区管网工程费和环境卫生、园林绿化等园林、景观环境工程费用等。

公共配套设施费,是指开发项目内发生的、独立的、非营利性的且产权属于全体业主的,或无偿赠与地方政府、政府公共事业单位的公共配套设施费用等。

开发间接费,指企业为直接组织和管理开发项目所发生的,且不能将其直接归属于成本核算对象的工程监理费、造价审核费、结算审核费、工程保险费等。为业主代扣代缴的公共维修基金等不得计入产品成本。

借款费用,是指符合资本化条件的借款费用。

房地产企业自行进行基础设施、建筑安装等工程建设的,可以比照建筑企业设置有关成本项目。

3. 产品成本归集、分配和结转

房地产企业发生的有关费用,由某一成本核算对象负担的,应当直接计入成本核算对象成本;由几个成本核算对象共同负担的,应当选择占地面积比例、预算造价比例、建筑面积比例等合理的分配标准,分配计入成本核算对象成本。

五 交通运输企业成本会计核算特点

1. 产品成本核算对象

交通运输企业以运输工具从事货物、旅客运输的,一般按照航线、航次、单船(机)、基层站段等确定成本核算对象;从事货物等装卸业务的,可以按照货物、成本责任部门、作业场所等确定成本核算对象;从事仓储、堆存、港务管理业务的,一般按照码头、仓库、堆场、油罐、筒仓、货棚或主要货物的种类、成本责任部门等确定成本核算对象。

2. 产品成本核算项目和范围

交通运输企业一般设置营运费用、运输工具固定费用与非营运期间的费用等成本项目。

营运费用,是指企业在货物或旅客运输、装卸、堆存过程中发生的营运费用,包括货物费、港口费、起降及停机费、中转费、过桥过路费、燃料和动力、航次租船费、安全救生费、护航费、装卸整理费、堆存费等。铁路运输企业的营运费用还包括线路等相关设施的维护费等。

运输工具固定费用,是指运输工具的固定费用和共同费用等,包括检验检疫费、车船使用费、劳动保护费、固定资产折旧、租赁费、备件配件、保险费、驾驶及相关操作人员薪酬及其伙食费等。

非营运期间费用,是指受不可抗力制约或行业惯例等原因暂停营运期间发生的有关费用等。

3. 产品成本归集、分配和结转

交通运输企业发生的营运费用,应当按照成本核算对象归集。

交通运输企业发生的运输工具固定费用,能确定由某一成本核算对象负担的,应当直接计入成本核算对象成本;由多个成本核算对象共同负担的,应当选择营运时间等符合经营特点的、科学合理的分配标准分配计入各成本核算对象成本。

交通运输企业发生的非营运期间费用,比照制造业季节性生产企业处理。

六 行政事业单位成本核算特点

　　我国的会计体系在理论上可以划分为企业会计（营利组织会计）和非营利组织会计两大系统。非营利组织会计包括预算会计和民间非营利组织会计。

　　预算会计是以预算管理为中心,对中央和各级政府预算,以及行政事业单位收支预算的执行情况进行核算和监督的会计活动。根据国家预算组成体系,我国预算会计分为财政部门总预算会计和单位预算会计。单位预算会计按单位业务活动的特点又分为行政单位会计和事业单位会计。

1. 会计核算对象

　　行政单位会计核算对象为经费的领拨、使用和结果;事业单位会计核算为预算资金运作情况及其结果和经营资金运作情况及其结果。

2. 成本核算项目和范围

　　行政单位不进行成本核算;事业单位应视情况进行内部成本核算,设置"成本费用"账户进行费用的归集和成本计算。

3. 会计记账基础

　　行政单位会计核算只采用"收付实现制"一种记账基础;事业单位既有专业业务活动及其辅助活动,又有在此之外的经营活动,所以同一事业单位会计核算既采用"权责发生制",同时又可能采用"收付实现制"。

学习情境二　各行业成本核算异同比较

　　制造业、商品流通企业、建筑业、房地产开发企业及交通运输企业的业务活动内容、具体成本核算等的异同如表 7-1 所示。

表 7-1　　　　　　　　　各行业成本核算比较

比较内容	共性		特性		
	制造业	商品流通企业	建筑业	房地产开发企业	交通运输企业
核算内容	采购成本、加工成本、储存成本、销售成本	采购成本、储存成本、销售成本	采购成本、施工成本、销售成本	采购成本、开发成本、销售成本	营运成本、非营运成本、运输工具固定成本
成本核算项目	直接材料、燃料和动力、直接人工和制造费用	进货成本、相关税费、采购费	直接人工、直接材料、机械使用费、其他直接费用和间接费用	土地征用及拆迁补偿费、前期工程费、建筑安装工程费、基础设施建设费、公共配套设施费、开发间接费、借款费用	营运费用、运输工具固定费用、非营运期间的费用

行业成本会计比较

比较内容	共性		特性		
	制造业	商品流通企业	建筑业	房地产开发企业	交通运输企业
成本核算方法	1.制造费用分配方法：机器工时、人工工时、计划分配率等；2.完工产品和在产品的成本分配方法：原材料消耗量、约当产量法、定额比例法、原材料扣除法、完工百分比法等方法；在产品数量、金额不重要或在产品期初期末数量变动不大的，可以不计算在产品成本	经营活动以商品购销为主，无产品生产过程	1.间接费用分配方法：直接费用比例、定额比例和职工薪酬比例等；2.对已完工程与未完工程之间的分配：按预算单价计算未完施工成本或按实际费用计算未完施工成本；对已完工程施工成本，合同结果能够可靠估计的，应当采用完工百分比法确定和结转当期提供服务的成本；合同结果不能可靠估计的，应当直接结转已经发生的成本，直接计入损益；3.对于工程完工决算的项目，特别重视工程成本的分析，编制竣工成本决算表和工、料消耗分析表等	1.开发成本项目可分为：土地开发成本、房屋开发成本、配套设施开发成本和代建工程开发成本；2.开发间接费分配方法：占地面积比例、预算造价比例、建筑面积比例等	运输工具固定费用，能确定由某一成本核算对象负担的，应当直接计入成本核算对象的成本；由多个成本核算对象共同负担的，应当选择营运时间等符合经营特点的、科学合理的分配标准分配计入各成本核算对象的成本
存货	1.购进存货，以历史成本作为入账价值；2.发出存货，用加权平均法、先进先出法、个别计价法等计量发出存货的成本；3.存货盘存：永续盘存制和实地盘存制；4.存货的确认范围相同	1.商品存货在企业全部资产中占有较大比重，周转材料金额较小，无原材料和在产品；2.商品存货的核算有数量进价金额核算、进价金额核算、售价金额核算和数量售价金额核算四种方法；3.采购商品过程中发生的进货费用，购成所购商品成本，进货费用金额较小的，也可直接计入当期销售费用；4.发出存货的计价，除可采用工业企业常用的加权平均法先进先出法外，还可采用毛利率法核算	1.存货采购成本还包括增值税的进项税额；2.存货中周转材料是重要的核算内容	1.在进行房地产开发前必须取得土地使用权，然后才可兴建建筑物；2.存货采购成本还包括增值税的进项税额；3.作为存货核算的还有库存设备，其价值在领用或安装时一次性转移到工程成本中去，构成工程实体的重要组成部分；4.为开发房地产而借入的资金所发生的利息等借款费用，在开发产品完工之前，计入开发成本	1.固定资产比重较大，流动资产占用少，在流动资产中，原材料比较少，燃料、备品配件及轮胎等比重较大；2.生产过程不改变劳动对象（旅客和货物）的属性和形态，不创造新的物质产品，只改变其空间位置

比较内容	共性		特性		
	制造业	商品流通企业	建筑业	房地产开发企业	交通运输企业
销售成本计算	成本无须调整	1. 销售成本须通过"商品进销差价"调整；2. 调整方法有三种：综合差价率计算法；分柜组差价率计算法；实际进销差价计算法	对合同结果能够确定的工程，合同收入与合同费用一般按完工百分比法确定	对于基础设施及公共配套设施，往往需要采用预提方法暂估已完工程的成本，待项目的所有工程全部完工后结算调整已销产品的销售成本	没有与生产过程相分离的产品销售过程，企业进行运输生产过程，经过核收费用和装卸费等的结算，即可获得资金
会计科目	在途物资、材料采购、材料成本差异、原材料、周转材料、库存商品、主营业务成本	原材料、商品进销差价	临时设施、临时设施摊销、工程施工、机械作业、工程结算	开发成本、开发产品、周转房	劳务成本

学习情境小结

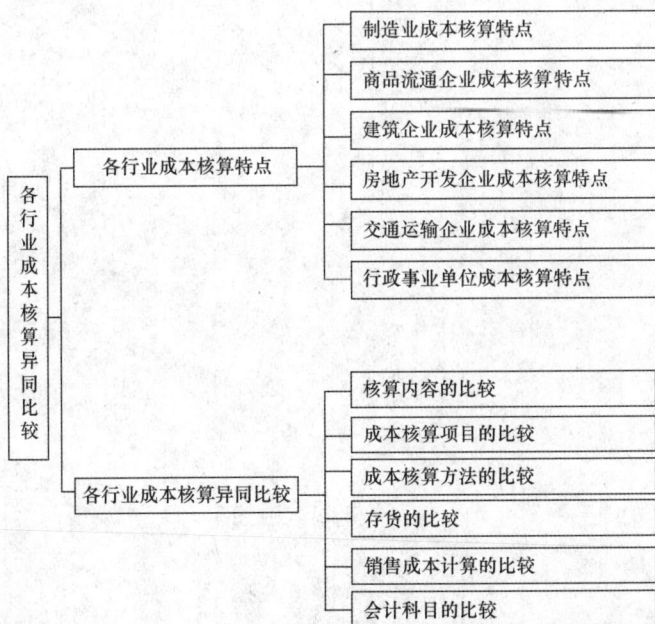

```
                                          ┌─── 制造业成本核算特点
                                          │
                                          ├─── 商品流通企业成本核算特点
                                          │
                      ┌─ 各行业成本核算特点 ├─── 建筑企业成本核算特点
                      │                   │
                      │                   ├─── 房地产开发企业成本核算特点
                      │                   │
                      │                   ├─── 交通运输企业成本核算特点
各行业成本核算异同比较 ─┤                   │
                      │                   └─── 行政事业单位成本核算特点
                      │
                      │                   ┌─── 核算内容的比较
                      │                   │
                      │                   ├─── 成本核算项目的比较
                      │                   │
                      └─ 各行业成本核算异同比较├─── 成本核算方法的比较
                                          │
                                          ├─── 存货的比较
                                          │
                                          ├─── 销售成本计算的比较
                                          │
                                          └─── 会计科目的比较
```

学习情境思考

1. 制造业成本会计核算的特点。
2. 商品流通企业成本会计核算的特点。
3. 施工企业成本会计核算的特点。
4. 房地产开发企业成本会计核算的特点。
5. 交通运输企业成本会计核算的特点。
6. 行政事业单位成本会计核算的特点。
7. 以上各行业成本会计核算有哪些异同点。

模块 八 综合实训项目

一 项目意义

《行业成本会计比较》是会计专业的拓展课程。在分析五个主要行业的典型业务的基础上，通过对会计科目设置、成本会计核算内容和成本会计核算方法等方面的相互比较，了解各行业的经营管理和成本会计核算特点，熟悉各行业成本的会计处理。本课程旨在拓展学生对行业领域的认识，满足学生在不同行业从事会计工作的需要，拓宽学生的就业面。

成本作为商品价值的重要组成部分，其作用不仅是补偿生产耗费的资源、制定价格、进行经济核算的基础，而且还是进行经营决策的依据和促进企业改善经营管理的重要手段。

学生通过本门课程的学习，已了解不同行业经营管理特点，能根据行业经营管理特点设置成本类的会计科目和账户，熟悉其典型的经济业务类型和成本核算流程，掌握不同行业典型经济业务的成本会计核算方法。在此基础上，为提升学生的综合应用能力，在本课程基础学时讲授结束后，设计一个专门用于融会贯通上述大部分知识和技能点的成本分析的综合实训项目，作为这门课程的一个能力训练加强环节。

二 项目设计

（一）学情分析

《行业成本会计比较》课程在第五学期开设，会计专业（成本方向）的学生已具备一定的成本核算与成本管理的相关理论基础。

项目引入本门课程的五个行业(为不同的行业成本的比较,包括引入制造业成本的分析)及不同层次要求的成本分析方案设计,以满足不同层次学生的需要。项目的设计突出以学生为主体的教学理念,激发学生学习的兴趣及责任感,体验"做中学"和"探中学"的快乐。

通过实训,不仅能检验学生对学习知识点技能的掌握程度,还能提高学生的综合能力,培养学生的自我学习能力、人际沟通能力和团队协作精神,更快地融入社会,缩短就业的磨合期。

(二)目标设计

本综合实训项目包括五个平行项目,以体现不同行业成本的分析,满足不同学生的兴趣。

项目一:商贸企业销售净利及毛利率分析。给出两个客户销售的相关成本资料,让学生分析比较不同客户的毛利情况,并指导学生上网查找商贸企业的平均毛利率,与本案中的数据进行比较,找出差异,提出控制成本的对策。同时让学生通过搜索沃尔玛经营的成功经验,思考零售企业的竞争核心是什么。

项目二:建设项目财务评价分析。给出一个工业企业拟投资建设项目的相关资料,要求学生完成建设项目固定资产投资估算表、借款还本付息及总成本的估算表,最后完成利润及利润分配估算表。

项目三:施工方案技术经济分析。某房地产开发企业,开发单元式住宅,外墙结构有两个不同的方案,让学生通过计算不同方案的经济指标,做出方案的选择。同时,指导学生利用网上公布的有关房地产销售价格的数据,制作房产销售价格的趋势图。

项目四:运输企业成本分析。给出某运输企业单位成本的数据,让学生分析其成本的构成,计算变动成本、固定成本的比重及各个季度成本变动与盈亏情况。查找一家运输企业的成本构成,与本案进行比较,分析本案中的成本结构是否合理,找出可能存在的问题。在分析问题的基础上,编制该企业下年度的成本预算表。

项目五:制造业成本定价分析。案例给出了某企业生产的三种产品以成本加成定价法作为定价策略,结果市场的实际售价与企业按传统成本计算方法下的目标定价不相吻合,使企业陷入了困境。本案给出该企业与成本相关的数据,让学生分别按传统成本法及作业成本法计算三种产品的单位成本,并分析传统的成本法在本案中计算出的产品单位成本是否合理,而作业成本法下的产品单位成本与市场的实际情况是否相吻合,能否解释该企业目前遇到的困境,并在比较两种方法下的单位成本及定价成本情况下,给出定价的建议。

以上五个平行项目,学生可以根据自己的兴趣和掌握的技能,选做其一。

三 项目实施

1.全班按自愿原则组建若干个小组,每组人数 4~5 人。

2.教师通过网络上传项目实训任务书及相关案例的部分数据资料等。

3.学生选定五个项目中的任一个项目后,根据任务书的要求进行案例分析,并完成成本分析的实践报告。实践报告内容应达到以下几条标准:

(1)小组人员分工情况;

(2)实践分析报告内容围绕案例任务要求展开,并列出各成果的计算过程;

(3)论证过程逻辑严谨,数据准确,阐述完整;

(4)实践分析报告的文字通顺流畅,表述恰当。

4.教学地点在普通的多媒体教室,学生自带笔记本电脑,教师提供无线网络,创造高效、低成本的教学环境。学生利用丰富的课余时间继续完成项目实训,体现"学习无处不在"的教学理念。

四 项目预期成果与考核

1.项目预期成果

项目实施后,每组都要在班级中进行 PPT 汇报,并最终提交一份实践报告及汇报的 PPT 电子稿。具体包括:

①任务书一份;

②小组 PPT 汇报材料一份;

③用 WORD 文档格式打印的实践分析报告一份。

2.评分标准

(1)满分 100 分。

①成果计算过程是否合理、正确　　　　40 分

②案例引用的资料是否恰当、有效　　　30 分

③实际报告设计是否恰当、完整　　　　20 分

④PPT 制作、汇报等　　　　　　　　　10 分

(2)评分分为优(不低于 90 分)、良(80~89 分)、中(70~79 分)、及格(60~69 分)和不及格(低于 60 分)五等。若出现抄袭行为,直接判 0 分,若有内容雷同的报告,最早提交的计分,后提交的一律不计分。

(3)项目实训成绩占课程总评 20%。

3.成果展示

每个班级评选出优秀作品,任课教师对优秀作品给予奖励。

五 综合实践项目

1.商贸企业销售净利及毛利率分析

温州国美电器有限公司第二季度向甲、乙两个客户销售,有关资料如表 8-1 所示。

表 8-1　　　　　　　　　　　　　　　　销售资料

客户名称	计量单位	甲	乙
购买产品名称		A	B
销售额	元	700 000	900 000
订单数	份	8	40
购买数量	件	160	3 000
送货次数	次	9	16
每次送货距离	千米	12	25
平均未收回货款	元	200 000	300 000

其他有关资料如下：

(1)该公司销售毛利为销售额的 30%。

(2)现金折扣条件为：10 天内付款，折扣率为 2%，赊账期为 30 天。本季度甲、乙两客户所获得的现金折扣分别为 20 000 元与 10 000 元。

(3)销售佣金按销售额的 3% 支付。

(4)每次送货运输成本为 5 元/千米。

(5)该公司资金的机会成本为 15%。

各项与客户相关的成本资料如表 8-2 所示。

表 8-2　　　　　　　　　　　　　　与客户相关的成本资料

项　目	成本因素	分配率
订单处理	订单数量	20 元/份
包装	产品购买件数	1.3 元/件
发货	产品购买件数	1.2 元/件
货款管理	订单数量	25 元/份

要求：

(1)根据上述资料，计算上述两个客户成本，以及企业向这些客户销售所取得的净毛利与净毛利率。

(2)上网查找商贸企业的平均毛利率，并比较本案中的两个客户毛利率的差异，提出控制成本的对策。

(3)零售企业的竞争核心是什么？请上网查找沃尔玛的有关资料，分析沃尔玛的成功经验。

2.建设项目财务评价分析

拟建工业建设项目，各项数据如下：

(1)主要生产项目 7 400 万元(其中：建筑工程费 2 800 万元，设备购置费 3 900 万元，安装工程费 700 万元)。

(2)辅助生产项目 4 900 万元(其中：建筑工程费 1 900 万元，设备购置费 2 600 万元，安装工程费 400 万元）。

（3）公用工程 2 200 万元（其中：建筑工程费 1 200 万元，设备购置费 700 万元，安装工程费 300 万元）。

（4）环境保护工程 660 万元（其中：建筑工程费 330 万元，设备购置费 220 万元，安装工程费 110 万元）。

（5）运输工程 330 万元（其中：建筑工程费 220 万元，设备购置费 110 万元）。

（6）服务性工程建筑工程费 160 万元。

（7）生活福利工程建筑工程费 220 万元。

（8）厂外工程建筑工程费 110 万元。

（9）工程建设其他费用 400 万元。

（10）基本预备费费率为 10%。

（11）建设期各年涨价预备费费率为 6%。

（12）建设期为 2 年，每年建设投资相等。建设资金来源为：第 1 年贷款 5 000 万元，第 2 年贷款 4 800 万元，其余为自有资金。假设在建设期内每年均匀投入贷款，贷款年利率为 6%，贷款总额 9 800 万元，按等额还本付息，在项目投产后 4 年内还清。

（13）假设投产第一年收入为 10 000 万元（不含增值税），第二年收入增长 30%，第三年收入增长 20%，营业税金及附加综合税率为 1.025%，经营成本为收入的 50%。固定资产残值率为 5%，按照直线法折旧，折旧年限为 8 年。假设总投资中，无形资产为 800 万元，在运营期 8 年内平均摊入成本。企业所得税税率为 25%，盈余公积按 10% 的税后利润计提。

要求：

（1）试将以上数据填入表 8-3 中。

（2）列式计算基本预备费、涨价预备费和建设期贷款利息，并将费用名称和相应计算结果填入表 8-3 中。

（3）编制本项目的借款还本付息估算表 8-4。

（4）编制总成本估算表 8-5。

（5）编制利润及利润分配估算表 8-6。

（6）作为财务人员，请依据上述计算结果做出项目财务上是否可行的判断，并分析这样做是否恰当，简述理由。

注：计算结果为百分数的，取两位小数，其余均取整数。

表 8-3　　　　　　　　　　　某建设项目固定资产投资估算表

序号	工程费用名称	估算价值					占固定资产投资比例（%）
		建筑工程	设备购置	安装工程	其他费用	合计	
1	工程费用						
1.1	主要生产项目						
1.2	辅助生产项目						
1.3	公用工程						

序号	工程费用名称	估算价值					占固定资产投资比例(%)
		建筑工程	设备购置	安装工程	其他费用	合计	
1.4	环境保护工程						
1.5	运输工程						
1.6	服务性工程						
1.7	生活福利工程						
1.8	厂外工程						
2	工程建设其他费用						
	小计						
3	预备费						
3.1	基本预备费						
3.2	涨价预备费						
4	建设期贷款利息						
	总计						

表 8-4　　　　　　　　　　借款还本付息估算表

序号	项目	1	2	3	4	5	6
1	年初借款本息累计						
2	本年新增借款						
3	本年应计利息						
4	本年应还本金						

表 8-5　　　　　　　　　　总成本估算表

序号	项目	1	2	3	4	5	6	7	8
1	经营成本								
2	折旧								
3	利息								
4	总成本费用								

表 8-6　　　　　　　　　　利润及利润分配估算表

序号	项目	生产期							
		1	2	3	4	5	6	7	8
1	营业收入								
2	营业税金及附加								
3	总成本费用								
4	利润总额								

序号	项目	生产期							
		1	2	3	4	5	6	7	8
5	所得税								
6	净利润								
7	提取法定盈余公积								
8	可供分配利润								

3. 施工方案技术经济分析

温州冶金房地产开发有限公司将建造六层单元式住宅共 54 户,建筑面积为 3 949.62m²。原设计方案为砖混结构,内、外墙为 240mm 砖墙。现拟定的新方案为内浇外砌结构,外墙做法不变,内墙采用 C20 混凝土浇筑。新方案内横墙厚为 140mm,内纵墙厚为 160mm,其他部位的做法、选材及建筑标准与原方案相同。两方案各项指标见表 8-7。

表 8-7　　　　　　　　　　设计方案指标对比表

设计方案	建筑面积(m²)	使用面积(m²)	概算总额(元)
砖混结构	3 949.62	2 797.20	12 491 367
内浇外砌结构	3 949.62	2 881.98	12 901 026

要求:

(1)请计算两方案如下技术经济指标:

①两方案建筑面积、使用面积单方造价各多少?每平方米差价多少?列出计算过程并完成表 8-8。

②新方案每户增加使用面积多少平方米?多投入多少元?列出计算过程并完成表 8-9。

(2)若作为商品房,按使用面积单方售价 16 943.88 元出售,两方案的总售价相差多少?列出计算过程并将结果填入表 8-10。

(3)若作为商品房,按建筑面积单方售价 12 000 元出售,两方案折合使用面积单方售价各为多少元?相差多少?列出计算过程并将结果填入表 8-10。

(4)上网搜索近三年房地产销售价格变化情况,并制作趋势变化图。要求至少引用三个以上的城市房产价格变动数据。

表 8-8　　　　　　　　　　两方案单方造价比较表

方案	建筑面积			使用面积		
	单方造价	差价	差率	单方造价	差价	差率
	元/平方米	元/平方米	%	元/平方米	元/平方米	%
混砖结构						
内浇外砌结构						
增加的使用面积	总面积(平方米)			每户平均增加面积(平方米)		

表 8-9   使用面积增加计算表

方案	使用面积	概算总额
混砖结构		
内浇外砌结构		
增加的总数		
每户增加数		

表 8-10   两方案售价比较表

方案	使用面积			建筑面积			折合使用面积单方售价
	面积	单方售价	总收入	面积	单方售价	总收入	
	平方米	元/平方米	元	平方米	元/平方米	元	元/平方米
混砖结构							
内浇外砌结构							
差价							
差价率							

4.运输企业成本分析

浙江海运集团温州海运有限公司创建于 1950 年,系国有控股职工参股的有限责任公司,隶属于浙江省交通投资集团。公司主营航运业,自有内、外贸运输船舶 12 艘,合计运力44.5万载重吨。公司下属子公司与分公司共 6 家,业务包括船舶修理、船舶物资供应、船员管理、船员培训、港口物流和物业管理等。对外联营公司 4 家,分别为富兴海运、海鑫隆海运、五洲船舶修造和海岳水泥公司。

公司主要从事近洋国际运输;国内船舶客货运输与装卸业务;船舶修造;船舶物资、商品混凝土、建筑材料的销售;散装水泥的中转仓储与销售;船舶交易信息咨询;图书零售;船员培训服务。

201×年浙海 16X 轮成本明细见表 8-11。

表 8-11   **浙江海运集团温州海运有限公司 201×年浙海 16X 轮成本明细表**   货币单位:元

序号	成本项目	第一季	第二季	第三季	第四季	合计
一	变动成本					
1	消耗轻油	34 131.36	14 973.46	29 956.39	18 042.56	97 103.77
2	消耗燃料油	3 080 383.71	592 569.88	1 825 686.10	1 220 775.14	6 719 414.83
3	润料	96 037.05	155 225.27	118 686.13	121 240.70	491 189.15
4	代理费及佣金	272 551.75	88 181.01	191 695.57	310 962.37	863 390.70
5	港务费		37 678.08	20 676.08	24 530.00	82 884.16
6	速遣费			20 000.00	−1 981.98	18 018.02
7	停泊费		40 292.82	2 355.00	6 665.10	49 312.92

序号	成本项目	第一季	第二季	第三季	第四季	合计
8	通导	29 001.71	22 269.09	8 471.22	2 000.00	61 742.02
9	通讯	15 295.52	10 706.39	14 371.79	16 407.21	56 780.91
10	拖轮费		174 118.53	18 900.00	134 784.89	327 803.42
11	系解缆费		1 502.65	280.00	792.45	2 575.10
12	引航及自航费	2 400.00	63 745.81	61 229.60	26 997.44	154 352.85
13	交通	1 141.97		720.00		1 861.97
14	水电	2 325.00	7 410.00		10 800.00	20 535.00
15	垃圾	500.00	1 529.00	400.00	2 200.00	4 629.00
16	其他	18 061.84	21 356.15	18 211.29	27 931.82	85 561.11
	变动成本小计	3 551 829.91	1 231 558.14	2 331 639.17	1 922 127.70	9 037 154.93
二	固定成本					
1	船员租费（薪酬）	1 398 000.00	1 398 000.00	1 398 000.00	1 406 000.00	5 600 000.00
2	劳保	10 014.38	634.36	3 833.91	10 536.85	25 019.50
3	折旧	3 786 790.23	3 786 790.23	3 786 790.23	3 786 790.23	15 147 160.92
4	一切险	234 741.00	219 165.85	153 066.88	139 500.00	746 473.73
5	互保险	76 788.82	81 702.00	81 216.00	80 973.00	320 679.82
6	物料	56 611.36	8 468.89	4 675.00	80 201.01	149 956.26
7	自修	30 369.10	23 976.98	19 786.00	18 888.00	93 020.08
8	配件	61 363.17	116 371.64	87 894.02	126 205.62	391 834.45
9	完善安全		50 791.52	30 503.00		81 294.52
10	其他安全	1 600.00	500.00	17 201.00	3 911.32	23 212.32
11	其他	42 144.30	49 831.03	42 493.01	65 174.26	199 642.59
	固定成本小计	5 698 422.36	5 736 232.50	5 625 459.05	5 718 180.29	22 778 294.19
	成本合计	9 250 252.27	6 967 790.64	7 957 098.22	7 640 307.99	31 815 449.12
三	收入	7 705 373.30	5 477 375.31	6 992 984.98	10 479 025.38	30 654 758.97
四	完成的航次	3	3	4	3	13

请根据表 8-11 的数据，完成以下任务：

（1）分析 201×年浙海 16X 轮成本的构成；

（2）分析各季度成本的变化及盈亏情况；

（3）上网查找一家运输企业的成本构成与浙海 16X 轮成本进行比较，分析本案例中的成本结构是否合理，并指出存在的问题；

（4）以上述数据为基础，编制浙海 16X 轮下年度的成本预算表，力争扭亏为盈。假设该轮收入增长率为 10%。

5. 制造业成本定价分析

LM 公司当前主要生产三种电子产品系列,分别是移动 U 盘、MP3、MP4。移动 U 盘是三种产品中工艺最简单的一种,每年销售 10 000 件;MP3 工艺相对复杂一些,每年销售 20 000 件,在三种产品中销量最大;MP4 工艺最复杂,该公司每年销售 4 000 件。公司设有一个生产车间,主要工序包括零部件排序准备、自动插件、手工插件、压焊、技术冲洗及烘干、质量检测和包装。原材料和零部件均外购。LM 公司一直采用传统成本法计算产品成本。

LM 公司的定价策略及产品销售方面的困境如下所述。

(1)定价策略

公司采用成本加成定价法作为定价策略,按照单位产品成本的 125% 设定目标单位售价,见表 8-12 所示。

表 8-12   三种产品的目标售价   单位:元

项目	移动 U 盘	MP3	MP4
单位产品成本	207.00	302.00	126.00
目标单位售价	258.75	377.50	157.50
实际单位售价	258.75	328.00	250.00

(2)产品销售方面的困境

近几年,公司在产品销售方面出现了一些问题。移动 U 盘是按照目标单位售价正常出售的,但来自国外及其他公司的竞争迫使公司将 MP3 的实际单位售价降低到 328 元,远远低于目标单位售价377.5元。MP4 的单位售价定于157.5元时,公司收到订单的数量非常多,超过其生产能力,因此公司将 MP4 的单位售价提高到 250 元。即使在 250 元这一价格下,公司收到订单依然很多,其他公司在 MP4 市场上无力与该公司竞争。上述情况表明,移动 U 盘的销售及盈利状况正常,MP4 是一种高盈利、低产量的优势产品,而MP3 则是该公司的主要产品,年销售量最高,但现在实际售价低于企业目标售价,使公司面临困境。

要求:根据公司的相关资料,对该公司的产品成本进行如下分析:

(1)该公司的产品生产成本的相关数据见表 8-13,请按传统成本计算法计算三种产品的总成本和单位成本,并完成表 8-14 和表 8-15。

(2)根据上述计算结果,结合三种产品的工艺复杂程度,试分析三种产品的单位成本是否合理。

(3)根据表 8-16 和表 8-17 的数据,按作业成本计算法计算三种产品的总成本和单位成本,并完成表 8-18、表 8-19 和表 8-20。

(4)完成传统成本法与作业成本法定价对比表 8-21,并分析作业成本法计算的单位成本跟市场实际情况是否相吻合,能否解释该公司目前遇到的困境。

(5)根据以上计算结果,给出产品单位定价的建议。

表 8-13 三种产品的成本资料

项 目	单位	移动 U 盘	MP3	MP4	合计
产量	件	10 000.00	20 000.00	4 000.00	
直接材料	元	500 000.00	1 800 000.00	80 000.00	2 380 000.00
直接人工	元	580 000.00	1 600 000.00	160 000.00	2 340 000.00
制造费用	元				3 894 000.00
年直接人工工时	小时	30 000.00	80 000.00	8 000.00	118 000.00

表 8-14 按直接人工工时分配制造费用

项 目	单位	移动 U 盘	MP3	MP4	合计
年直接人工工时	小时				
分配率	元/小时				
制造费用	元				

表 8-15 产品成本计算表

项 目	单位	移动 U 盘	MP3	MP4	合计
直接材料	元				
直接人工	元				
制造费用	元				
合计	元				
产量	件				
单位产品成本	元/件				

表 8-16 作业成本库 单位:元

制造费用	金额
装配	1 212 600.00
材料采购	200 000.00
物料处理	600 000.00
启动准备	3 000.00
质量控制	421 000.00
产品包装	250 000.00
工程处理	700 000.00
管理	507 400.00
合计	3 894 000.00

表 8-17 成本动因

制造费用	成本动因	单位	作业量			
			移动 U 盘	MP3	MP4	合计
装配	机器小时	小时	10 000.00	25 000.00	8 000.00	43,000.00
材料采购	订单数量	张	1 200.00	4 800.00	14 000.00	20 000.00
物料处理	材料移动	次	700.00	3 000.00	6 300.00	10 000.00
启动准备	准备次数	次	1 000.00	4 000.00	10 000.00	15 000.00
质量控制	检验小时	小时	4 000.00	8 000.00	8 000.00	20 000.00
产品包装	包装次数	次	400.00	3 000.00	6 600.00	10 000.00
工程处理	工程处理时间	小时	10 000.00	18 000.00	12 000.00	40 000.00
管理	直接人工	小时	30 000.00	80 000.00	8 000.00	118 000.00

表 8-18 单位作业成本

制造费用	成本动因	年制造费用/元	年作业量	单位作业成本/元
装配	机器小时			
材料采购	订单数量			
物料处理	材料移动			
启动准备	准备次数			
质量控制	检验小时			
产品包装	包装次数			
工程处理	工程处理时间			
管理	直接人工			

表 8-19 制造成本分摊

项 目	单位作业成本/元	移动 U 盘		MP3		MP4	
		作业量	作业成本/元	作业量	作业成本/元	作业量	作业成本/元
装配							
材料采购							
物料处理							
启动准备							
质量控制							
产品包装							
工程处理							
管理							
合计							

表 8-20　　　　　　　　　作业成本法下的单位产品成本　　　　　　　　单位:元

项　目	移动 U 盘	MP3	MP4
直接材料			
直接人工			
装配			
材料采购			
物料处理			
启动准备			
质量控制			
产品包装			
工程处理			
管理			
合计			
产量/件			
单位产品成本			

表 8-21　　　　　　　　传统成本法与作业成本法定价对比　　　　　　　　单位:元

项　目		移动 U 盘	MP3	MP4
传统成本法下	单位产品成本			
	目标单位售价			
作业成本法下	单位产品成本			
	目标单位售价			
实际单位售价				

参考文献

［1］中华人民共和国财政部.企业会计准则——应用指南［M］.上海:立信会计出版社,2007

［2］余蔚平.认真贯彻《企业产品成本核算制度(试行)》稳步推进管理会计体系建设［J］.财务与会计,2014(01):4－6

［3］杨敏.认真学习 扎实推进 全面贯彻《企业产品成本核算制度(试行)》［J］.财务与会计,2014(01):7－9

［4］财政部会计资格评价中心.初级会计实务［M］.北京:中国财政经济出版社,2014

［5］财政部会计资格评价中心.中级会计实务［M］.北京:中国财政经济出版社,2014

［6］中国注册会计师协会.税法［M］.北京:经济科学出版社,2013

［7］傅胜,梁爽.行业会计比较［M］.大连:东北财经大学出版社,2011

［8］周列平,乔荣.行业会计［M］.武昌:武汉大学出版社,2012

［9］贺志东.怎样在商品流通企业做会计［M］.长沙:湖南人民出版社,2010

［10］贺志东.怎样在建筑施工企业做会计［M］.长沙:湖南人民出版社,2010

［11］贺志东.怎样在房地产企业做会计［M］.长沙:湖南人民出版社,2010

［12］张天沙.实例解析房地产开发企业会计实务［M］.广州:广东经济出版社,2013

［13］董力为.运输企业会计［M］.北京:中国财政经济出版社,2012

［14］周国光.交通运输企业管理会计学［M］.上海:立信会计出版社,2014

［15］行政单位会计制度研究组.行政单位会计制度讲解［M］.大连:东北财经大学出版社,2014

［16］事业单位会计制度研究组.事业单位会计制度讲解［M］.大连:东北财经大学出版社,2014

［17］周宁,谢晓霞,郑筠.现代企业成本控制与优化［M］.北京:机械工业出版社,2012

［18］天津理工大学造价工程师培训中心.全国造价工程师执业资格考试复习题集［M］.天津:天津大学出版社,2010